Stefan Scholl

»Aus dem macht ihr keinen MENSCHEN mehr«

Mit deutschen Crashkids in Sibirien

HOFFMANN UND CAMPE

2. Auflage 2005
Copyright © 2004 by Hoffmann und Campe Verlag, Hamburg
www.hoffmann-und-campe.de
Schutzumschlaggestaltung: Büro Hamburg / Heike Dehning
Foto: Dorf: Heinz S. Tesarek; Junge: Little Blue Wolf Productions / CORBIS
Satz: Buch-Werkstatt GmbH, Bad Aibling
Druck und Bindung: Clausen & Bosse, Leck
Printed in Germany
ISBN 3-455-09467-8

**HOFFMANN
UND CAMPE**

Ein Unternehmen der
GANSKE VERLAGSGRUPPE

Für Helmut und Resi

INHALT

VORWORT

Schlimme Kinder gibt es überall auf der Welt. Und es gibt die unterschiedlichsten Methoden, mit ihnen fertig zu werden. Methoden, die auch die Gesellschaft charakterisieren, die sie anwendet. Deutschland etwa versucht es mit »Intensiver Sozialpädagogischer Einzelbetreuung«, amtsdeutsch abgekürzt: ISE. Fachleuten gilt sie als die Ultima Ratio bundesrepublikanischer Erziehung.

Der Öffentlichkeit ist ISE allerdings so gut wie unbekannt. Obwohl es inzwischen eine ganze Branche mit hunderten von Anbietern gibt. Sie betreuen jährlich tausende von Kindern, an denen die anderen deutschen Erziehungsinstanzen gescheitert sind. Und jährlich werden hunderte von ISE-Maßnahmen im Ausland veranstaltet.

Genaue Statistiken fehlen, aber inzwischen tummeln sich deutsche ISE-Teams auf allen fünf Kontinenten. Was allerdings genau passiert zwischen den deutschen Einzelbetreuern und ihren Schützlingen an der Algarve, in Nepal, Norwegen oder Sibirien, es entzieht sich der Kenntnis und dem Urteil der Öffentlichkeit. Die Branche pressescheu zu nennen wäre untertrieben, viele ISE-Projekte meiden auch jeden Kontakt zu den Behörden der Gastländer oder zu deutschen diplomatischen Vertretungen. Und keine deutsche Heimaufsicht kann sie kontrollieren.

ISE im Ausland ist also sehr oft Erziehung im Untergrund, finanziert von deutschen Jugendämtern, umwittert von Gerüchten, eine sehr umstrittene Praxis. Medien und Politiker mutmaßen, ob ISE die Crashkids mit nervenkitzelndem Abenteuerurlaub für ihre Sünden noch belohnt. Oder ob sie die Kinder umgekehrt körperlichen und seelischen Schikanen unter unzumutbaren klimatischen oder hygienischen Bedingungen aussetzt.

Ich habe es der Offenheit eines einzelnen Trägers zu danken, dass ich den Alltag eines ISE-Projektes in Sibirien ein Jahr lang aus nächster Nähe miterleben und ein Buch darüber schreiben konnte.

Viele Passagen von *Aus dem macht ihr keinen Menschen mehr* mögen dem Leser hart erscheinen, viele auch haarsträubend. Das Buch dokumentiert einen pädagogischen Ausnahmezustand, geprägt von Konflikten, Misstrauen und Aggressionen, ein Dasein, das ich selbst als erzieherischen Krieg erlebt habe. Die jugendlichen Helden dieser Geschichte stellen eine pädagogische Zielgruppe dar, die ganz offenbar die grimmige Abwehr jeder Einflussnahme von Seiten der Pädagogik zu ihrem Lebenszweck gemacht hat.

Während meiner Recherchen lernte ich dutzende von Problemkindern kennen, deren Argumente, Reaktionen und Strategien immer wieder denselben Mustern folgten. Dieses Buch schildert nicht nur bittere Einzelschicksale, es beschreibt auch Symptome eines sozialen Krankheitsbildes und das pädagogische Bemühen zur Selbstheilung: Eine Gesellschaft isoliert ihre Kinder in fremder Ferne, um sie dort von der Angst, dem Zorn und Hass zu kurieren, die sie ihnen zu Hause selbst eingeimpft hat.

ISE mutet bizarr an, ist aber mehr als nur das Ende einer erzieherischen Sackgasse. Und Deutschlands schlimme sind keineswegs immer verlorene Kinder. Erstaunlich viele der Problemkids, die ich erlebt habe, befinden sich nach der sibirischen ISE-Kur auf dem Weg zur Besserung. Auch die übrigen bleiben Kinder, lassen noch hoffen. Dieses Buch will dem Leser das Niemandsland der deutschen Auslandspädagogik zugänglich machen. Aber es will keinen seiner jugendlichen Helden verurteilen oder bloßstellen, weder ihre Gegenwart noch ihre Zukunft beeinträchtigen. Deshalb sind die Namen der Personen und Orte geändert, aber auch biografische und persönliche Daten, die die Identität der Jugendlichen offenbaren könnten.

Um die Kinder zu schützen, bleiben auch die Menschen ungenannt, die dieses Buch überhaupt möglich gemacht haben. Mein Dank gilt dem Mut, der Aufgeschlossenheit, Geduld und

Hilfsbereitschaft derer, die im Buch als »Klaus«, »Kai« und »Markus«, als »Sabine« und »Piet«, als »Peter« und »Heinz« auftreten. Ich danke auch »Stepan« und »Ljubow«, »Mischa« und »Valentina«, »Tolja« sowie »Anton Antonowitsch«. Auch anderen Betreuern, Praktikanten und Mitarbeitern, die im Buch nicht erscheinen, bin ich zu Dank verpflichtet. Und nicht zuletzt »Jan« und »Felix«, »Natascha« und »Nina«, besonders auch »Miguel«. Ich wünsche ihnen Glück.

Twer, Russland, Juli 2004

VORABEND

Das erste Geräusch in dieser Geschichte könnte ein leicht ratschendes »Klick« sein. Das Klicken des Feuerzeuges, an dem Felix seine erste Zigarette angezündet hat – als Siebenjähriger, in seiner Heimatstadt Mannheim. Oder das Weinen eines namenlosen Babys in La Paz, Bolivien, das in einem sprichwörtlichen Schuhkarton auf der Straße entdeckt wurde. Oder das Luststöhnen des Mannes, mit dem Nina aus Hamburg ihren ersten Sex hatte. Nina war damals elf, zwölf oder dreizehn Jahre alt.

Es gäbe noch mehr erste Geräusche, noch mehr Anfänge, noch mehr Handlungsfäden. Aber all diese Fäden und Schicksale treffen erst in Sibirien aufeinander. Und deshalb beginnt alles mittendrin, in Sibirien.

Partisansk, Oktober 2002, Donnerstag, 18 Uhr

Das erste Geräusch ist der tuckernde Motor meines Niwa-Jeeps. Ich biege zur Mittelschule ab; Stepan Iwanowitsch sei dort, hat Ljubow, seine Frau, gesagt.

Stepans Schiguli steht vor der Schule und glänzt weiß. Die Sibirier putzen ihre Autos so oft und ausgiebig, als führen sie damit jeden Tag zur eigenen Hochzeit. Auf der Windschutzscheibe meines Niwa leuchten dagegen tausende getrocknete Schlammtropfen im Abendlicht.

Ich finde Stepan hinter der Schule. Er steht da mit einem Eimer Mörtel, er hat einen uralten, violetten Webpelz in Fetzen gerissen und in eine Mauerspalte gestopft, die ein Heizungsrohr bloßlegt. Jetzt spachtelt er feuchten Mörtel darüber. »Der Winter kommt, die Rohre platzen, und die Kinder sitzen in der Kälte.« Stepans Goldzähne blitzen auf, sein wetterbraunes Kosakengesicht lächelt. Stepan Iwanowitsch, der Direktor der Mittelschule, lächelt sehr viel. Auch wenn er seine Schule nach Fei-

13

erabend in mühsamer Handarbeit winterfest machen muss. »Einen Schlafsack brauchst du? Kein Problem.« Stepan grinst wieder, als er hört, dass ich nach Oni fahre, um mich mit Felix herumzuschlagen. »Sag ihm, er soll uns mal wieder besuchen kommen.« Stepan mag Felix, er mag alle deutschen Kinder hier, und überhaupt alle Kinder dieser Welt. »Gut, richte ich aus« – auch ich muss grinsen – »aber wenn Felix allein bei Ihnen auftaucht, rufen Sie an, dann ist er wieder abgehauen.«

Es geht immer geradeaus auf der Straße von Partisansk nach Oni, Kurven sind selten in diesem Land. Links und rechts schweben halb nackte Birkenheere vorbei, irgendwo jenseits des Rückspiegels sinkt die Sonne, unsichtbar hinter schiefergrauen Abendwolken, die steil ins blassblaue Nichts hinaufwachsen.

Sibirien ist ein bedächtiges Land – nur nicht im Herbst. Der sibirische Herbst rast. Gerade bin ich den Septembersonnenbrand los, den ich mir einfing, als ich auf einem Kartoffelacker schwitzte und staunte, wie schnell sich die Taiga rot-bunt färbt. Jetzt krümmen sich schon die letzten Blätter in den Birkenwipfeln wie vertrocknende Apfelsinenschalen. Über riesige Felder kriechen kalte Nebel, Nachtfrost droht. Auch heute scheinen nur wenige Stunden den Winter vom Sommer zu trennen, vom Spätsommer, dessen Duft mittags noch in der Luft hing. Ein Duft von Erde und Heu und etwas Hauchfeinem, vielleicht den Flügelschlägen der letzten Schmetterlinge in der Sonne.

26 Kilometer bis Oni. Wie oft bin ich diese Strecke gefahren seit letztem November, ich habe es nicht gezählt. 37 653 Kilometer zeigt der Tacho. Als ich in Moskau losfuhr, waren es gut 900.

»Hast du nicht Lust, Felix für ein Wochenende zu nehmen?«, hatte Kai am Telefon gefragt. Ausgerechnet dieses Wochenende, Aljona, die Buchhalterin, verkündete gestern – ebenfalls am Telefon –, sie fahre dieses Wochenende nicht zu ihren Eltern aufs Dorf. »Vielleicht treffen wir uns ja.«

Morgen Früh will Kai nach Krasnojarsk, hat dort einen

Zahnarzttermin: In Krasnojarsk gibt es gute und viel preiswertere Zahnärzte als in Deutschland. Am Samstag hält er einen Vortrag vor den Studenten des Pädagogischen Instituts. Thema: Intensive Sozialpädagogische Einzelbetreuung. Das klingt theoretisch, aber Kai wird sehr lebendige Praxis schildern. »Es ist absolut zwecklos, mit Felix nach Krasnojarsk zu fahren«, hatte er noch am Telefon gesagt. Felix in einer Millionenstadt, in der Zivilisation, das ist noch immer zwecklos. Das letzte Mal, als ich ihn in Krasnojarsk erlebte, veranstaltete er Dreisprung durch die Pfützen auf den schlaglöchrigen Trottoirs, verdreckte sich die Hose. Der Wachmann im Kaufhaus an der Uliza Lenina hielt ihn für ein Straßenkind. Er packte Felix an der Schulter und schnauzte: »Lass unsere Kunden in Ruhe!«

Diesmal könnte es viel schlimmer kommen. Felix ist seit acht Monaten hier und parliert fließend Russisch. Möglich, dass er plötzlich losrennt, in der wimmelnden Masse der Passanten verschwindet, um endlich wieder Großstadtabenteuer zu erleben. Felix bleibt also zu Hause in Oni. Und ich kümmere mich um ihn.

Nicht, dass es keine Kurven gäbe in Sibirien. Aber wer in dieser Weite vorankommen will, wechselt die Richtung nicht oft. Auf den 26 Kilometern nach Oni biegt sich die Straße achtmal. Achtmal haben die gründlichen Sibirier ein »Kurven«-Schild aufgestellt, damit man die sanften Biegungen auch bemerkt. Dazwischen Geraden – träumerische, länger und länger sich ziehende Momente des Vergessens. Man könnte sich im Rückspiegel rasieren.

Die Fenster sind geschlossen, aber geschlossene Fenster in einem Niwa sind etwas Relatives; ich rieche den Rauch trotzdem, er kitzelt leicht in der Nase. Zu sehen ist nichts, nur im Norden mischt sich etwas Nikotingrau in die blaue Blässe über den Rändern der Abendwolken. Dort hinter Oni brennt Torf, brennt der Sumpf, er brennt seit Tagen, eine nach Holzkohle riechende Alltäglichkeit und doch etwas Endzeitliches. Aljona, deren Eltern im Nachbardorf wohnen, erzählt, im Sommer habe die Taiga geheult und gewimmert, sie selbst habe die Klage gehört, lang gezogen, traurig, trostlos. Die alten Frauen sa-

15

gen, das Heulen kündige den Untergang des Dorfes an. Aber tatsächlich hat nur ein Kolchosstall Feuer gefangen, ein paar Kühe sind im Rauch erstickt. Die größte Naturkatastrophe dieses Jahr.

Es ist dunkel, als ich ankomme. Die Luft ist kühl, das Hoftor geschlossen, ich lasse das Auto davor stehen. Tschulpan, Kais Kettenhund, jault vergnügt, ihre schwarzen Schnurrbarthaare – eigentlich haben nur kapitale Kater solche Schnurrbarthaare – sträuben sich freudig. Ich ziehe den Kopf ein, als ich den dunklen Vorraum des Hauses betrete, klopfe kurz an die Wohnungstür, reiße sie auf und muss den Kopf noch mehr einziehen. Wie oft habe ich mir in Sibirien die Stirn gestoßen.

Jenseits der Schwelle die übliche unordentliche Schar von Stiefeln und Schuhen. Dahinter, auf den Holzdielen der Küche, sitzt Felix, 13 Jahre alt, klein, aber kräftig für sein Alter. Seine Haare sind rot, und seine Ohren stehen kräftig ab, seine Haut ist braun gebrannt, wie aus einem Werbespot für Sonnencreme. Aber der Reißverschlusskragen seines Pullis ist kaputt, der Pulli starrt vor Schmutz. Auch Felix' graue Jogginghose ist mit schwarzen Flecken übersät, am rechten Knie klafft ein Riss, eine Kinderhand breit. »Hi, Stefan!« Er blickt kurz auf, bevor er die nächste braunschwarze Schale einer Zirbelnuss in den Stahleimer mit Schmutzwasser spuckt. Er spuckt lässig, aber mit Gefühl, mit Gefühl fürs Publikum: Schau her, so bin ich!

»Felix«, ruft Kai aus dem Nebenraum, »Zeit für dich, ins Bett zu gehen.«

»Mann, halt die Klappe!« Auch Felix' Kinderstimme verbreitet lässige Überlegenheit: Hier bestimme ich. Und die Falllinie der schwarzen Schalen, die ich in den Eimer spucke, ist die Achse, um die sich die Welt dreht.

Eigentlich ist Felix' Art cool. Einer, der seine Position mit Überzeugung hält. Natürlich weiß er genau, dass nicht er, sondern Kai bestimmt. Aber Felix wird nicht müde klarzustellen, dass er diese Tatsache nicht gelten lässt. Das Kind beansprucht immer wieder die Macht, stellt den Erwachsenen in Frage, das ist sein Konzept. Eigentlich mag ich Leute mit Konzept, auch wenn sie erst 13 sind. Andererseits hängt mir dieses Konzept nach einem knappen Jahr zum Hals heraus – nach Jan und Nina, nach Freddy und Migo. Auch Felix könnte irgendwann einmal begreifen, dass er mit diesem Konzept keinen Zentimeter im Leben vorankommt.

Dann steht Kai hinter ihm. »Los, Felix, Zähne putzen!« Seine Stimme klingt ebenfalls gelassen, Felix rappelt sich seufzend auf, seine Miene ist verdrießlich, er bleibt aber cool: Okay, ich tu ja, was du willst. »Aber dann gibt es noch 'ne Gutenachtzigarette!« Er hört sich schon versöhnlicher an. Ins Bett gehen ist für Felix wie für die meisten Kinder dieser Welt ein ungeliebtes Ritual. Nur dass er keinen Gutenachtkuss, sondern seine Gutenachtzigarette erwartet. Danach wird es schnell still in Felix' Zimmer, vielleicht schläft er schon, vielleicht lauscht er auch mit angehaltenem Atem den Spielregeln, die Kai mir gerade erklärt. »In meinem Zimmer hat Felix nichts zu suchen. Meine Sachen sind absolutes Tabu für ihn. Am besten lässt du ihn sowieso nicht allein ins Haus. Weck ihn um neun, Frühstück, dann Abwaschen, alle zwei Stunden eine Zigarette … Morgen ist Schule, eine Stunde Englisch, Vokabeln wiederholen, eine Stunde Mathe, hier im Mathebuch auf Seite 34, die Aufgaben habe ich angekreuzt. Und pass auf, er wird behaupten, bei mir sei alles erlaubt.« Ratschläge, Verbote, Regeln für das Spiel, das Kai und Felix seit neun Monaten spielen.

Das Spiel ist oft bitterernst, grausam, manchmal blutig. Ein Kriegsspiel und doch ein Kinderspiel, frei ab zehn Jahren. Das Spiel wird weltweit gespielt: an der Algarve, in Kanada, in Nepal, im Harz. Und in Sibirien. Ein Spiel eins gegen eins, ein Erwachsener, ein Kind, das Spiel dauert Wochen, Monate oder auch Jahre. Die Regeln ändern sich, werden verletzt, widersprechen sich immer wieder selbst. Der Erwachsene versucht, das Vertrauen des Kindes zu gewinnen. Das Kind versucht, den Erwachsenen loszuwerden. Der Erwachsene kämpft um das Kind, das Kind bekämpft den Erwachsenen. Das Spiel endet entweder mit zwei Siegern oder mit keinem. Wenn der Erwachsene siegt, hat auch das Kind gewonnen, wenn das Kind siegt, haben beide verloren. Das Spiel hat einen langweiligen amtsdeutschen Namen: »Intensive Sozialpädagogische Einzelbetreuung«, abgekürzt ISE. Ein sehr deutsches Spiel: individualistisch, kampfbetont und gründlich. Kai und Felix spielen dieses Spiel. Felix ist das Kind, ein Problemkind, Kai der Erwachsene, ein Berufspädagoge. Felix flieht aus jedem Kinderheim, Felix stiehlt, lügt, betrügt, hört auf niemanden, Felix' Werdegang ist eine Katastrophe, Kai soll sie meistern. Willkommen in ISE-Land! ISE-Land, der Begriff stammt auch von Kai.

Von draußen starrt jetzt der Winter herein, stockduster und frostig, drei Grad kalt, schon gehören die Nächte ihm. »Seine Zigaretten liegen bei mir im Regal«, seufzt Kai, »pass auf, in mein Zimmer darf er auf keinen Fall rein.« Wir trinken Bier, sibirisches Bier aus einer 1,5-Liter-Plastikflasche. *Bakbir* steht auf dem Papieretikett, gemeint ist Bockbier, obwohl *Bakbir* hell ist und keine fünf Prozent stark.

»Was bin ich froh, wenn ich in Krasnojarsk wieder einen richtigen Cappuccino kriege.« Seit drei Monaten ist Kai nicht aus Oni herausgekommen, abgesehen von ein paar Einkäufen in Partisansk, aber auch da gibt es kein Café, keinen Cappuccino. Drei Monate ohne Dusche, ohne Fernsehen, Zeitung oder Internet. Kais Gesicht ist voll geworden; viel Brot, viele Nudeln und täglich Snickers aus dem Dorfladen. »Nervennahrung«, sagt Kai. Trotzdem sieht sein Gesicht müde aus und irgendwie unfroh. Trotz der Aussicht auf Krasnojarsk, den Cappuccino und – wenn die Kraft reicht – einen Abend in der Diskothek. »Acht Monate mit Felix, und ich weiß selbst nicht mehr, ob es vorwärts geht oder nicht.« Jedes Spiel, das nicht vorankommen will, hört irgendwann auf, Spaß zu machen. »Hoffentlich baut Felix dieses Wochenende keine Scheiße.« Kais Blick ist skeptisch. Nicht, dass er mir nicht traut, er kennt mich länger als Felix. Aber er kennt auch Felix. Für Felix bin ich nur Ersatz, Reserve, Sparringspartner; einer zum Austricksen. Und im ISE-Spiel den Betreuer zu wechseln ist immer schlecht, und sei es nur für fünf Minuten.

Ich selbst bin kein Berufspädagoge, nicht einmal Amateur – ledig, kinderlos, freier Journalist, Einzelgänger von Beruf. Gut, ich habe das sibirische Spielfeld lange aus nächster Nähe studiert, habe Kai und den anderen Betreuern zugeschaut, ihnen auch nach Kräften geholfen. Ich weiß, wie Kai erzieht und wie Felix sich dagegen wehrt. Allerdings gibt auch der beste Sportreporter immer noch einen lausigen Boxer ab. Zumindest habe ich gelernt zu clinchen, habe schon Schienbeintritte eingesteckt, war in Brüll- und Ringkämpfe verwickelt. Und außerdem bin ich der einzige Deutsche vor Ort, der einen Haufen russischer Schimpfwörter kennt, die Felix nie lernen wird.

Kai sitzt auf der Ofenbank, seinem Lieblingsplatz. Den rechten Ärmel seines T-Shirts hat er hochgekrempelt, seinen Handballer-Bizeps entblößt. Er redet. Er redet nicht mehr über Felix, dafür über andere Katastrophenkinder; selten, dass wir uns einen Abend von diesem Thema befreien.

Kai erzählt von seiner Zeit in der Psychiatrie. Dort hat er Ersatzdienst geleistet und anschließend als Student Nachtwachen geschoben. Er erzählt von der Selbstzerstörungswut der Kinder dort, diese Wut habe sogar eigene Moden hervorgebracht: »Mal war Ritzen angesagt, dann waren es Brandings, wie sie es genannt haben, mit dem Feuerzeug oder mit glühenden Fünfmarkstücken in den Oberarm.« Vielleicht erzählt Kai das auch, um sich zu vergewissern, dass es schlimmere Fälle als Felix gibt. Felix sammelt in Sibirien zwar auch Schrammen und blaue Flecken, aber das beim Spielen. Kai erzählt, der Held der Klapsenkinder sei Curt Cobain gewesen, der Sänger der Rockgruppe Nirvana, der sich umgebracht hatte. »Sein Poster hing in jedem zweiten Zimmer, andauernd gab es Konferenzen der Mitarbeiter, ob man die verbieten sollte.« Kai redet und redet, sein *Bakbir* trinkt er langsam, ich habe schon zwei Teetassen geleert, er ist noch bei der ersten. Er hat Sting in seinen Discplayer geschoben, »*the Russians love their children, too*«.

Kai raucht eine *Sojus Apollon* nach der anderen, russische Acht-Rubel-Zigaretten. Mir brennen die Augen, Kai merkt es nicht mehr … Nach fast einem Jahr in Sibirien oder in ISE-Land – Frontkämpfer verrohen überall. Am Anfang hatte er mich noch gefragt, ob es okay sei, wenn er rauche. Damals, vor fast einem Jahr, als wir uns zum ersten Mal begegneten.

_____ *Partisansk, November 2001*

Ich kam vor Kai im Landkreis Partisansk an. Durch die frisch verschneiten Straßengräben irrten die letzten toten Birkenblätter. Die Ernte war eingebracht, viel zu tun gab es nicht mehr. Nur ab und zu trottete ein Traktor durch eines der Dörfer, zog auf gekreuzten Baumstämmen eine haushohe, struppige Heumiete hinter sich her wie ein erlegtes Mammut. Der Himmel, der sehr hoch und blau darüber hing, war wolkenlos. Ich hätte nie gedacht, dass der sibirische November so sonnig ist.

Ich kam als Fremder nach Partisansk. Aber kaum jemand machte sich die Mühe, mich zu siezen. Auch Grischa Grigorjenko nicht, der mein Vermieter werden sollte.

»Ach, Geld bezahlen kannst du auch später«, antwortete er, als ich ihn nach der Miete fragte.

»Nun sagen Sie doch« – ich grinste schräg und vermutlich sehr deutsch – »wie viel kostet die Wohnung im Monat?«

»Mach dir keine Sorgen, das sehen wir dann.« Grischa Grigorjenko winkte mit seiner Hand, breit und kurzfingrig wie eine Biberpfote, zum Fenster hinaus Richtung Taiga.

»Na ja, ich habe mir gedacht«, druckste ich, »in Krasnojarsk kostet eine Zweizimmerwohnung dreitausend Rubel, also wenn wir tausendfünfhundert sagen.« 1500 Rubel, das war hier einerseits das Monatsgehalt eines Lehrers, andererseits keine 50 Euro.

Die Einraumwohnung hatte Zentralheizung, Innenklo, fließendes, oft sogar warmes Wasser. Und sie lag im obersten Stockwerk des einzigen dreistöckigen Wohnhauses im Kreis. Ein schmuddelgrauer Plattenbau, der das Dorf verschandelte. Aber das Fenster bot den vielleicht besten Ausblick von ganz Partisansk: auf den schwarzweißen Wirrwarr der verschneiten Dächer und Holzställe, auf die Schneefelder am anderen Ufer des Sisim, auf die rötlich leuchtenden Fronten der Birkenheere im Norden. Irgendwie war mir mein eigenes Angebot peinlich.

Grischa nicht: »Kein Problem, zahl fünfhundert Rubel, und die Sache hat sich.«

»Aber finden Sie nicht, dass das ein bisschen wenig ist?« Allein an Nebenkosten, Strom, Gas, Wasser und die Müllabfuhr, die uns im Winter allerdings boykottierte, zahlte Grischa monatlich 320 Rubel. »Na gut«, Grischa seufzte, »einigen wir uns auf tausend Rubel.«

Grischa hieß eigentlich Grigorij und war ein ziemlich repräsentativer Einheimischer; repräsentativ zumindest für die Mehrheit der Landbevölkerung, die sich nicht dem Schnaps ergeben hatte. Verheiratet, drei Kinder, im Sommer fuhr er Lkw, im Winter ging er in die Taiga, als Jäger und Fallensteller.

»Wird Zeit, dass der Winter anfängt«, erklärte er mir.

»Wieso, ihr habt doch schon Winter!« 30 Zentimeter Schnee, Dauerfrost, jeder europäische Wintersportort wäre begeistert gewesen über solch einen November.

»Nein, wir haben Herbst«, beharrte Grischa.

»Und wann fängt bei euch der Winter an?«

»Wenn es friert.«

»Sechs Grad minus, ist das kein Frost?«

»Nein, mein Lieber, das ist kein Frost.«

Dabei kleideten sich alle schon so, wie sich das bei sibirischem Frost gehört. Die Männer riskierten jetzt täglich Schweißfüße in riesigen, werggefütterten Stiefeln mit Gummifüßen und Sackleinenschäften. Auch ihre gepolsterten Militärjacken mit Kunstfellkragen waren viel zu warm. Aber man musste dem Landvolk zugute halten, dass es sich nicht leisten konnte, die aktuelle Herbstmode mitzumachen. Vielleicht beschwor es in seinen Winterklamotten auch das, worauf alle warteten.

Die Leute warteten auf den großen Frost. Die Bauern, und hier war eigentlich jeder Bauer, warteten darauf, dass es kalt genug wurde, um die ersten Rinder zu schlachten. Die Jäger warteten darauf, dass die Sümpfe zufroren und damit passierbar wurden für ihre Motorschlitten. Straßenbauer, Fuhrunternehmer und Kartoffelhändler warteten darauf, dass das Eis auf dem großen Jenisej fest genug für ihre Lastwagen wurde. Auch ich wartete. Ich wartete darauf, dass der kleine Sisim zufror. Ich wollte Ski laufen, hatte mir in Moskau extra neue Skating-Skier gekauft. Aber um unergründlicher Traditionen willen spurten die Wintersportler von Partisansk nur Loipen auf dem anderen Ufer des Sisim. Und solange der nicht gefroren war, kam der Motorschlitten nicht hinüber, der den Tiefschnee für die Skating-Skier platt walzte.

Doch vor allem wartete ich auf die Kinder, auf die Helden der Geschichte, die ich über Sibirien schreiben wollte. Eigentlich erwartete ich Antihelden. Man könnte sie auch Antikinder nennen oder »Crashkids«, wie die *Bild*-Zeitung sie angesichts ihrer Neigung zu Unfallfahrten mit gestohlenen Autos getauft hatte. Oder »Klienten«, wie sie im Pädagogenslang hießen. Aber alle diese Namen schienen mir fragwürdig. Jedenfalls kamen diese so schwer zu benennenden Kinder seit fünf Jahren nach Sibirien, begleitet von deutschen Pädagogen.

Jugendlicher »Restmüll« des deutschen Wohlstands, verprügelt, vergewaltigt, kriminell, verschickt an die Algarve, nach Schottland, Tasmanien – oder in die Taiga. Die Einwohnerzahl des Archipels ISE ist unbekannt. 2002 waren nach einer Bestandsfortschreibung des Statistischen Bundesamtes 4012 Einzelbetreuungsverhältnisse gemeldet. Da die Jugendämter aber viele Maßnahmen nicht oder verspätet abmelden, fällt diese Zahl zu hoch aus. Um wie viel, weiß niemand.

Ich war schon einmal in Sibirien gewesen, um eine Reportage über diese Kids zu schreiben. Sie lebten hier, 7000 Kilometer von der Heimat entfernt, mit ihrem Betreuer jeweils in einem russischen Holzhaus. Zwischen einem halben und einem Jahr Neuanfang, danach kehrten beide gemeinsam nach Deutschland zurück, in den Schul- und Ausbildungsalltag, wo sich der

Betreuer ein weiteres Jahr um seinen Schützling kümmerte. So sah das Konzept des »Projekts Grünlicht« aus. »Wir sind kein Entsorgungsunternehmen. Wir nehmen nur Jugendliche, bei denen wir noch einen Hoffnungsschimmer sehen«, hatte mir Klaus, der Leiter des Projektes, damals erklärt. Angeblich schaffte die Hälfte der Kids in Sibirien die Wende Richtung Normalität, obwohl vorher alle Erziehungsinstanzen an ihnen gescheitert waren: Eltern, Schulen, Jugendämter, Kinderheime oder psychiatrische Kliniken. Irgendetwas musste also anders laufen in Sibirien. Aber was?

Für meine Reportage beschäftigte ich mich vier Tage mit dieser Frage und schrieb danach einen leidlichen Text über die gutmütige russische Seele. Was aber wirklich passierte in Partisansk, das war mir nicht klar geworden. Reporterschicksal. Reporter sind zur Oberflächlichkeit verdammt.

Jetzt wollte ich den Alltag der Sibirier und den Alltag der deutschen Problemkinder miterleben – monate-, wenn nötig jahrelang. Bis ich begriffen hatte, wie das eine Alltagsleben das andere verwandelte. Aber noch war der ISE-Alltag in keines der fünf Projekthäuser im Kreis eingezogen.

Wir warteten alle. Das, was die Sibirier richtigen Winter nannten, wollte und wollte nicht kommen. Und ich habe niemanden getroffen, der sich gefreut hätte, als die Krasnojarsker Chefmeteorologin im Radio verkündete: »Der bevorstehende Winter wird nicht einfach warm wie der vergangene, er wird sehr warm.«

Aber dann, Ende November, hieß es im Dorf: »Morgen kommt der große Frost.« Und Klaus verkündete mir am Telefon: »Übermorgen kommen Kai und Jan.« Jan sei ein besonders missratenes, ein gewalttätiges Kind, eben erst aus der Psychiatrie entlassen. Ein Kind, das schon viele Betreuer fertig gemacht habe. Kai aber sei ein besonders nervenstarker Erzieher. Es ging los.

Einen Tag später fiel die Temperatur auf minus 22 Grad. Ein trüber Tag, eisiger Dunst hing in der Luft. Die Sonne schimmerte leichengrau, als wäre sie der Mond. Ein kleiner rotbackiger Junge in einem flauschigen Skianzug skatete auf alten Holz-

skiern vorüber. Er machte das Gesicht eines routinierten Lang-
läufers: Ja, ja, Leute, das ist ziemlich mühsam, aber für mich
kein Problem. Die Skisaison hatte also auch begonnen. Obwohl
mir ein Rätsel war, wie man bei dieser Kälte Ski laufen konnte.
Ich hatte den Fehler begangen, mich zu rasieren; meine Haut
brannte, als hätte man mir gerade Heftpflaster von den Wangen
gerissen. Das Kitzeln in der Nase verwandelte sich in feuriges
Stechen. Nach 400 Metern zu Fuß kam mir ein Mann entgegen – er schaute mich an, lächelte kurz, als hätte er einen alten
Bekannten entdeckt, aber seine Stimme klang besorgt: »Hör
mal, Freund, deine Nase ist weiß.« Das hieß, meine Nase fing an
zu erfrieren. Ich drückte mir die in einem Skilanglaufhand-
schuh steckende Hand gegen die Nase, doch der Handschuh
war zu dünn. Als ich nach 200 Metern zu Hause ankam, waren
die Finger schon taub. Der Winter war da, ein Winter, der wenig Mitleid kannte. Am nächsten Tag sollte Kai kommen.

Morgens sprang mein Lada-Niwa nicht an. Ich rief Grischa an,
der mich noch gewarnt hatte, den Wagen bei dieser Kälte auf
der Straße stehen zu lassen. Zehn Minuten später war er da.»Na
warte, das haben wir gleich.« Mit Hilfe eines Gasbrenners und
eines Ofenrohres erwärmte er den Motor von unten, allerdings
ohne Erfolg. Grischa rannte auf die Straße und hielt einen Wasik-Kleinbus an, der mein Auto zu einer beheizten Garage
schleppte, wo »Rammstein« dröhnte und sich zwei, drei Mechaniker über meinen Wagen hermachten. Grischa kutschierte
mich derweil ins Autogeschäft, wo wir ein elektrisches Heiz-
aggregat für den Motor kauften. Dann lud er mich zum Mittagessen nach Hause ein, Elchfleisch. In der Werkstatt schraub-
ten sie immer noch an meinem Anlasser herum. Grischa lud
mich zum zweiten Mittagessen ein, Elchleber; diesmal noch
100 Gramm Samogon dazu, selbst gebrannter Schnaps, und
Geschichten aus seinem Revier.

»Also, die Bären bauen sich drei, vier Winterhöhlen, um Va-
rianten zu haben. Sie gehen rein, wenn es heftig schneit, damit
keiner ihre Spuren sieht. Manchmal verjagt auch ein Bär den
anderen aus seiner Höhle, sie kämpfen miteinander. Es kommt

vor, dass sie sich gegenseitig töten. Schon im Sommer kratzen sie mit ihren Krallen Reviermarken in Baumstämme. Je höher die Krallen in der Rinde platziert sind, desto mächtiger ist der Hausherr. Aber es gibt auch clevere Bären. Die sind zwar kleiner, aber sie schleppen einen Baumstumpf heran, klettern darauf und schlagen ihre Krallen noch höher in die Rinde.« Grischa freute sich. Kein Wunder, auch er war gerade mal 1,65 Meter groß. Danach fuhr er mich wieder zur Werkstatt. Der Wagen war startklar, der elektrische Heizofen montiert. Grischa handelte den Preis für mich aus.

Es war längst dunkel, aber der Samogon in den Adern wärmte noch, als ich bei Kai ankam. Zum ersten Mal die 26 Kilometer vom Kreiszentrum bis zum Dorfeingang von Oni, dort zweimal links und einmal rechts abbiegen. Sibirische Frostnächte sind hell, die letzten fünf, sechs Straßenlaternen des Dorfes strahlten, vom Schnee reflektiert, himmelwärts, als magnetisierte sie die Mondsichel, die grellgrau ganz oben klebte. Aber je näher ich Kais Unterkunft kam, desto dunkler schien es zu werden. Erst am nächsten Morgen sollte ich sehen, dass die Fensterläden des Holzhauses so himmelblau waren wie das Dach des Autowracks, das unten am Fuß des Abhangs aus dem Schnee ragte, und dass die ungestrichenen Holzwände dunkelgrau waren, gebleicht, geschwärzt, entfärbt von Hitze, Regen, Frost, vom eigenen Alter. Die Farbe eines alten Sarges.

Kai und Jan wohnten in der Uliza Dscherschinskogo, der Dscherschinskijstraße, benannt nach dem ersten Chef des sowjetischen Staatssicherheitsdienstes. Der für seine Grausamkeit berüchtigte Dscherschinskij hatte schon vor Stalin die ersten Straflager der UdSSR gegründet. Uliza Dscherschinskogo, es war keine gute Adresse.

Das grauschwarze Tor öffnete sich, und ein junger Mann schob die Flügel für meinen Niwa zur Seite. Seine schwarze Kaninchenfellmütze glänzte weich im Licht der Hoflampe. Kaninchenfellmützen trugen hier nur Ausländer, auch seine schmale Brille war erzgermanisch, sein Lächeln zurückhaltend. »Hallo, ich bin der Kai.« Die Anständigkeit war ihm auf sehr deutsche Art ins Gesicht geschrieben, der würde es niemals fertig kriegen, einen russischen Verkehrspolizisten zu schmieren. Kai hatte den muskulösen Körper eines Fallschirmspringers und trug Outdoorklamotten von Fjällräven, eine teure Marke. Wenn man einen Spielfilm über einen Sozialpädagogen drehen wollte, wäre Kai die Idealbesetzung. Allerdings eine gestresste Idealbesetzung; seine Augen waren müde, leicht gerötet, ein Hauptdarsteller in einem ziemlich finsteren Film. »Mein Zögling«, sagte er, »rennt durchs Dorf.«

Und im Hof saß Tschulpan, die schlanke, breitköpfige Hofhündin. Tschulpan saß eigentlich nicht, sie kauerte ängstlich neben der Holztreppe, an der sie angekettet war. Als sie mich sah, stand sie auf, noch ein Fremder. Sie legte die Ohren an und machte einen Buckel wie ein Kater, aber demütig, fast kläglich. Sie wusste nicht, ob sie mit dem Schwanz wedeln oder ihn einklemmen sollte. »Tschulpan«, rief Kai, »komm, Tschulpan!« Tschulpan zog den Kopf ein. Als Kai die Hand ausstreckte, um sie zu streicheln, wich sie in die Dunkelheit unter die Treppe zurück. Ein Tier, das offenbar viel Prügel eingesteckt hatte.

Felix
Oni, Oktober 2002, Donnerstagnacht

Im Haus ist es still, wir liegen im Bett. Kai in seinem Zimmer, das heißt in seinem Bretterverschlag. Die Holzhäuschen hier sind zu klein für Betreuer- oder gar Gästezimmer. Zwei Bretterwände trennen Kais Bett ab, zwei weitere meins, Felix schläft in seiner Ecke dahinter. Ein Uhr nachts, drei viertel Vollmond, ich kann nicht einschlafen. Ich blättere in dem Lehrbuch für Heimatkunde, das mir Stepan Iwanowitsch ausgeliehen hat: »Kreis meiner Väter. Partisansk«.

Es geht los mit der Kreishymne:
»Alles hier ist mir hold seit Kindheit auf ewig,
hier, wo ich den ruhigen Blick der Bächlein treffe,

ein raues Land hat der Mensch wohnbar gemacht,
es ist an dir und mir, dies Land zu schmücken.«

Den Text hat der ehemalige Vorsitzende der Kreisverwaltung gedichtet. Böse Zungen – böse Zungen gibt es auch hier – behaupten, er hätte den Wald dieses rauen Landes eifrig an die Holzmafia verscherbelt. Aber das ist nur ein Gerücht, der Vorsitzende selbst hat das Land vor Jahren verlassen, soll jetzt in der Gebietshauptstadt Krasnojarsk leben und das Amt für Holzwirtschaft leiten. Die Musik der Hymne hat der amtierende stellvertretende Kreisvorsitzende geschrieben. Er lebt weiter in Partisansk, erzieht vier Kinder, leitet den örtlichen Frauenchor und gilt als begnadeter Ziehharmonikaspieler. »Nicht der Ort schmückt den Menschen«, hat er einmal zu mir gesagt, »sondern der Mensch schmückt den Ort. Einer, der in Paris wohnt, kann ein Idiot sein, einer, der in Partisansk wohnt, ein kluger Mann.«

»Eh, hör auf mit der Scheiße«, schimpft Felix plötzlich in seinem Bett. »Eh, lass das!«

»He, Felix, was ist denn los?« Auch Kai hat noch nicht geschlafen, oder er ist sehr schnell wach geworden.

»Ja eh, der hier, komm mal schnell gucken.«

»Was gibt es denn?«, fragt Kai.

»Na der, der balanciert hier auf dem Bett.« Ich weiß nicht, ob Felix antwortet oder weiter im Schlaf redet.

»Wer denn?«

»Na der. Das machst du nicht noch mal.« Danach ist Felix wieder still, der auf seinem Bett scheint verschwunden zu sein.

Meine Augen wandern weiter über die Heimatkunde, 50 000 Quadratkilometer, 60 Prozent Wald, Birken, Fichten, Zedern, aber der Sinn dieser Worte gelangt nicht bis zu mir. Ich bin nicht mehr in Sibirien, ich bin in ISE-Land. Und ein paar Meter neben mir schlägt sich Felix vermutlich mit sehr deutschen Alpträumen herum.

FREITAG

Als ich aufwache, sitzt Kai seit zwei Stunden im Bus. Ich bin hundemüde, draußen müssen statt eines hundert Vollmonde gehangen haben, die halbe Nacht konnte ich nicht einschlafen. Jetzt aber raus aus dem Bett, Felix wecken, ihm zeigen, wer hier früher aufsteht. Da höre ich das Tapsen seiner Füße auf den Holzdielen. Felix ist vor mir aus dem Bett gekommen, schon ein kleiner Schandfleck auf meiner Autorität. Felix aber hat andere Sorgen. »Ich geh mal pinkeln«, ruft er aus der Küche. Felix geht pinkeln, die erste gute Nachricht des Tages, heute Nacht hat er nicht ins Bett gemacht.

Ich rappele mich auf und steige in meine *enzifaletka*-Kluft, eine bauschige Hose, ein bauschiger Kapuzenpulli, beides aus grober Baumwolle mit grünen und braunen Tarnflecken. In diesen martialischen Strampelanzügen schleichen die Jäger im Sommer durch die Taiga. Sie wollen damit keine Bären erschrecken, sondern ihre Haut vor den Zecken schützen. Sibirische Zeckenbisse bedeuten Lebensgefahr, Hirnhautentzündung, auch Enzephalitis genannt. Darum heißt die Kluft auch *enzifaletka*, ein Klassiker der hiesigen Herrenmode, reißfest, schmutzabweisend, geeignet auch für Kartoffeläcker oder Kuhställe. Und als ISE-Kampfanzug.

Ich schlendere in die Küche; zum Glück hat Kai eine volle 40-Liter-Kanne mit Wasser dagelassen. Ich gieße Wasser aus der 20-Liter-Kanne in den Teekessel und stelle ihn auf den Gasherd. Die Küche ist groß und hell, aber vor allem ist sie noch kalt, kalt wie die kalkweißen Ofenwände. Ich steige in Kais viel zu große, filzgefütterten Leinengummigaloschen und schlurfe hinaus. Verflucht, die Tür! Wieder habe ich mir den Kopf gesto-

28

ßen, dabei gibt es hier doch genug Menschen, die größer als 1,70 Meter sind. Warum bauen die Sibirier so niedrige Türen? Abergläubische Angst vor einem Überfall neumongolischer Zwergreiterei oder einfach nur Schutz gegen Frost? Der Herbst leuchtet himmelblau und durchsichtig wie mehrfach gebrannter Samogon. Tschulpan freut sich, wedelt mit dem Schwanz, statt ihn einzuklemmen wie früher. In ihrem Wassertopf schwimmt eine dünne Glasscheibe, heute Nacht war der Winter da. Auch das Thermometer zeigt nur drei Grad. Doch die Luft ist zu trocken, um wirklich kalt zu sein. Ich trotte zum Plumpsklo, durch dessen Wände das Dorf wie eine altmodische Märchenschallplatte lärmt: überdeutliches Hundegebell, blökende Schafe, das Gegacker der Hühner, das krächzende Krähen der Hähne, dazwischen tschilpen Spatzen. Märchen, die mit so friedlichem Lärm anfangen, enden meist gut.

Der Ofen muss angeheizt werden. Die Birkenscheite fühlen sich rissig an, mit der rechten Hand staple ich ein Dutzend Scheite in der linken Armbeuge und klemme das Kinn drüber, ich balanciere diese Last über den Hof, die Treppe hinauf, um sie dann mit einer wackeligen Kniebeuge vor der Ofenklappe abzulegen. Ein, zwei Scheite rutschen mir weg, poltern auf die Dielen. Sibirier schaffen das leiser.

Felix sitzt am Küchentisch und spielt mit dem Löffel in einem halb leeren Joghurtbecher. Hellbraune, leicht hervorstehende Kinderaugen betrachten mich desinteressiert. Sein rotes Haar ist ungekämmt, er kämmt sich erklärtermaßen nie. »Und jetzt krieg ich meine Morgenzigarette!«

Felix stellt die erste Forderung des Tages, ich halte dagegen: »Du hast die Wahl – Ofen anmachen oder Holz holen?«

»Hmmm«, Felix muss sich zum ersten Mal entscheiden. Er spitzt die Lippen, seine Augen werden schmal, der Verstand jenseits seiner braunen Iris wälzt die erste Schicksalsfrage des Tages: Er entscheidet jetzt nicht über Holzholen oder Ofenanmachen, sondern darüber, ob er überhaupt mithilft. Weigert er sich, muss ich reagieren, schimpfen, Strafe androhen, dann kann er kontern, den Konflikt hochschrauben, »Eskalationsspirale« nennt Kai, der Diplompädagoge, das. Wenn Felix mithilft, kriegt er auf jeden Fall seine Zigarette, Ärger machen kann er immer noch. »Du zündest den Ofen an«, kommandiert er und steht auf. Auch eine Lösung, offiziell beansprucht er weiter das Kommando, ohne seine Zigarette zu riskieren.

Felix schleppt sieben, acht Holzscheite herein, lässt sie krachend auf den Holzboden fallen.

»Sibirier kriegen das leiser hin«, sage ich.

»*Bljad!*«, schimpft Felix. *Bljad* heißt zu Deutsch »Nutte«, im Russischen ist es ein schmuddeliger Allgemeinplatz. Kolchosbauern, Eishockeyspieler, aber auch Moskauer Musikstudentinnen verwenden das Wort als gepfeffertes Komma. *Bljad*, denke auch ich, Felix flucht. Alle Kids, die lange genug hier sind, lernen auf Russisch zu fluchen, sie lernen es auf der Dorfstraße.

Aber *bljad* hin, *bljad* her, jetzt zünde ich den Ofen an. Ich will die Rinde von den Birkenschindeln pellen, sie brennt wie Trockenspiritus.

»Stefan, wann krieg ich meine Zigarette?«

»Mann, gleich, du siehst doch, dass ich den Ofen anmache.«

Die Rinde klebt an der Birke wie angeleimt, ich ziehe mit den Fingerspitzen, die Rinde wehrt sich, kaum habe ich doch ein paar Zentimer gelöst, reißt sie. Endlich stopfe ich ein paar Streifen zwischen die Scheite, die im Ofen stecken, halte ein Streichholz dran, und es flammt auf, Luke zu, drinnen fängt es an zu knattern.

»Krieg ich jetzt meine Zigarette?« Felix zieht die Nase wieder kraus, diesmal voller Ungeduld. Felix' Zigaretten sind die Fahnenstangen seines Tages, seine Zeitrechnung: die erste nach dem Frühstuck um zehn Uhr morgens, dann alle zwei Stunden eine bis zur Gutenachtzigarette um zehn Uhr abends. Sieben Zigaretten am Tag, Kai hat das mit ihm ausgemacht, kontrollierter Konsum sozusagen. Fast alle Kids rauchen, Tabakstängel sind die Hauptwährung in ISE-Land, ich habe hier dutzende Kinder erlebt, aber kein einziges, das nicht raucht. »Zigaretten sind ja das Letzte, das ich habe«, verkündet auch Felix manchmal. Aber ich habe das Gefühl, dass es für Felix wichtiger ist, »seine« Zigaretten zu kriegen, als sie zu rauchen: Seht her, ich bin erst 13, aber ich rauche wie ihr, die Erwachsenen. Und ihr könnt mich nicht zurückstoßen in die graue Masse der braven, langweiligen Nichtraucher.

Felix ist gerade 13 Jahre alt und hat chronische Bronchitis. Aber auch wenn ich selbst Nichtraucher bin, ich werde mich hüten, ihm heute Morgen das heilige Recht auf sein erstes Nikotin streitig zu machen. Das Spiel hat ja gerade erst begonnen. Keine Schwäche zeigen, bloß nicht versuchen, sich anzubiedern, aber auch keine übertriebene Angriffswut. »Iss wenigstens noch deinen Joghurt zu Ende.« Ich gehe zu Kais Koje, wo auf dem kleinen handgeschnitzten Wandregal eine ausgebeulte Packung *Tupolew 134* liegt, russisches Billigkraut, benannt nach einem ausgedienten Sowjetjet. Ich ziehe eine Zigarette heraus, gehe zurück zur Ofenbank, wo Felix wartet, schiebe ihm die Zigarette zu, die erste von sieben, der Gong nach der ersten Runde, die Eins auf der Anzeigetafel, ein kleines Steinchen auf dem großen ISE-Spielbrett.

Felix sitzt da, qualmt, mit dem Rücken gegen die Wand gelehnt, die Beine auf einem Schemel platziert, die Arme über der Brust verschränkt – genauso wie Kai, wenn er seine Zigaretten raucht. Warum halten sich die Kids immer nur an die schlechten Vorbilder?

Honigbraune Kinderaugen blicken zufrieden an mir vorbei. »Gleich geh ich raus, zu Wanja, Drachen steigen lassen. Beim ollen Markus muss ich auch noch vorbei. Und heute übernachtet Ruslan bei uns.«

»Nach dem Frühstück machst du erst mal den Abwasch.«

»Mann, halt die Klappe, Stefan.« Eine despotische Querfalte erscheint auf seiner Kinderstirn, seine Stimme lässt auch heute keinen Zweifel, wer hier die Befehle gibt. Das Spiel, das Spiel um die Macht, ist im vollen Gange.

Draußen auf der Straße sind Hühner, Enten und die sieben Gänse aufgetaucht, die wie immer in Reihe zur Pfütze an der Wasserstelle latschen. Die Gänse sind schneeweiß, wegen ihrer Arroganz verwechselt Felix sie hartnäckig mit Schwänen. Und auf der gegenüberliegenden Straßenseite, am Brunnenloch, steht mit dem gleichmütigen schönen Gesicht einer jungen Indianersquaw Tamara, die Tschetschenentochter, und lässt die nächste 40-Liter-Kanne mit Wasser voll laufen. Alle anderen Dorfkinder sind jetzt in der Schule.

Nur die tote Katze, die draußen in fünf Meter Höhe über unserem Tor an der Stromleitung hängt, stört die Idylle. Felix hat sie gestern oder vorgestern hinaufgeworfen, ein magerer grauer Balg mit gähnenden Augenhöhlen und einem nassen Strick um den Hals. Eine Schande vor dem Dorf, denke ich, aber eigentlich passt der Katzenkadaver: gräuliches Mahnzeichen dafür, dass hinter unserem Zaun der sibirische Frieden endet und die Wallstatt, der Wahnsinn, ISE-Land beginnt. Auch ich habe schon zu viel gesehen, um nicht abgestumpft zu sein.

Felix frühstückt. Er löffelt sich *sguschonka* in seinen Tee, zähflüssige, zuckrige Konservenmilch. Einen Löffel, zwei, drei, vier. »Jetzt reicht es aber«, schimpfe ich. Die Tasse lässt er fast voll stehen, eine dicke schwarze Fliege, eine der letzten dieses Jahr, balanciert auf dem Tassenrand. Wenn ich jetzt meine Mutter wäre, meine Mutter ließe solche Kleinigkeiten nicht durchgehen: Trink den Tee aus …, du hast dir die Suppe eingelöffelt, also … Aber Felix ist nicht der Sohn meiner Mutter; gar nicht auszudenken, was meine Mutter gesagt hätte, wenn ich mit zwölf Jahren versucht hätte, mir in ihrer Küche eine Zigarette anzuzünden. Felix erlaubt sich ganz andere Kleinigkeiten als überzuckerten, nicht ausgetrunkenen Tee.

Jetzt zappelt die Fliege ertrinkend im grauen Nass der Teetasse. Felix hat wieder den Kühlschrank geöffnet und greift nach der Nutella. Russische Nutella, Schokocreme Marke *Burjonka*, mit einer grinsenden Kuh auf dem Etikett. Aber es ist Kais Nutella, eines der Tabus für Felix.

»Stell die Nutella wieder weg, die gehört dir nicht.«

»Oh Mann!« Felix' Stimme ist helle Verzweiflung. »Nichts darf ich aber auch.«

»Du weißt genau, dass du an Kais Nutella nichts zu suchen hast.« Ich komme mir blöd vor, ein Kind will Nutella aufs Brot, kriegt sie aber nicht. So etwas hätte es bei meiner Mutter nicht gegeben. Keine Schokocreme für Felix, das wirkt kleinlich, lieblos, wenn nicht grausam. Aber in ISE-Land verlaufen die Fronten auch quer durch den Kühlschrank. Felix isst so launisch und furios, wie er lebt: nur, was ihm schmeckt, und das ohne Maß. Wenn es heute nach seinem Appetit ginge, Kais Nutella würde den Tag nicht überleben, Felix würde platzen vor Chips und Coca-Cola, die dieses Frühjahr auch in Oni angekommen ist. Aber trotzdem tut er mir Leid.

»Du kannst mein Auto putzen, für dreißig Rubel – für vierzig, wenn du es richtig ordentlich machst«, schlage ich vor. »Davon kaufen wir dir nachher deine eigene Nutella.«

Felix' Schweigen bedeutet wohl Zustimmung. 30, 40 Rubel, ein Euro, in Deutschland ein Trinkgeld, beute ich den Knaben aus? Aber wenn ich Wanja oder Ruslan bäte, die Nachbarjungs würden mein Auto auch umsonst putzen. Außerdem zwinge ich Felix ja nicht.

Felix kaut jetzt an einem Wurstbrot, schluckt, sieht mich an und sagt: »*Pesdez*«, zu Deutsch: Fotze. Meint er sein Wurstbrot oder mein ungeputztes Auto? Kai ist die russische Gossensprache unzugänglich, den kann er mit solchen Flüchen kaum ärgern. Jetzt versucht er es wohl bei mir. Und er ärgert mich. »Hör auf, hier blöd herumzufluchen!«, schimpfe ich.

»*Pesdez*, Stefan, was heißt *pesdez* auf Deutsch?«, heuchelt er.

»Tu doch nicht so, das weißt du ganz genau«, sage ich. »Solche Worte kannst du dir direkt wieder abgewöhnen. Normale Sibirier reden nicht so und wollen so was auch nicht hören.«

Nach dem Frühstück waschen wir ab. Wieder kommandiert Felix: »Ich mach den Abwasch, und du trocknest ab!« Der Abwasch von gestern; ein Topf, in dem Nudeln kleben, Teller voll Ketchupsoße, vom Bier klebrige Teetassen. Und die Pfanne, in der Kai die Fleischsoße angebraten hat. Ich habe nichts dagegen, dass ich abtrocknen soll. Aber der Pfannenboden klebt nach seinem Abwasch weiter vor Fett. »Nee, Alter«, ich gebe sie Felix zurück, der sie, ohne zu murren, noch einmal in den blecheisernen Abwaschtrog schiebt. Felix wäscht ab, Felix arbeitet mit. Dahinter steckt monatelanger Kleinkrieg, den Kai mit Felix um jede Untertasse geführt hat. Ganz zu Anfang musste er sich hinter ihn stellen, ihn an den Unterarmen halten und ihm die Hände führen, nackter körperlicher Zwang. Jetzt kratzt und scheuert Felix eifrig den Pfannenboden. »*Jobannyj w rrrod!*«, wieder ein russischer Fluch, das russische »r« rollt er gekonnt.

»Verdammt, hör auf!«

»Hihi«, kichert er. »Weißt du, was *jobannyj w rod* heißt? *Jobannyj w rod* heißt: in den Mund gefickt.« Felix kurvt immer tiefer in den verbalen Schlamm Russlands.

»Ich weiß nur, dass du für jedes russische Schimpfwort eine Zigarette abgezogen kriegst.« Mir reicht es.

»Oh Scheiße!« Das klingt wenig beeindruckt.

»Und für deutsche auch!« Der Knilch will Ärger, den soll er haben, kann statt an einer Zigarette an seinem Daumen lutschen. Oder er hört auf zu fluchen. Und Kai gebe ich eine Liste der üblichsten und übelsten russischen Flüche, mit Übersetzung. Felix scheint meine Drohung nicht weiter zu stören, mit der Pfanne ist er fertig, ich trockne ab, der Alltag geht weiter.

Felix hat Kais Discplayer eingeschaltet, die Band »Kettcar«, natürlich viel zu laut. Ich stelle die Musik leiser, das übliche Spiel: Das Kind dreht die Musik voll auf, der Betreuer dreht sie leiser, der Konflikt ist da, das Kind dreht wieder lauter, der Konflikt eskaliert. So werden in ISE-Land auch Totschlagversuche eingeleitet. Aber Felix plant offenbar nicht, mich heute vor Mittag totzuschlagen, er fängt selbst an zu trällern:

»In den Synagogen hängt ein schwarzes Schwein.

In die Parlamente werf ich 'ne Bombe rein.

Blut muss fließen, knüppelt alle weg!

Denn wir scheißen auf die Freiheit dieser Judenrepublik.«

Mein Gott, dagegen waren die Flüche ja noch harmlos. Ich unterbreche seinen Schlachtgesang: »Beschissenere Lieder hast du wohl nicht auf Lager?«

»Wenn das ein Nazi hört, macht er dich platt«, erläutert Felix, »weil bei der Musik, da rasten alle Nazis aus. Die CD haben wir zu Hause.«

Zu Hause. Was bedeutet das Wort auf Felix' Zunge? Felix hat viele Zuhause oder gar keins. Wie Kai und Klaus mir erzählt haben, ist Felix' Elternhaus kaputt, die Mutter weg, der Vater kam nicht mit ihm zurecht. Seit fünf Jahren ist die Jugendhilfe sein Zuhause, ein Zuhause mit ständig wechselnden Adressen, Pflegefamilien und Kinderheimen. »Wie, wohnen bei dir zu Hause Nazis?«, erkundige ich mich.

»Nee, das Lied hat mein Bruder früher mal gehört. Aber der hat jetzt mit den Nazis Krach gekriegt, der ist kein Nazi mehr.« Ob das stimmt, weiß ich nicht, aber ich sollte etwas dagegen unternehmen, dass Felix faschistische Mordgesänge anstimmt. Ich beschließe, statt Englisch-Vokabeln eine Stunde Geschichte einzuschieben.

Mathematik, Wiederholung, das kleine Einmaleins, vermutlich wiederholt Felix zum hundertsten Mal in Sibirien das kleine Einmaleins.

»Achtundvierzig geteilt durch acht?«

»Sechs.«

»Richtig. Siebenundzwanzig geteilt durch drei?«

»Acht.«

»Siebenundzwanzig durch drei ist nicht acht.«

»Ist es doch.«

»Nein.«

»Doch.«

Schweigen. Felix zieht mit einem Fuß die gelbe Plastikschüssel, in der ein halber Zirbelkiefernzapfen liegt, heran und dreht die Schüssel unter seinen Zehen hin und her. »He, mein Auto spielt verrückt!«

»Hör auf mit den Faxen! Siebenundzwanzig durch drei? Konzentrier dich!« Ich habe Kai beim Schulunterricht zugesehen, Kai geduldete sich stundenlang über Felix mathematischen Misserfolgen. Auch ich bin entschlossen, mich nicht aus der Ruhe bringen zu lassen.

»Siebenundzwanzig durch drei ist doch acht!«, auch Felix zeigt Stehvermögen.

»Gut, wie viel ist vierundzwanzig durch drei?«

»Vierundzwanzig durch drei ist … äh – acht.«

»Und wie viel ist dann siebenundzwanzig durch drei?«

Felix überlegt, faltet seine Stirn nicht über dem Für und Wider seiner nächsten Missetat, sondern über einer Rechenaufgabe. So sieht er aus, der Fortschritt im ISE-Alltag. Vorwärts geht es nur millimeterweise.

»Neun«, erklärt Felix, seine Stimme klingt leicht genervt.

»Richtig.« Wir rechnen insgesamt 45 Minuten, Felix löst schriftlich auch vier viel schwierigere Teilungsaufgaben. In der Pause kriegt er Zigarette Nummer zwei, danach veranstalten wir Geschichtsunterricht.

Deutsche Geschichte, Drittes Reich, Geschichtsunterricht aus dem Stegreif, Kai hat kein Lehrbuch da, aber schließlich habe ich ja irgendwann selbst Geschichte studiert.

»So, lieber Felix, sag mir doch mal, wer Adolf Hitler war.«

»Adolf Hitler war ein Riesenarschloch.«

»Und warum?«

»Na, weil er nur Scheiße gebaut hat.«

Jemand mag Felix Nazilieder beigebracht haben, aber jemand hat ihm auch Antifaschismus gepredigt.

Ich erkläre ihm, dass Hitler ein Diktator war, der aufgrund einer großen Wirtschaftskrise in Deutschland an die Macht kam; dass er verkündigte, die Deutschen seien die Klügsten und Stärksten und alle anderen Völker, auch die Russen, müsste man versklaven oder vernichten. Dass er den Zweiten Weltkrieg angezettelt habe, dass er sechs Millionen Juden, aber auch über 20 Millionen Sowjetbürger hat umbringen lassen. Um Felix die Grausamkeit der Nazis zu illustrieren, erzähle ich ihm, wie die Deutschen in Weißrussland ganze Familien in ihren Holzhäusern – »solche, wie auch hier in Sibirien stehen« – einsperrten und diese dann anzündeten. Ich erzähle Felix, wie die Weißrussen ein kleines Kind aus dem Fenster eines brennenden Hauses warfen, um es zu retten, und wie die deutschen Soldaten es wieder hineinwarfen. Solche Episoden stehen nicht in deutschen Schulbüchern. Deutschland erschreckt seine Schulkinder lieber mit Gaskammern und Holocaust. Die Geschichte von dem kleinen Kind, das die Soldaten wieder ins Feuer warfen, hat mir eine alte Frau in Weißrussland erzählt. Aber die hat dabei auch geweint. Felix jedenfalls ist es egal, mit welchen Details ich ihm die Nazis vergraule. »Solche Schweine«, erbost er sich. Und Hitler sei das größte Schwein gewesen. »Wenn ich damals da gewesen wäre, ich hätte eine Pistole genommen und ihn erschossen, auch wenn mich seine Leibwächter hinterher umgelegt hätten.«

Felix scheint richtig aufgebracht zu sein. Ich bin zufrieden, da gibt es in seinem Bewusstsein Punkte, wo er wie der Graf Stauffenberg denkt, da muss er gar nicht mehr bekehrt werden, da sind wir schon am Ziel.

Felix wäscht Auto. Ich habe den Wagen im Gras neben der Hofeinfahrt geparkt. Noch ist der schwarze Gummischlauch nicht zugefroren, der im Sommer den Hof mit der Wasserstelle auf der anderen Straßenseite verbindet, Felix kann das Auto einfach abspritzen. Er beginnt mit Wonne, presst den Finger auf das Schlauchende, um den Druck zu erhöhen, »sau nicht rum«, schimpfe ich, er kichert.

Über ein paar Schornsteinen wallt das giftige Grau der Plastikabfälle, die verbrannt werden. Die vertrockneten Heuhaufen sind mausgrau, das Grau der gemähten Wiesen in der Ferne wirkt leicht violett, selbst der Rauch über der brennenden Taiga scheint grau zu riechen. Ergrauter Spätherbst.

Drüben bei unseren Nachbarn, den Tschetschenen, ist niemand zu sehen. Dort steht nur ein fünf Meter hoher Leichtbaukran über einem Viereck aus groben Betonklötzen. An den Straßenkreuzungen in Tschetschenien verschanzen sich hinter solchen Betonklötzen die russischen Soldaten. *Blokpost*, »Blockposten«, heißt das sehr deutsch. Als wollten unsere Tschetschenen zur Erinnerung an den Krieg, vor dem sie geflohen sind, ihren eigenen *blokpost* errichten. Tatsächlich bauen sie eine Garage für den Kleinlaster, den Achmed, das Familienoberhaupt, kaufen möchte. Aber heute ruht der Bau. Obwohl die Garage vor dem Winter fertig sein soll. Wo die Tschetschenen wohl stecken?

Ich schlendere hinüber, öffne die Pforte ihres schulterhohen Holzzaunes, hinter dem zähnefletschend der Hofhund tobt. »Komm schnell«, plötzlich steht Tamara vor mir, »komm helfen, unsere Kuh will nicht kalben.«

Im Kuhstall der Tschetschenen herrscht Halbdunkel und leichte Panik. Die Kuh steht im Gang, Sofia, die Mutter, hat ihr einen Strick um die Hörner gebunden und zieht, ich helfe ihr. Von hinten schauen die dunklen, glitschigen Vorderläufe des

Kalbes aus der Kuh hervor, sie zucken, auch sie sind mit einem Strick verknotet, an dem Achmed und sein Schwiegersohn Chassan zerren. Vergeblich. Die Veterinärin, eine Russin, steckt den entblößten Arm in die Kuh. »Das Kalb hat sich verdreht, ich kann den Kopf nicht finden.« Ihre Stimme klingt gehetzt, wieder zerren alle, diesmal helfe ich den Männern, »eins, zwei«, wie beim Tauziehen, »eins, zwei«, das Kalb kommt nicht, »eins, zwei«, dann reißt der Strick, wir fallen zu dritt ins Stroh. Die Szene mag grotesk sein, sogar zum Lachen, aber ich habe die Videokamera in meinem Kopf ausgeschaltet, stemme mich wie die Tschetschenen ins Seil, gegen den schneidenden Schmerz in meinen Händen, gegen das böse Gefühl, das die hilflosen Befehle der Veterinärin hervorrufen. Wir kämpfen um ein kleines Leben, ein alltäglicher, aber heiliger Kampf. Da ist Sibirien so wie ISE-Land: Es duldet niemand, der nur daneben steht und zuschaut.

Jetzt hat sich Achmed das Hemd über seine Gewichtheberarme gekrempelt, Sofia wäscht sie mit warmem Wasser ab, dann drückt er die Rechte in die Scheide der Kuh, die Russin berät ihn: »Du musst den Kopf finden, hast du den Kopf? Dann fass mit beiden Fingern in die Augenhöhlen.« Achmed kriecht fast in die Kuh hinein, den Kopf leicht zur Seite gedreht, als horche er, »ich hab den Kopf«, er zieht den Arm wieder heraus, versucht es mit dem anderen, es geht nicht.

Achmed ist ein Arbeitstier, vierkantig wie ein Vorschlaghammer, klein und untersetzt wie seine Frau Sofia. Das erste Mal, als ich ihn sah, schlachtete er ein Schaf, jetzt versucht er, das Kalb zu retten. Achmed züchtet Vieh, handelt damit – einer der ganz wenigen Privatfarmer im Kreis. Er und seine Familie sind die einzigen Tschetschenen im Dorf. Beides Gründe dafür, dass die Leute in Oni ihn nicht lieben.

Achmed brachte seine Familie im Herbst 1999 hierher, als in Tschetschenien mit dem russischen Einmarsch der zweite Tschetschenienkrieg ausbrach. Achmed und die Seinen sind Flüchtlinge in einem feindlichen Land, in ganz Russland gelten die Tschetschenen inzwischen als Volk von Halsabschneidern. »Hüte dich vor den Tschetschenen«, sagen die Russen, »das ist ein grausames und verlogenes Volk.«

»Wenn ihr mich verjagt«, sagt Achmed, »habt ihr in Tschetschenien nur einen Partisanen mehr.«

»Eins muss man Achmed lassen«, sagen die Leute in Oni, »er ist ein Arbeitstier.«

Sofia reicht Achmed einen Bindfaden, damit angelt er wieder in der Kuh herum. »So, jetzt habe ich das Kalb am Gebiss festgebunden.« Wieder verknoten wir den Strick, diesmal an Achmeds Bindfaden, wieder ziehen wir Männer, Sofia drückt von außen gegen den Vorderbauch, diesmal geht es leichter. Langsam kommt das Kalb aus der Kuh hervor, schleimig, mager, schwarz, es gleitet zu Boden. »Massiert es«, ruft jemand – unter den Händen der Frauen zittert der kleine Körper wie Wackelpudding. Aber die Augen des Tieres sind trüb, tot. Eine Niederlage im alltäglichen Überlebenskampf. »Dieses Jahr geht aber auch alles schief!« Achmed seufzt und trocknet sich die Arme ab. »Fast ein Dutzend Schafe ist mir schon eingegangen. Als hätte mich der böse Blick erwischt.«

»Wir haben mal den Popen auf die Kolchose geholt, damit er die Kühe segnet«, sagt die Veterinärin. In Russland teilen Christen und Mohammedaner ihren Aberglauben. »Ihr seid ja Muslime, bei euch ist für so was jemand anders zuständig.«

Achmed nickt. Sie verlangt kein Geld von ihm, aber als sie gegangen ist, beklagt er sich. »Wenn wir sofort den Kopf gedreht hätten, statt an dem Kalb herumzuzerren, hätten wir es retten können. Aber sie wollte es nur noch herauskriegen, tot oder lebendig.«

Als ich mich verabschiede, lädt Achmed mich ein, am Abend vorbeizukommen. »Bring Felix mit, wir können zusammen Fernsehen gucken.«

Draußen steht mein Niwa in einer riesigen Pfütze. Felix springt mit dem spritzenden Schlauch herum. »He, Stefan, so sauber ist die Kiste noch nie gewesen!« Felix' Jeansfetzen sind schwarz vor Nässe, auch der Pulli trieft, als hätte er beim Abspritzen unter dem Auto gelegen. Die Felgen starren noch immer vor Dreck, aber die Karosserie ist wieder weiß; Felix hat gearbeitet, hat nicht versucht, die Gänse zu ersäufen, zumindest nicht ernsthaft. Sie recken interessiert ihre Hälse, aber aus sicherer Distanz. Das Schlimmste heute ist geschafft: Abwasch, Schule, Autoputzen. Allerdings hat Felix beim Autowaschen wieder auf Russisch geflucht, zweimal, zwei Zigaretten Abzug, die nächste kriegt er erst abends um sechs, er hat es erstaunlich gelassen weggesteckt. Felix darf raus, darf spielen, aber zuerst will er seine Nutella einkaufen.

Die weißblonde Frau hinter dem Tresen im Dorfladen bedient uns eifrig, wir sind ihre besten Kunden. Zumal man hier nicht klauen kann wie in europäischen Supermärkten. Die Ware liegt entweder auf den Regalen hinter dem Rücken der Verkäuferinnen oder unter den Glasscheiben, mit denen die hölzerne Theke abgedeckt ist. Die Deutschen sind immer wieder eine Attraktion, die alten Frauen, die eigentlich vor uns an der Reihe sind, haben plötzlich ganz viel Zeit. Da stehen sie in ihren alten grünen und violetten Mänteln, betrachten uns und unseren kostspieligen Geschmack ungeniert neugierig, aber nicht feindselig. Insgesamt kaufen wir für 360 Rubel ein; manche Kolchosarbeiter ackern einen Monat für das Geld, dabei sind 360 Rubel keine elf Euro. Dafür kaufen wir einen Liter Zitronen-Fanta und 300 Gramm Edamer. Auf der roten Wachspelle pappt ein Aufkleber: »Edamer, hergestellt bei Sachsenmilch«. Vier Laibe Brot, was wir nicht essen, kriegt Tschulpan, Sibiriens Hunde kennen kein Chappy. Ein Liter russisches Olivenöl, eineinhalb Liter *Omskaja*-Mineralwasser, das salzigste Mineralwasser der Welt, Klaus sagt, der Salzgehalt wäre höher als in der Nordsee. Wir hätten auch milderes *Bogatstwa Sibiri* oder *Swatoj Istotschnik* ohne Kohlensäure kaufen können. Die Regale sind voll – Fischkonserven, Nudeln, Bananen, Pralinen, Schokolade, acht Sorten Bier, zehn Sorten Wodka. »Früher hatten wir Geld, aber es gab nichts zu kaufen«, hat mir eine Kolchosmelkerin erklärt, »heute sind die Geschäfte voll, aber wir haben kein Geld.« Wir jedoch kaufen weiter ein: 300 Gramm Schokowaffeln, auch sie Nervennahrung. Dazu Äpfel, Orangensaft und ein Kilo *pelmeni*, kleine Teigtaschen, mit Fleisch gefüllt.

Im Laden steht auch Wanja, rothaarig wie Felix, aber sommersprossig und erst zehn Jahre alt. Wanja kauft *mowy*, kleine

Räucherfische, denen man den Kopf abreißt und den Rest mit Haut und Gräten verschlingt. »Mann, Stefan«, Felix staunt die schlüpfrigen, ihrerseits ungläubig glotzenden Salzfische an, »warum kaufen wir nicht auch *mowy*?« Ich kaufe ein Pfund, dazu noch zwei Mars für Felix und Wanja, der mit einem dankbaren Grinsen die Lücken zwischen seinen Zähnen zeigt. Vielleicht hätte ich mir die Fische und das Mars sparen können, vielleicht verwöhne ich Felix. Aber ich habe ihm heute schon Zigaretten gestrichen. Ganz möchte ich Felix das Leben ja nicht versauern. Der jedoch will noch mehr süßes Leben. »Stefan, krieg ich ein alkoholfreies Bier?« Er ist darauf aus, noch ein kleines Laster der Männer zu kopieren. »Warte, bis Kai wieder da ist«, vertröste ich ihn. Von alkoholfreiem Bier hat Kai mir nichts gesagt. Also Nein sagen, im Zweifelsfall Nein sagen.

Die Herbstsonne überflutet die Straße vor dem Geschäft. Friedemann kommt uns entgegen, das zweite Projektkind im Dorf. Friedemann grinst froh, der lange Friedemann, er ist 13 wie Felix, aber einen Kopf größer, und wäre der Wildwuchs, den er unter seine Baseballmütze gestopft hat, nicht brünett, sondern rotblond, könnte er mit Felix zusammen als Max und Moritz losziehen. »Hallo, Steffi!« Im Gegensatz zu Felix freut Friedemann sich immer, wenn er Erwachsene sieht.

»Hallo, Freddy!« Wir alle nennen Friedemann Freddy, weil sein Betreuer Markus den Namen Friedemann fürchterlich findet. »Wo ist denn Markus?«

»Zaun bauen. Mit Mischa. Er hat mich einkaufen geschickt.« Friedemann alias Freddy trägt eine rote Jacke, Goretex, und einen schlaffen Rucksack für die Einkäufe. Glücklicher Markus, er kann Freddy 200 Rubel in die Hand drücken und einen Einkaufszettel, ohne befürchten zu müssen, dass Freddy die Rubel in Zigaretten, Wodka oder gleich in eine Busfahrkarte Richtung Krasnojarsk umsetzt. Der lange Freddy, unser Musterkind, Freddy, der mit jedem Zentimeter, den er in Sibirien wächst, ein besserer Mensch zu werden scheint. Felix hat Freddy nicht gegrüßt, Freddy ihn auch nicht. Die beiden haben sich eigentlich nie gemocht, während sich die Kids sonst meist zu gemeinsamen Missetaten verbünden. Klaus würde deshalb am liebsten 100 Kilometer Sicherheitsabstand zwischen jedes Betreuungsverhältnis einbauen. »Grüß Markus«, sage ich zu Freddy »vielleicht kommen wir noch vorbei.« Freddy geht ins Geschäft, ich eile weiter und folge Felix, der vorausgerannt ist.

30 Meter weiter taumelt mir ein Betrunkener entgegen, streckt mir mit wackligem, aber feierlichem Grinsen die Hand hin. Eine magere, wildfremde Gestalt, ich trage zwei volle Einkaufstüten. »Bruder ...«, fängt er an, um drei Uhr nachmittags schon besoffen – noch besoffen?

Ach Russland, dass du säufst, ist ein erzdeutsches, ein plattes Vorurteil. Aber der Samogon zieht wirklich eine schlecht riechende Spur wie einen roten Faden durch den sibirischen Alltag. Ob morgens oder abends, ob Partisansk oder Oni, sie torkeln mir immer überall entgegen, bettelnd, biedernd oder drohend, die Säufer, die *alkaschi*, die »Alks«, wie die nüchterne Mehrheit der Sibirier sie abfällig nennt. »*Sdorowo brat!*«, »Gesund, Bruder!«, lallt der Besoffene, »*sdorowo, sdorowo*«, murmele ich und gehe schnell weiter, Felix ist schon weit voraus.

Fast alle Sibirier können flaschenweise Wodka trinken. Aber die Mehrheit stürzt sich am nächsten Morgen wieder in die Arbeit, auf Berge zu zerkleinerndn Brennholzes, unter die Bäuche kaputter Lastwagen, in ungemähte Waldwiesen – schuftet vom Morgengrauen bis in die Nacht, von Sonntag bis Samstag. Die Mehrheit der Sibirier sind *rabotjagi*, »Malocher«, die leben, um zu arbeiten. Aber in jedem Dorf gibt es auch *alkaschi*. *Alkaschi*, das sind die, die nur noch leben, um zu saufen, für die sich alles um zwei Fragen dreht: Wer besorgt den nächsten Liter Samogon, und wer kippt am meisten davon in sich hinein?

Wie viele Säufer gibt es in Oni? Der Kolchosvorsitzende sagt, er würde am liebsten die Hälfte seiner Kolchosniki wegen Sauferei entlassen. Der Dorfpolizist schätzt, ein Drittel der Einwohner saufe. Die Schuldirektorin und der Dorfvorsteher vermuten ein Viertel. Jedenfalls glauben alle, ihre Zahl steige. Die Kreiszeitung »Sibirischer Werktätiger« schreibt, russische Wissenschaftler erklärten den Hang ihrer Landsleute zum Schnaps durch ihr nationales Erbgut: Sie hätten tatarische Gene im Blut, die die Widerstandskraft gegen Alkohol verringerten. Aber Tataren hin, Gene her, alle hier sagen, früher, unter den Kommunisten, sei weniger gesoffen worden. Nach dem Zerfall der Sowjetunion pulverisierte die Inflation von 1992 die Rubelersparnisse der Dorfbevölkerung, die freie Marktwirtschaft überschwemmte die Absatzmärkte ihrer Kolchosen mit Westimporten. Kolchosen, die jetzt formal Aktiengesellschaften sind, aber noch immer »Banner der Arbeit«, »Dscherschinskij« oder »Tschapajew« heißen, nach den Losungen und Helden der Stalinzeit – Freilichtmuseen des toten Sowjetsozialismus.

Man kann sich streiten, ob das Realeinkommen der Bauernschaft auf 5 oder auf 15 Prozent des sowjetischen Standards geschrumpft ist. Vorbei sind die Zeiten, da sibirische Kolchosniki auf der Krim oder an der Ostsee Urlaub machten. Jetzt kostet eine Busfahrkarte nach Krasnojarsk und zurück 540 Rubel, für viele hier zwei Monatsgehälter. Der Kreis ist eine 40 Kilometer breite und 160 Kilometer lange Sackgasse. 1940 haben hier 32 000 Menschen gewohnt, 12 300 sind übrig geblieben. Und an der Tankstelle in Partisansk habe ich selten Pkw-Fahrer gesehen, die – für umgerechnet 30 Cent pro Liter – mehr als fünf Liter Normalbenzin gekauft hätten. Fünf Liter, 50 Kilometer Automobilität, mehr ist auch den Wohlhabenderen nicht geblieben. Weiß Gott, wie viel Alkohol in deutschen Dörfern flösse, die so leben müssten.

Der Besoffene ruft mir etwas nach, unverständlich, aber nicht unfreundlich. Ich eile weiter, froh, dass er nicht aggressiv war. Ich biege in die Uliza Gorkogo ein, eine alte Frau tritt aus einem Holzhäuschen, sieht mich und lächelt; von ihrem Gebiss ist nur noch ein Zahn geblieben. Ich grüße: »Guten Tag.« Die Alte ist nicht betrunken, aber sie strahlt mich trotzdem an – es hilft alles nichts, ich bin Deutscher, fremd und gleichzeitig prominent wie ein Marsmensch. »Uj«, sagt sie, »was soll ich nur essen, ich habe richtig Lust, was zu essen. Aber mit nur einem Zahn, damit kaut sich nichts.« Sie lächelt, ich gucke wohl eher ratlos. Bei den Säufern weiß ich inzwischen, was sie wollen: Schnaps, sich und den Rest der Welt in Schnaps ertränken. Aber was die Alte will? Dass ich ihr zu Fruchtjoghurt rate? Wohl kaum, aber wohl auch nicht, dass ich ihr zehn Rubel zuschieße für ein neues Gebiss. In sibirischen Dörfern bettelt niemand. Außer den Säufern und womöglich Felix, der jetzt schon hinter der nächsten Straßenecke den erstbesten Sibirier um eine Zigarette anhauen mag. Aber daran kann ich nichts ändern, so wenig wie an dem zahnlosen Appetit der alten Frau. Ich lächele ihr zu, sie lächelt zurück, ich gehe weiter; vielleicht wollte sie ja auch nur dieses Lächeln.

Als ich nach Hause komme, ist Felix weg. Vielleicht ist er rüber zu Markus gelaufen, vielleicht ist er bei den Tschetschenen oder bei Wanja. Oder er steckt gerade irgendwo den Wald in Brand oder sitzt im Bus nach Partisansk. Oder … In meinem Kopf rattern Schlimmstfalls-Varianten, aber ich rege mich nicht wirklich auf. Warum auch? Ich bin ja nicht erst seit vorgestern in Sibirien und in ISE-Land. Ich habe schon Schlimmeres erlebt als ein Kind, das vielleicht weggelaufen ist.

Jan
Oni, Dezember 2001

Im Dezember schien es, als lebten Oni und seine 1200 Einwohner in einem Schwarzweißfilm – schwarzes Holz, weißer Schnee, graue Gestalten. Nur den Himmel, die Fensterläden, die Autos, die Gesichter und Augen hatte jemand handkoloriert. Mit blassen Wasserfarben. Hellblau, rosa oder lindgrün. Die Nächte waren hell, der Schnee leuchtete im Mondlicht. Aber ich habe sie schwarz im Gedächtnis, so schwarz wie den Blick aus Kais eisblinden Hüttenfenstern. Es war Kais erster Abend, über Oni hockte grimmig grinsend der Frost, 40 Grad kalt. Und die Dorfhunde heulten, als wollten sie Kai weismachen, sie seien Wölfe und belagerten ihn.

Kai schenkte mir schon auf russische Art Tee ein: den Sud aus einer kleine Kanne, heißes Wasser darüber aus dem Kessel von der steinernen Herdplatte des Ofens. »Meine Eltern waren dagegen, dass ich nach Sibirien fahre. Wegen Jan. Sie haben zufällig den Jugendamtsbericht über ihn gelesen, der bei uns zu Hause per Fax ankam.« Jan. Das war der erste Knabe, mit dem Kai nach Sibirien kam. »Nur meine Großmutter fand es Klasse. Die hat ihre Kindheit in Sankt Petersburg verbracht, ihr Vater war dort Unternehmer.« Sonst habe er eigentlich kein Verhältnis zu Russland. Kai lächelte. Er lächelte tapfer.

Ich werde oft gefragt, was Kai und die anderen Betreuer nach Sibirien getrieben hat. Ausgerechnet nach Sibirien, dessen Name als Synonym gilt für Verbannung, für Straflager, für leeres, weißes, mörderisch kaltes Nichts. Ich glaube, die meisten Betreuer sind in erster Linie nicht nach Sibirien gefahren, sondern nach ISE-Land. Wichtiger als das Wohin war für sie das Mit-wem: Ich fahre los mit einem Bündel schlimmer Probleme, das ich in ein Kind verwandeln will. Kais Auftrag hieß Jan. Er sagte, er wäre mit Jan genauso nach Australien oder Kanada gefahren. »Mich reizt weniger das Land als die Aufgabe.« Sibirien, das war eigentlich Zufall, ein beunruhigender Zufall, mit dem Kai offenbar noch nichts Rechtes anfangen konnte.

Kai erzählte von seiner Familie, einer Pädagogenfamilie. Sein Vater hatte zwanzig Jahre im Jugendamt gearbeitet, seine Mutter war gelernte Erzieherin, sein drei Jahre jüngerer Bruder ein inzwischen adoptierter Pflegesohn. »Bei Konflikten habe ich zwischen ihm und unseren Eltern vermittelt.« Kai erzählte von seiner Kindheit in einer Einfamilienhaussiedlung am Rand von Bad Nauheim. Eine Kindheit am Waldrand, eine glückliche Kindheit. Mit sechs ging er zu den Pfadfindern, mit 15 führte er dort seine erste Sippe. Kai erzählte vom Ersatzdienst, den er als Pfleger in der Psychiatrie ableistete. Er absolvierte dort 13 Monate, vier davon auf einer Forensischen Abteilung, wo straffällige, gewalttätige Jugendliche untergebracht waren. »Da gab es Jans noch und nöcher.« Während des Studiums absolvierte er sechs Wochen Einzelbetreuung in Deutschland, sechs Wochen Einzelbetreuung in den Pyrenäen, arbeitete vier Monate als Vollzeitbetreuer einer Jugendwohngruppe, jobbte vier Jahre als Nachtwache in der Psychiatrie. Er erwähnte stolz, dass die Diplomarbeit, mit der er im Juli sein Studium abgeschlossen hatte, ausgezeichnet worden sei. Thema: »Erlebnispädagogische Intensivmaßnahmen in der Jugendhilfe unter besonderer Berücksichtigung der Qualitätsfrage«. Eine Studie über Auslandsprojekte. Ihn reize die Aufgabe, die intensive Einzelbetreuung, der Zweikampf mit einem extrem schwierigen Kind. »Ich bin jemand, der gern an die eigenen Grenzen geht.«

Kai war jung, ehrgeizig, hervorragend ausgebildet. Aber jetzt war er in Sibirien gelandet. Und er schien froh zu sein, nicht allein hier zu sitzen. Mein keineswegs selbstloses Angebot, bei ihm zu bleiben, bis in der nächsten Woche Markus, der zweite Betreuer, kommen würde, nahm er sofort an. Damals wussten weder Kai noch ich von der Reality-Show, die im ZDF laufen würde: Zwei deutsche Familien müssen ein halbes Jahr in einem sibirischen Dorf überleben. Hätte damals jemand Kai davon erzählt, hätte er nicht nur tapfer gelächelt, er hätte sich totgelacht. Kai war hier für ein Jahr gelandet, ohne ein deutsches Fernsehteam mit Dolmetschern und Ortskräften im Rücken. Und seine Familie hieß Jan.

Ein trockenes Quietschen, die Tür wurde aufgerissen, und Jan stürmte herein. Sein erster Blick war neugierig, ein großer Junge, schlank; wie Kai trug er eine Kaninchenfellmütze, der Kälte zum Trotz stand der Reißverschluss seiner tintenblauen Winterjacke offen. »Hallo«, sofort wandte er sich an mich, »ich bin Jan.« Seine Wangen glühten, seine Augen waren hell, mit blonden, mädchenhaft langen Wimpern. Ein aufgewecktes Jungfußballergesicht, er hätte Karl-Heinz Rummenigges Sohn sein können – vielleicht auch Kais kleiner Bruder. Kai war 25, Jan 15, beide sahen sie aus wie der nette Junge von nebenan.

Als ich Jan damals sah, empfand ich Sympathie, Mitleid, sogar etwas wie Euphorie. Jan, mein erster ISE-Held, der eine Höllenzeit in der Psychiatrie hinter sich hatte, Jan, der in Sibirien ein neuer Mensch werden sollte. Ich überlegte, was ich ihm schenken könnte, um ihm eine Freude zu machen. Er spürte wohl das naive Wohlwollen in meinem Blick.

»Der Sack ist schwul!« Jan lächelte, er meinte Kai, seine Kinderzähne strahlten so weiß, als putze er sie dreimal täglich und nicht zweimal die Woche. »Nimm dich vor Kai in Acht, der ist wirklich bisexuell.« Jan schaute mich bedeutungsvoll an und griff zu der Dose mit dem löslichen Maxwell-Kaffee. Kai grinste traurig: »Am schlimmsten ist, mit welchen Argumenten er zu treffen versucht.« Ich zerbrach mir jetzt tatsächlich den Kopf, ob Kai schwul war oder nicht.

»Halt's Maul, Kai!« Jan löffelte sich Kaffeepulver in seine Tasse.

»Wir haben doch ausgemacht«, sagte Kai, »dass du nur eine Tasse Kaffee am Tag trinkst.«

»Scheiß drauf.« Jans Tonfall zertrümmerte meine Illusionen. Ich war einiges gewohnt, hatte in Russland Hauptfeldwebel und Huren fluchen gehört, nüchtern oder betrunken. Aber die Flüche der Russen klangen gutmütig gegen Jans aus Gossen- und Fremdwörtern gebraute Schmähungen. Kai dagegen nahm die verbale Treterei mit Routine: »Manchmal bist du ein ganz schönes Ekel.«

»Halt die Schnauze!« Jans Mädchenwimpern verschwanden unter seinen heruntergezogenen Brauen, »sonst kriegst du eine Mistgabel quer durchs Hirn.«

Das war Jan. Jan, der Kai schon deshalb hasste, weil er sein Betreuer war, Jan, der das ISE-Spiel mit wütender Hingabe spielte, nach sechs Jahren in der Kinder- und Jugendhilfe alle Regeln, alle Fouls, alle taktischen Finessen beherrschte. An ihm waren, wie Kai schätzte, inzwischen dreißig bis fünfzig Sozialpädagogen, Heimerzieher und Psychologen gescheitert. »Ich bin eben extrem«, pflegte Jan zu sagen. Er galt als gewalttätig. Bevor er ins Projekt kam, hatte er neun Monate in der Psychiatrie gesessen. Aus Sicherheitsgründen sollte Jan in Sibirien zwei Betreuer bekommen. Kai und ich einigten uns schnell darauf, ihn »Mission Impossible« zu nennen. »Wenn wir den hinkriegen«, hatte Klaus gesagt, »können wir uns einen Orden an die Brust heften.« Klaus war Optimist. Aber auch seine Worte klangen nach Himmelfahrtskommando.

Ehrgeizig waren wir alle. Klaus und Kai hatten ihren pädagogischen Ehrgeiz. Und ich meinen als Journalist. »Das wäre *die* Story, Kai« – ich erinnere mich gut an meine Worte – »wenn du

Jan schaffst.« Die Wiedergeburtsstory, das Drama mit Happy End, von dem jeder Schreiber träumt. Aber auch Jan hatte seinen Ehrgeiz. Schon an der Türschwelle, vor seinem Hochbett, hatte er Rucksack, Wäsche und Schuhe zu einem wirren Hügel aufgeschüttet, über dem sein »Vaude«-Schlafsack baumelte wie eine zerknitterte, leere Schmetterlingspuppe. Willkommen in ISE-Land, im Chaos, auf dem Schlachtfeld! Eintritt auf eigene Gefahr.

Schon am ersten Abend verwickelte mich Jan ins Geplänkel. »Ich zeig dir ein paar Griffe. Damit kriegst du jeden tot.« Er stellte sich vor mir auf, griff mit Daumen und Zeigefingern nach meiner Kehle. Ich schob ihn mit beiden Händen weg, zog gleichzeitig den Oberkörper zurück, versuchte Neutralität zu wahren. »Wenn du Prügel haben willst, such sie dir woanders.« Jan war beileibe kein Kampfsportler, trotzdem fühlte ich mich unbehaglich. »Oder du musst dahin hauen«, Jan grinste und schlug mir leicht auf den Solarplexus, dabei traf er die Brusttasche mit meinen Papieren. »Was hast du denn da?«

In den nächsten Wochen steckte diese Brusttasche fast täglich Jans Hiebe ein. Gewalt, das merkte auch ich schnell, war seine Schiene, von der sollte ihn Kai herunterholen. Ich stand daneben, guckte zu und hatte noch nicht begriffen, dass man in diesem Spiel nicht nur daneben stehen und zugucken kann.

Am nächsten Morgen war das Quecksilber des Thermometers in der billigen blauen Plastikfassung draußen am Küchenfenster bei minus 43 Grad geronnen. Jan lag auf seinem Hochbett und betrachtete missgelaunt, wie Kai auf der gusseisernen Herdplatte Teewasser aufsetzte. »Guten Morgen, Jan«, sagte Kai.

»Halt's Maul, du Sau!« Jan wollte Krieg. Nach dem Frühstück schnappte er sich den Kopfhörer von Kais Discman, weigerte sich, ihn zurückzugeben. Kai musste handgreiflich werden, eine halbe Minute Gezerre, erst dann entwand er Jan seine Beute. Der fluchte. »Du Arschloch hast mir mein T-Shirt kaputtgemacht!« Dann warf er sich seine Jacke über. Er wollte hinaus, in den sibirischen Frost. »Bevor du gehst, könntest du den Abwasch machen«, sagte Kai.

»Ich bin doch nicht deine Hausfrau.«

»Wenn du in Sibirien leben willst, musst du genauso zur Hausfrau werden wie ich.«

»Halt die Schnauze!« Jan schlug die Tür hinter sich zu.

Kai und ich blieben allein. »Ich kann ihn ja nicht festbinden«, sagte Kai. Aber er hatte schon jetzt ein schlechtes Gefühl. Vier Wochen hatten er und Jan auf einem Bauernhof in Schweden verbracht. Vier Wochen Vorbereitung, wie das Konzept es vorsah. Laut Konzept sollten sich Betreuer und Kind kennen lernen, feststellen, ob sie miteinander konnten. Nach einer friedlichen ersten Woche hatte Jan schon dort losgelegt, vor allem Ira, die russlanddeutsche Zweitbetreuerin, immer wieder beschimpft und tätlich attackiert. Ira war mehrfach in Tränen ausgebrochen. Aber auch Kai hatte er mit einer Mistgabel bedroht. Das Konzept sah vor, nur Jugendliche ins Projekt aufzunehmen, die sich entschlossen hatten, ihr Leben wirklich zu ändern. Aber dieser Entschluss war für Jan offenbar nur ein Lippenbekenntnis. Schon in Schweden hatte er Kai angebrüllt: »Du schaffst mich auch nicht, du bist zu weich für mich!«

Mittags waren es noch minus 38 Grad. Die Häuser, selbst die Hügel schienen sich zu ducken, darüber leuchtete der leere Himmel; die Sonne aber kroch westwärts, schamhaft und blass wie ein falsches Fünfzigkopekenstück.

Wir gingen ins Dorf. Das heißt, wir gingen auf Polarexpedition. Kai hatte jetzt einen dunkelgrauen Anorak an, »The North Face«, noch eine teure Marke, aber gefälscht; er hatte den Anorak für umgerechnet 80 Euro auf dem Markt in Krasnojarsk gekauft. Diese Fälschung besaß eine weit nach vorn gezogene Kapuze, mit Kunstfell gefüttert, sie hielt die Wärme der Atemluft vorm Gesicht. Ich drückte mir derweil die in einem Fäustling steckende Hand gegen die vor Kälte wunde Nase. Jan aber trug seine Stupsnase hoch, nackt und unverfroren wie die einheimischen Übermenschen, die auf flachen Pferdeschlitten vorbeiglitten, als ritten sie auf Surfbrettern vor Rimini. »Sibirien habe ich mir kälter vorgestellt«, verkündete Jan. Als er allerdings mit bloßen Händen nach dem eisernen Haustürriegel griff, zuckte auch er zurück, als hätte er eine brennende Herdplatte berührt.

»Sibirien ist für die deutschen Kinder eine Schocktherapie.

Oder eine pädagogische Explosion, wie unser Klassiker Makarenko es genannt hat«, hatte mir Anton Antonowitsch in Partisansk erklärt, der falkennasige Chef des Kreiserziehungsamtes. »Die Kälte, die Armut. Die Kinder landen hier bei uns auf einem für sie völlig fremden Planeten.« Antonowitsch wusste, wovon er sprach, er begrüßte jedes deutsche Katastrophenkind persönlich: »Den meisten steht die Angst ins Gesicht geschrieben.«

Jan aber war anders. »Der ist hier wie eine Bombe eingeschlagen«, erzählte Kai bei seinen ersten Alarmanrufen nach Deutschland. Jan raste los, die Dscherschinskijstraße hinauf und wieder hinunter, als gäbe es keinen Jetlag, keine Kälte, als wäre es Juli und er eine Libelle.

Mit *Aeroflot* nach Moskau, dort umsteigen in den Nachtflieger nach Krasnojarsk, sieben Stunden Zeitunterschied, 30 Grad Temperaturunterschied. In Krasnojarsk Winterkleider einkaufen, am nächsten Morgen zum Busbahnhof, fünf Stunden Fahrt in einem Bus sowjetischer Bauart, dessen Sitzlehnen zu kurz für den Kopf und dessen Stoßdämpfer wie auf einem Traktor waren. Kein Wunder, dass Kai müde wirkte. Aber es war nicht nur Müdigkeit. Kai hatte viel mehr Probleme mit der neuen Umgebung als Jan. Ihm war klar gewesen, dass es kalt werden würde. Aber außer Kälte hatte er Einsamkeit, Abgeschiedenheit, Stille erwartet. Sibirien, das hätte das Land jenseits des Nullpunktes sein sollen, das Land des Neuanfanges, der Leere, wo auch Jan zuerst einmal seine Ruhe fände, um dann mit ihm aus der Kälte, aus dem Nichts einen neuen gemeinsamen Alltag aufzubauen. Aber Sibirien war anders. Fröhlich oder feindlich kläffende Hunde, lachende Mütterchen, Rudel winkender Kinder. Wie viel hier getrunken wurde, ahnten wir noch nicht. Sibirische Dörfer sind jedenfalls auch bei 40 Grad Frost quicklebendig. Und Jan stürzte sich hinein in den Frost, zum »Freunde machen«, wie er es nannte. Vor den Sibiriern hatte er keine Angst, ganz im Gegenteil. Der erste, den er erwischte, war Witja, der Nachbarsjunge. Ich holte gerade meinen Schlafsack aus dem Auto, als auf der Straße Stimmen ertönten.

»Hallo«, sagte Jan.

»*Priwjet. Ty nemez?*« – »Hallo. Bist du Deutscher?«, Witja entblößte sein 18-jähriges, aber schon fäulnisbraunes Gebiss.

»Ich heiße Jan. Und wie heißt du?«

»*Zigarety jest?*« – »Hast du Zigaretten?«

»Zigaretten?« Jan kramte eine Packung L&M hervor und hielt sie Witja hin. Der nahm sich gleich zwei.

»*Menja sowut Witja.*« – »Ich heiße Witja.«

»Wo ist denn bei euch die Diskothek?«

»*Dwadzattschetwjortogo u menja den roshdenija. A dwadzatpjatogo menja berut w armiju.*« – »Am Vierundzwanzigsten habe ich Geburtstag. Und am Fünfundzwanzigsten werde ich in die Armee eingezogen.«

»Soll ich dir ein paar Griffe zeigen? Damit kriegst du jeden im Dorf tot.«

»*Suby boljat. A nitschewo. W armii wratschi menja bystro letschat. I ja mogu slushit. Chot w Tschetschnje.*« – »Ich habe Zahnschmerzen. Aber das macht nichts. Die Ärzte in der Armee kriegen das schnell hin. Und dann bin ich tauglich, sogar für Tschetschenien.« Witja hielt den Daumen gegen einen Schneidezahn, grinste wieder.

»Nein, nicht auf die Zähne. Dahin musst du schlagen!« Jan schlug Witja leicht auf den Solarplexus.

»*Uj, bolno.*« – »Autsch, das tut weh.« Witja verzog das Gesicht, dann grinste er wieder. »*Daj jeschtschjo zigaretku.*« – »Gib mir noch ein Zigarettchen.«

Jans erste Freundschaft in Sibirien, eine Freundschaft, auf Missverstehen und Zigaretten gebaut; sie sollte nicht die letzte dieser Art sein, da war er nicht wählerisch. Witja, seine Mutter und ihr aktueller Liebhaber galten als *alkaschi*, und genau solche Leute hätte Jan besser gar nicht kennen lernen sollen.

Für Jan war Oni keine Verbannung, sondern Freiheit. Die große Freiheit, um die er neun Monate verzweifelt gekämpft hatte. »Ich bin bald sechzehn, ich bin jetzt in Sibirien, und ich habe Rechte!« Wie die Pädagogen erzählten, aber auch Jan selbst, hatte er die vergangenen neun Monate in Deutschland in einer geschlossenen Abteilung einer psychiatrischen Klinik verbracht. Nicht weil er geisteskrank war, sondern weil niemand mehr wusste, wohin sonst noch mit ihm. Um zu entkommen, hatte er Fenster ausgehebelt, gläserne Dachkuppeln zertrümmert, seine Matratze angezündet. Und doch landete er immer wieder in magnetischen Fesseln auf dem eigenen Bett.

»Wenn sie mich festgebunden haben, habe ich nur daran gedacht, wie ich loskomme, weil das total wehtat, und ich musste immer auf dem Rücken liegen.« Das erzählte er Wochen später in einer Taigahütte während einer seiner friedlichsten halben Stunden. »Ein paarmal habe ich so heftig mit den Armen gezerrt, dass der Magnet, der mich festhielt, nachgegeben hat. Da hatte ich dann einen Arm frei.« Er sei immer wieder ausgerastet, immer wieder sei er überwältigt und auf seinem Bett »fixiert« worden, wie es die Anstaltsprofis nennen, immer wieder habe er Beruhigungsspritzen bekommen.

»Unter der Medikation von Neurocil entwickelte er eine EPMS-Symptomatik, die mit Akenation behandelt wurde«, fachsimpelt ein psychiatrisches Gutachten. »Unter Akenation zeigte Jan einen delirenten Zustand, der es notwendig machte, die medikamentöse Behandlung abzusetzen. Der Versuch einer Ritalinbehandlung wurde ebenfalls erfolgreich eingestellt.« Jans wütender Drang nach Freiheit war auch mit Chemie nicht zu ersticken, steigerte sich in Tobsuchtsanfälle. »Schließlich riss er ein Heizungsrohr aus der Wand«, sagte Kai. »Jan zog damit durch die Station und schlug alles kurz und klein. Um ihn zu bändigen, mussten die Pfleger einen Mannschaftswagen der Polizei rufen.« Zehn Tage später holte Kai ihn ab.

Wieder 40 Grad unter null, draußen leuchteten die letzten fünf, sechs Straßenlaternen. Jan lag auf seinem Hochbett, stützte das Kinn auf den Ellbogen und antwortete geduldig auf meine Fragen. Das Interview dauerte fast 40 Minuten, Jan überlegte, bevor er antwortete: »Mein Stiefvater, der war eigentlich ein sehr guter Vater. Ich fand ihn super als Vater, der hat alles für mich gemacht, der hat mich nicht geschlagen … die Selbstmordversuche waren mehr so ein Hilfeschrei, dass mir mal jemand zuhört, was bei mir überhaupt passiert, aber es gab niemanden, der zugehört hat …«

Jan trug ein kariertes Cowboyhemd, offen, mit einem dunkelgrünen T-Shirt darunter. Der Junge war adrett und nicht dumm, er dachte über sich selbst nach, darüber, was mit ihm passiert war. Seine Worte signalisierten Einsehen, Bereitschaft, ja, das Bedürfnis, sich zu ändern. Aber irgendwie klangen sie nach einem Lehrbuch für Sozialpädagogik. Als Kai in die Küche kam, um sich einen Tee einzugießen, giftete Jan ihn sofort an: »Raus hier, du Arsch!« Kai ging wieder, Jan redete weiter. »... es kommt nicht darauf an, was man in den Armen, sondern was man im Kopf hat. Ich denke nach, bevor ich zuschlage, das ist ja mein größtes Problem ...« Sein Gesicht war steif geworden, eine Maske der Nachdenklichkeit mit einem bösen Zug um die Mundwinkel. Einer, der nach sieben Jahren im System alle Antworten auswendig kannte, die Pädagogen und Psychologen gern hörten.

Nach seiner letzten Antwort ging Jan hinüber ins Wohnzimmer, wo Kai auf dem Sofa saß. Es begann etwas, das eine drei viertel oder zwei Stunden dauern mochte, keiner von uns hat mehr auf die Uhr geschaut. Jetzt tickte hier nur noch das Uhrwerk der Gewalt, »Clockwork Orange« in Sibirien.

Jan griff nach Kais silbergrauem Handy, das hier mangels Frequenzen einzig als elektronischer Wecker dienlich war. »Gib das Handy zurück«, sagte Kai. »Lass die Finger von meinen persönlichen Sachen.«

Jan lächelte böse, warf Kai das Handy in den Schoß, schnappte sich dann Kais Taschenlampe.

»Gib die Taschenlampe zurück!« Auch die landete in Kais Schoß. Dann schmiss Jan Kai eine leere Zigarettenschachtel an die Stirn, der erste körperliche Angriff, allerdings noch mit einem Leergeschoss. Kai ignorierte es, Jan aber war noch lange nicht fertig. Er schnappte sich Kais ledernes Notizbuch, in dem Visitenkarten und der Zettel mit allen Telefonnummern des Projektes steckten. »Das Notizbuch«, hatte Kai ihm in Schweden eingetrichtert, »ist für dich absolutes Tabu.«

Nach allem, was ich von Kai und Klaus gehört hatte, galt Jan schon im Kindergarten als aggressiv. Mit sieben lief er abends allein durch die Stadt, als er acht war, trennte sich seine Mutter von seinem Stiefvater. Jan blieb bei seiner Mutter, aber glücklich schien er dort nicht zu sein. Wie Jan selbst erzählte, prügelte er sich in der Schule, schrieb Sechsen, musste auf die Sonderschule. Nach einem demonstrativen Selbstmordversuch – er kletterte im fünften Stock aufs Fensterbrett – wurde er ins Kinderheim gesteckt, wo er sich immer wieder die Unterarme aufritzte; es folgten Psychiatrie, Kinderheim, Psychiatrie. Jan besserte sich nicht. Mit elf schickte man ihn zum ersten Mal ins Ausland, in ein Dorf nach Schottland. Anfangs ging alles gut, er lernte schnell Englisch, ging zur Schule. Aber das, was Kai aus den Jugendamtsberichten wusste, bestätigte Jan selbst: Danach stahl er ein Auto, fuhr eine Pflegemutter an, bedrohte eine andere mit dem Küchenmesser. Ihr Mann versuchte ihn zu entwaffnen. Jan verletzte ihn an der Hand, wurde zurückgeschickt, wieder in eine Psychiatrie eingewiesen. Dort verbrachte er die letzten neun Monate. Eine genaue Diagnose konnte nie gestellt werden, weil es keinem Therapeuten gelang, an ihn heranzukommen.

Kurzbiografie eines Katastrophenkindes oder das, was davon bekannt war. Trostlos und typisch, die meisten Projektkids hatten Karriere in allen möglichen Jugendheimen, Psychiatrien und Hilfsprogrammen gemacht, bevor sie in Sibirien gelandet waren. Trostlos, typisch und doch unpersönlich wie der Lebenslauf in der Bewerbungsmappe eines Studienabgängers. Niemand – nicht die Leute vom Jugendamt, kein Psychologe und auch Kai nicht – kannte die Wahrheit über Jan. Niemand wusste, wer er wirklich war, woher er kam, warum er so war, welche Erlebnisse und Erinnerungen seinen kalten Hass nährten. Man musste vermuten, dass sich für Jan, wie für die anderen Crashkids, schon als Kleinkind Alpträume und Wirklichkeit vermischt hatten. Er selbst schilderte nur Bruchstücke: Wie er hinten im Auto saß und seine Mutter es vorn mit einem fremden Mann trieb. Er glaubte, da war er sieben. Wie sie ihn eines Nachts zusammen mit seinem kleinen Bruder eingeschlossen hatte und der anfing zu schreien, weil er hungrig war. »Ich konnte nicht an die Flasche ran, um ihn zu füttern, die Tür war zu, da bin ich aus der Dachluke aufs Dach geklettert und habe um Hilfe gerufen.« Was wirklich passiert war – vermutlich wusste seine Mutter es am besten. Aber welche Wahrheit konnte man von ihr erwarten. Wie Kai erzählt hatte, war ihr Jan zuwider. »Ich muss kotzen, wenn ich nur sein Gesicht sehe«, soll sie gesagt haben.

»Gib das Notizbuch her«, forderte Kai.

»Neheheee«, Jan kicherte, ein kindliches, verspieltes Gurren, plötzlich zog er ein Küchenmesser hinter dem Rücken hervor. Das längste der Messer, die sie in Krasnojarsk gekauft hatten, der Griff war schwarz, die Klinge – später haben wir es nachgemessen – 23 Zentimeter lang, mit einer Gravur, die stümperhaft deutsche Wertarbeit vortäuschte: »Küchenmeser, Stainlesse, Rostfrei Inox«.

Ich weiß nicht mehr, stand ich? Saß ich? Auf jeden Fall war ich anwesend. Ich schrieb nicht mit, hatte kein Aufnahmegerät eingeschaltet. Aber die Bilder, die ich sah, die Worte und Schreie, die ich hörte, haben sich mir ins Gedächtnis gebrannt, wie sonst wohl nur den Zeugen von Autounfällen, Erdbeben oder Mordanschlägen. Kai nahm schweigend die Brille ab, griff zu einem Holzschemel, handgeschreinert aus massivem Birkenholz, ging auf Jan zu, der wich zurück, reichte Kai schnell das Notizbuch, grinste aber weiter; den Zettel mit den Telefonnummern hatte er in die Brusttasche seines Cowboyhemdes gesteckt. Wenn die Beute auch schrumpfte, er schien fest entschlossen, Sieger zu bleiben.

»Gib mir den Zettel zurück, Jan!« Kai stellte den Hocker weg und setzte die Brille wieder auf. Er tat das bewusst, eine Geste der Abrüstung, die aber bei Jan keine Wirkung zeigte. »Hol ihn dir doch!« Jans Grinsen war voll kontrollierter Bosheit, er kauerte hinter seinem Messer auf einem klobigen, beige-schwarzen Stoffsessel. »Na gut, dann werde ich dich so lange nerven, bis du mir den Zettel zurückgibst.« Kai stellte sich mit gefalteten Händen vor seinen Zögling. Er hatte seine Taktik umgestellt: Statt mit Gegengewalt schien er es mit gewaltfreiem Widerstand zu versuchen. »Lieber Jan, gib mir den Zettel zurück. Bitte, bitte, gib mir den Zettel zurück.«

Ich saß dabei, sah und hörte zu, und tief in mir spürte ich die Schaulust, die ich von Tschetschenien, Tadschikistan und Afghanistan her kannte, wo ich als Reporter gewesen war, um anderen beim Krieg zuzusehen. Auch dort war Lebensgefahr zu besichtigen gewesen. Und doch spürte ich, das hier war etwas anderes. Dort hieß es, neutral, objektiv und auf jeden Fall Berichterstatter zu bleiben. Hier aber verkehrte sich jegliche Neutralität in Schwachsinn, hier kämpften Vernunft und Friedfertigkeit gegen etwas, das Kinderseelen in Tretminen verwandelt hatte, in dieser Nacht wurde mir klar, dass ich hier nicht zwölf Monate lang zuschauen würde.

Auch wenn ich nicht begriff, was Kai da veranstaltete, ich versuchte, Jan zu beschwichtigen, versicherte ihm, er könne doch jede Telefonnummer haben, die er brauche. Aber ich weiß nicht, ob er oder Kai mich überhaupt wahrgenommen haben. Was hätte ich auch tun können? Jan mit einem Hechtsprung überraschen, ihm das Messer aus der Hand reißen? Ich hätte ihn damit auch so erschrecken können, dass er zugestochen hätte. Ich war dazu verdammt, anwesend zu sein, aber bei aller Parteilichkeit nur als Publikum. Die beiden Kämpfer waren ganz mit sich beschäftigt.

»Lieber Jan, gib mir bitte den Zettel zurück. Bitte gib mir ...« Kai stand weiter demütig vor dem Kind, seine Stimme aber klang nicht verzweifelt, sondern wie die eines erfahrenen Landpfarrers, der die Fürbitten spricht. Cool und ohne jede Aggressivität.

»Geh zurück!« Jans Gesicht war jetzt verzerrt, er fühlte sich sichtlich unwohl in seiner Rolle. »Ich zähle bis drei, dann kriegst du das Messer in den Bauch, geh zurück!«

»Gib mir den Zettel zurück, lieber Jan ...« Kais Bittgesang schwoll an und ab ...

»Eins ... zwei ...« Jan hob das Messer.

»Gib mir bitte den Zettel zurück.«

Hinterher sagte mir Kai, er habe rein intuitiv gehandelt, improvisiert. Er spielte mit vertauschten Rollen: Der Erzieher bettelte, nervte, das ungezogene Kind drohte, stellte Ultimaten. »Ich hatte das Gefühl, Jan habe sich unter Kontrolle. Aber sicher war ich mir nicht, dass er nicht doch zusticht.« Auch Kai pokerte. »Ich bin so weit gegangen, weil du dabei warst. Schlimmstenfalls, wenn ich das Messer ins Bein gekriegt hätte, hättest du mich ja ins Krankenhaus nach Partisansk bringen können.«

Kai war begeisterter Alpinist. Im Winter fuhr er Snowboard, im Sommer machte er Bergtouren. Alpen, Karpaten, er wollte gern mal in den Kaukasus. Kai wagte auch Kletterpartien, ein Seil war immer mit dabei. »Ich bin kein Draufgängertyp«, sagte er, »meine Freunde riskieren mehr.« Aber Kai sagte, er suche im Gebirge seine Grenzen, habe dort oben auch seine Höhenangst überwunden. Klaus' Angebot, mit Jan nach Sibirien zu gehen, erreichte ihn zwischen den schottischen Highlands und den Pyrenäen. »Ist doch eine Herausforderung«, stand in der E-Mail. Kai nahm an. »Ich bin schon ehrgeizig. Ich wusste, dass es mit Jan kritisch werden würde, anstrengend, dass ich an meine Grenzen stoßen werde.«

Was Kai jetzt versuchte, sah wirklich nach pädagogischer Eigernordwand aus.

»Bitte gib mir den Zettel, Jan!«

Jan lächelte noch immer, er drehte das Messer um, reichte es Kai, der legte es auf den Tisch, einen Moment herrschte Vernunft. Einen Moment, dann ging alles sehr schnell. Jan warf sich auf seinen Betreuer, versuchte ihm ins Gesicht zu schlagen, wurde selbst gepackt und landete bäuchlings auf den Bodendielen. Kai war über ihm, drehte ihm den Arm um, drückte gleichzeitig mit Knie und Ellbogen Jans Schulterblätter zu Boden. Ein Stillhaltegriff, den Kai als Pfleger in der Psychiatrie gelernt hat: »Der Gegner kommt mit Oberkörper und Gesicht nicht mehr hoch, das hat einen ziemlich heftigen psychologischen Effekt, er spürt seine Hilflosigkeit noch etwas stärker.« Jedenfalls erkannte auch Jan den Griff wieder: »Au, du tust mir weh, das ist ein Klapsengriff«, brüllte er. Kai aber schrie ihn an, er solle von seinen persönlichen Sachen wegbleiben, zog den Telefonzettel aus Jans Brusttasche und ließ ihn los. Geschultert, ausgezählt, besiegt. Und das nach den verhassten Regeln der Klapse.

Der Junge stand auf, seine Augen brannten, sein Gesicht war verzerrt, er griff nach dem Messer auf dem Tisch, holte halbhoch aus und stieß … Aber Kai fiel ihm in den Arm, drehte den Arm um, Jan ließ das Messer fallen, Kai schob ihn Richtung Tür. Versuchter Totschlag, gescheitert. Jan stolperte hinaus – geschlagen, aber ohne Tränen.

Kai hatte Handball gespielt, fünf Jahre Oberliga, drei- bis fünfmal die Woche Training, dazu Kraftraum. Er verteidigte im Zentrum, seine Reflexe stoppten viel kräftigere, flinkere Gegner als Jan. Aber die hatten Lederbälle, keine Küchenmesser in der Hand gehabt. Jetzt saß er wieder auf dem Sofa, die Ellbogen auf den Knien, mit demselben gleichmütigen Blick, mit dem er vorher in Reinhold Messners Buch *Mallorys zweiter Tod* geblättert hatte. Er schien Nervenstränge zu haben, an denen man sich abseilen konnte. Dann lächelte er müde: »Mein Herz schlägt wie wild.«

Doch es war noch nicht vorbei. Jan hatte in der Küche zum nächsten Messer gegriffen, ein Ausbeinmesser, wieder aus mehr oder weniger rostfreiem Stahl, wieder mit schwarzem Griff. Damit bewarf er jetzt das Orbit-Plakat, das an der Haustür klebte. Er stellte sich dabei demonstrativ in den Türrahmen zum Wohnraum, sein Kindermund war zusammengepresst, das Lächeln verschwunden. Drei, vier, fünf Minuten übte er. Dann wandte er sich wieder Kai zu, der noch immer auf dem Sofa saß, die Arme jetzt über die Lehne ausbreitete und eine harmlose Miene machte. Jan kam näher, bis auf drei Meter, diesmal wirkte sein Lächeln verkrampft. Er hielt das Ausbeinmesser an seiner leicht wippenden Klinge, hob es an, kniff ein Auge zu, das andere fixierte Kai: »Jetzt bist du dran, du Schwein!«

»Seine Mimik, seine Gestik war sehr gespielt, sehr überlegt«, erklärte Kai mir später. »Ich hatte das Gefühl, dass er sich wieder kontrolliert.« Jan warf nicht, sein Grinsen fiel in sich zusammen, er fluchte, rannte wieder hinaus, »Mach die Tür zu«, rief Kai trocken hinter ihm her.

Mitternacht war längst vorbei, die Küchentür geschlossen, dahinter rumorte noch immer Jan. Draußen schlief ahnungslos Oni. Die Hofhunde waren verstummt, nur noch vereinzelt quirlte dichter weißer Rauch über schmalen Kaminrohren. Aber davon bekamen wir nichts mit, wir waren jetzt nicht in Sibirien, sondern weit weg, in einem ganz anderen Land, in ISE-Land. Die Fenster waren jetzt mit schwarzer Farbe übertünchte Spiegel, dahinter schienen alle Sterne vom Himmel gefallen zu sein. Eine Nacht im Krieg, nach der Schlacht; noch wusste keiner, wer gesiegt hatte, ob es nicht gleich wieder losgehen würde.

»Ihr Scheißkerle«, schrie Jan aus der Küche, abebbendes MG-Feuer. Er jedenfalls hatte verloren, war mit all seinen Drohungen und Gewalttätigkeiten gescheitert, und das noch vor Zeugen. Aber was hatte Kai gewonnen? War er einen Zentimeter näher herangekommen an sein Ziel, an Jans Vertrauen? Hatte er mehr gewonnen als ein Bergsteiger in einer vereisten Vertikalen, der einem Steinhagel entgangen war? Bedeuten echte Siege nicht auch Sicherheit? Heute hatte er sich nicht überschätzt, aber vielleicht würde er sich morgen oder übermorgen überschätzen. Wenn er heute bis an seine Grenze gegangen war, morgen würde er sie vielleicht überschreiten. Eine Grenze, gezogen mit dem Messer.

»Wenn ich mich von Jan einschüchtern lasse, ihm zeige, dass er mit seinen Drohungen Macht ausüben kann über mich, dann hat es keinen Zweck mehr, dann können wir nach Hause fahren.« Kai blickte in seine Teetasse. »Jan ist vielleicht wirklich so etwas wie ein unbezwungener Gipfel für mich. Aber wenn er das nächste Mal mit der Axt hinter mir steht, dann sieht das nicht mehr gut aus.«

In Oni krochen die Quecksilbersäulen der Thermometer noch immer zwischen minus 34 und 42 Grad herum. Ich hasste den Frost inzwischen, er war nur noch Schmerz, der gnadenlos jede Schwachstelle meines Körpers attackierte: sich in den gesprungenen Rändern meiner Nasenlöcher verbiss und sie entzündete; die Nase lief, und der Schleim gefror auf dem nackten, brennenden Fleisch. Auch die Hornhaut unter meinen Füßen war geplatzt, an den Fersen, aber auch an beiden dicken Zehen; ich schlurfte schwerfällig durchs Dorf.

Zu kalt zum Skilaufen. Der Skilehrer und seine Langlaufgruppe spielten in der Sporthalle Basketball. Schneeschippen wurde Extremsport, die Sibirier zeigten dabei Ehrgeiz wie deutsche Kleingärtner beim Rasenmähen. Morgens stürzte sich das Dorf in den Neuschnee – Kinder, Frauen, Männer, auch unser saufender Nachbar. Mit Holzschiebern und Reisigbesen planierten sie Hof und Torauffahrt, die Gründlichen ruhten erst, wenn sie die schwarze gefrorene Erde entblößt hatten. Vorher hatte man schon Kühe gemolken, Ställe ausgemistet, Horn- und Federvieh gefüttert. Kai, Jan und ich schliefen zu dieser Zeit noch, müde von unserem unfriedlichen Nachtleben.

Jan verschwand immer häufiger. Morgens stürmte er hinaus, frostwärts in seiner gepolsterten Polyesterjacke, deren Reißverschluss nicht mehr zuging. »Ich geh jetzt zur Schule.« Er kam zurück, wenn es schon wieder dunkel war. »Die Lehrerin ist voll nett, Stefan, die spricht mit mir deutsch, heute habe ich ein Gedicht von Münchhausen vorgelesen.« Jan wandte sich meist an mich, Kai ignorierte er eifrig – auch eine Art, ihn zu bekämpfen. Um neun Uhr sollte Jan zu Hause sein. Eine Viertelstunde vorher erklärte er, er gehe noch mal raus, »nur zu den Nachbarn«.

»Um neun Uhr bist du wieder da«, rief Kai ihm nach, »sonst gibt es Taschengeldabzug, fünfundzwanzig Rubel.«

»Halt's Maul, du Arschloch!«, antwortete Jan. Er kam um elf Uhr zurück.

Jans Taschengeld schrumpfte schnell, er verspätete sich ständig, aber ihm blieb noch immer viel zu viel. Nach den Spielregeln der deutschen Jugendhilfe standen ihm im Monat 40 Euro zu, umgerechnet waren das 1200 Rubel. Kai zahlte ihm nur die Hälfte aus, 150 Rubel die Woche, aber niemand hatte Kai gesagt, dass das dem Monatslohn vieler Kolchosbauern im Dorf entsprach. Und so zog Jan mit einer Barschaft durch Oni, die jede Woche für dreißig Packungen *Tupolew* oder sechs Flaschen Samogon gereicht hätte. Eine Barschaft, mit der er an jeder Ecke »Freunde« – rauch- und trinkfeste Freunde – finden konnte. Kai begriff das schnell, kürzte das Taschengeld. Und doch zu spät: »Das nervt mich total, ich werde total aggressiv, wenn mir Kai an mein Taschengeld geht, es reicht mir schon, dass ich nur die Hälfte kriegen soll, solange wir in Sibirien sind. Fünfundzwanzig Rubel für einmal Zuspätkommen ist doch übertrieben!« Jan war entrüstet. »Da habe ich bloß noch hundertfünfundzwanzig Rubel, letzte Woche hatte ich nur fünfundsiebzig Rubel. Wenn das nicht aufhört, werde ich das Projekt abbrechen.«

»Und wieder zurück in die Klapse gehen?«, fragte Kai. »Oder in den Jugendknast? Da zieht dir keiner Taschengeld ab, weil du zu spät nach Hause kommst, da kommst du gar nicht raus.«

»Das ist mir egal, wir sind hier in Sibirien, ich verlange mein Taschengeld, das ist *mein* Geld.« In Jans Rechtsbewusstsein gab es nur die eigenen Rechte.

Kai schien in diesen Tagen zwischen Geduld und Ratlosigkeit zu schwanken. Draußen brüllte der Frost, wir warteten auf Markus, den Zweitbetreuer. Gemeinsam mit Markus wollte Kai einen klar strukturierten Tagesablauf für Jan aufstellen. Vielleicht hätte er damit nicht auf Markus warten sollen. Aber vielleicht wäre das Projekt dann auch schon zu Ende gewesen, bevor Markus überhaupt angekommen war.

ISE war kein Spiel, das erst angepfiffen wurde, wenn die Mannschaften vollzählig auf dem Platz standen. ISE war Spiel und gleichzeitig Krieg. Wie in jedem Kriegsgebiet herrschte in ISE-Land Ausnahmezustand: Zeitnot, Sachzwang und Personalmangel. Das Jugendamt suchte händeringend nach einem Träger, der den tobenden Jan aus der Klapse evakuierte. Der Träger rekrutierte eiligst Betreuer für Jan. Jan ekelte schon in Schweden eine Betreuerin aus dem Projekt, »Frauenphobie« diagnostizierte Klaus. Er musste jetzt dringend einen zweiten, männlichen Erzieher organisieren. Kai aber musste zuerst einmal allein losziehen mit Jan. Und der versuchte von Anfang an, Kai mit allen Mitteln, auch mit Gewalt, seinen Willen aufzuzwingen. Krieg.

Die erste Schlacht hatte Kai nach allen Regeln intensiver sozialpädagogischer Betreuung gewonnen, aber Jan ging zum Partisanenkrieg über. Er verschwand im eisigen Dschungel des Dorfes, in der Schule, bei den Nachbarn. Und kehrte nur zurück, um virtuose Scheinangriffe zu führen. Ich saß mit einer Tasse Tee im Sessel, als Jan sich vor mir aufbaute: »Hab gefälligst Angst vor mir, Stefan!« Er strahlte, hielt eine Hand hinter dem Rücken, dann zog er das große Brotmesser hervor.

»Ach, wie witzig!« Ich hängte meine Pelzmütze an die Klinge, er lachte und wandte sich ab. Ein Gewaltmensch mit Sinn für Humor.

Ein paar Sekunden später stand Jan mit gezücktem Messer vor Kai, der auf dem Sofa saß. Wieder versteckte er die andere Hand hinter dem Rücken. »Kai, hab gefälligst Angst vor mir!«

Kai blickte von seinem Buch auf, so gelangweilt wie ein Klassetorhüter auf einen Elfmeterschützen, Jan aber zuckte mit der Hand hinter dem Rücken hervor, sie hielt eine Schinkenwurst, von der er sich jetzt ein Stück abschnitt. Jan grinste wieder. Kai las weiter. Die Szene war filmreif, hatte den Witz einer Horrorkomödie. Angst spürte ich eigentlich nicht, mir war eher unwohl. Warum, ist mir erst später klar geworden: weil diese Szene verlogen war. Jan spielte Theater, er spielte Theater mit uns, und ich spielte mit, dachte mir sogar noch den Text zu seiner Regie aus. Ich hätte ihm sein elendes Messer aus der Hand schlagen, ihn anbrüllen sollen, packen, rütteln: »Jan, du Vollidiot, wach endlich auf, komm runter von deinem Panzerzug voll Gewalt. Sonst landest du wieder in der Zwangsjacke, wieder in der Einzelzelle!« Aber damals begriff ich nicht, wie sehr zu diesem Spiel, zu diesem Krieg auch Imponiergehabe gehörte.

Kai hat die Lage wohl besser eingeschätzt. Nach drei Tagen redete er schon von Krisenintervention, davon, mit dem Jungen in die Taiga zu fahren, zu Tolja, dem Zobeljäger. Er wollte Jan in eine einsame Waldhütte bringen, ohne Dorf, ohne Nachbarn, um ihn mit sich selbst zu konfrontieren, ihn zu zwingen, sich auseinander zu setzen. Um Jan das klar zu machen, was ich ihm schon jetzt hätte zubrüllen sollen: Komm runter von deiner Gewaltschiene!

Aber dort, wo Kai und ich im Dorf auf Jans Spuren stießen, lächelten uns die Leute zu. »Was habt ihr für einen netten Jungen mitgebracht«, freuten sich die Verkäuferinnen im Laden. »So höflich war noch keiner.« Auch Anna Antonowna, die Deutschlehrerin, lobte den Jungen. »Er sitzt still, hört zu und

hilft mir, den Kindern die richtige Aussprache beizubringen.«
Jan hatte selbst seine Probleme mit der deutschen Sprache,
stockte beim Vorlesen oft, aber das verziehen ihm Anna Antonowna und die neunte Klasse, zwölf Mädchen und fünf Jungs.
»Wir üben gerade das Märchen Aschenbrödel ein. Auf Deutsch.
Da kommt Jan gerade recht«, freute sich die Lehrerin. »Er spielt
Aschenbrödels Vater.« Jan benahm sich – zumindest den Russen gegenüber. Und er ging in die Schule, kein Ort, an dem er
alkaschi treffen würde. Ich schöpfte Hoffnung. Vielleicht würde
ihn ja die russische Normalität, die Gutherzigkeit der Schüler
und der Lehrer befrieden.

Am Wochenende war es leicht, Jan abends zu finden. Im Kulturhaus, das jetzt offiziell »Erholungszentrum« hieß, gab es
freitags, samstags und sonntags Disco. Disco in Oni, das hieß
Kinderdisco, kein Besucher war älter als 18, außer Kai und mir.
Der Eintritt kostete fünf Rubel, umgerechnet 15 Cent, aber an
dem Holzpult im Vorraum hing eine Liste mit 23 Namen, 21
davon Mädchen, darüber stand: »Wir dürfen umsonst rein.
Weil wir es verdient haben.« Für gute Schulnoten vermutlich
oder für Enthusiasmus in einem der Gesangs- oder Handar-
beitskreise. Die Mädchen liefen in Jeans und engen Tops herum, mit der gleichen leicht beschleunigten Aufgeregtheit wie
die Teenager in allen Discotheken dieser Welt. Die Jungs beweg-
ten sich breitbeinig, schoben bei jedem Schritt die Schulter vor.
Auf ihren unfertigen Gesichtern mischten sich Unsicherheit
und das Bemühen, diese zu vertuschen, indem sie grimmig
guckten. Schwer zu sagen, ob sie wirklich zum Tanzen hier waren oder auf Bärenjagd.
    Jan hatte sich für die Disco gestylt, sein gelgestärktes Haar
stand ihm strohgolden zu Berge. Aber er stand ängstlich im
Vorraum herum, unter den Fotos stolzer sommerlicher Gärt-
ner, die sich mit Johannisbeersträuchern und Riesenkürbissen
präsentierten. »Komm, Kai, lass uns rausgehen, eine rauchen.«
Aus Verlegenheit paktierte er sogar mit seinem Erzfeind. Nach
der Zigarette stellte er sich wieder schüchtern unter die Fotos
mit den Riesenkürbissen, aber das reichte völlig aus, die Mäd-

chen kamen. Gertenschlanke, fröhliche Mädchen, sie tuschelten, sie kicherten: »*Dawaj Jan, potanzujem!*« – »Los, Jan, komm tanzen!« Sie schleppten ihn ins Halbdunkel des hölzernen Tanzsaales, der schlecht genug geheizt war, um den Geruch des jungen Schweißes auf die Duftnote eines eigenwilligen Parfüms zu reduzieren.

»Mann, die russischen Mädchen, wie die tanzen, wie richtige Profis!« Jan grinste verlegen. »Wenn die mit dir tanzen, die ziehen dich richtig fest an sich. Mann, ist das peinlich.« Jan benahm sich Mädchen gegenüber so schüchtern, wie jemand in seinem Alter es nur tun konnte. Für ein großes Maul fehlten ihm hier sowieso noch die russischen Worte. Aber auch sein Deutsch war jetzt arglos und unbeholfen. Aus dem ISE-Krieger war wieder ein Junge geworden.

»Tee, Kaffee, wir gehen tanzen«, dröhnte es aus den Lautsprecherboxen, »Bier, Wodka, wir gehen ins Bett.« Schon an seinem zweiten Wochenende – er war am Samstag allein in der Disco – bedrängten ihn zwei der größeren Mädchen, griffen ihn an den Ärmeln, versuchten, ihn hinauszuschleppen. »Die haben mich die ganze Zeit gefragt, ob ich Schnaps trinken will, ich habe überlegt, mache ich es oder nicht.« Die zwei Mädchen versuchten, Jan auf die Straße zu ziehen. »Aber dann hat ein Mädchen aus meiner Klasse, die Gutaussehende mit den großen braunen Augen, den Rest der Klasse geholt, und dann haben die Mädchen aus meiner Klasse gegen die anderen Krieg geführt. Die haben sich gerangelt und sich vor mich gestellt und mich die ganze Zeit festgehalten, so dass die anderen mich nicht rauskriegen konnten.«

Russischer Krieg um eine deutsche Seele, diesmal hatte das Gute gesiegt. Und Jan kam schon um Viertel vor elf zurück – weil Disco war, durfte er bis elf Uhr wegbleiben. Fußgetrampel und Hundegebell vor der Tür, er brachte Nadja und Vera mit, zwei Freundinnen, die sich offenbar noch nicht so recht entschlossen hatten, wem Jan gehören sollte. Vor uns genierten sich die beiden, betrachteten mit ängstlichem Interesse den schwarzen Spiegel der Fensterscheibe, als liefe dort ein Kinofilm. Jan aber wirtschaftete geschäftig herum, setzte Tee auf, räumte einen Teil seines Klamottenberges weg. Dann fragte er uns, ob wir mitgingen, die zwei nach Hause bringen, »weil ich allein Angst habe, im Dunkeln zurückzugehen«. Es schien, als wirke die sibirische Sanftmut bereits, als beginne Jan sich auch Kai gegenüber normal zu benehmen, Schwächen einzugestehen.

Es war draußen wärmer geworden und dunkler, ein Wolkenschleier dämpfte das Licht der Sterne. Jan und die Mädchen gingen zehn Meter vor uns, sie hatten sich bei ihm eingehakt, seine Kaninchenfellmütze wippte auf und nieder, flankiert von den kleineren Silhouetten der Mädchen. Andere dunkle, kichernde Gestalten kamen uns entgegen. »Hallo, Onkelchen!«, rief die vorbeilaufende Finsternis, die Disco war aus.

Vor Nadjas Haus verabschiedeten sie sich. Vera ging allein weiter, Jan kehrte mit uns zurück. »Warum«, beschwerte er sich jetzt schon wieder, »wart ihr so nah hinter uns? Vera hätte mir sonst einen Gutenachtkuss gegeben.«

Auf halbem Weg kamen uns ein paar Mädchen aus der Nachbarschaft entgegen. »*Priwjet Jan!*«

Wieder Gekicher. Jan bat mich, die Mädchen zu fragen, ob er sie nach Hause begleiten dürfe. Natürlich durfte er. Wieder hakte er sich bei zwei Mädchen unter, deutscher Teenager im sibirischen Frauenrausch.

Felix
Oni, Oktober 2002, 15.00 Uhr

Felix ist weg, ich fege die Küche und ärgere mich über den dunkelroten Läufer, den Kai von der Tür aus quer durch die Küche gelegt hat. Ein Dreckfang und für Felix die ständige Verlockung, mit schmutzigen Stiefeln bis zum Kühlschrank vorzudringen.

Fast alle Häuser hier haben nur zwei Räume und Holzwände, innen verputzt und weiß gestrichen, das sibirische Licht dringt durch die Fenster in die Küche, ein Fenster zum Hof, zwei zur

Straße. Dort veranstaltet Ruslans zweitjüngstes Schwesterchen gerade tschetschenisch-russisches Wetthüpfen mit einem Nachbarmädchen. Den Esstisch flankieren eine simple Holzbank und das klobige Stoffsofa, der Wandschrank ist weiß gestrichen, seine Glasscheiben sind früheren ISE-Schlachten zum Opfer gefallen. Im Wandschrank steht Geschirr, auf dem Boden darunter Töpfe und Kartons, daneben wachsen Schuhe und Stiefel wild durcheinander. Der Ofen, weißer und riesiger als mein Niwa-Jeep, nimmt fast die halbe Küche ein, auch der *Belorus*-Kühlschrank gegenüber ist mannshoch. Neben dem Kühlschrank, an der Fensterfront zur Straße, stehen der Gasofen und das hölzerne Abwaschbord. Zwischen Ofen und Kühlschrank befindet sich die Tür zum Zimmer; das Zimmer hat zwei Fenster und ist durch Bretterwände geteilt. Wohnten hier Russen, dann gäbe es diese Wände nicht, russische Familien verzichten auf solche Privatheiten. Und der Diwan stünde nicht in der Küche, sondern im Zimmer, als zusätzliche Schlafgelegenheit. Das endlose Kabel des Telefons auf dem Küchentisch ist ständig verknäuelt, die Leitung ist – wie im ganzen Dorf – oft stundenlang tot. Und bei Kai liegt ein Walkie-Talkie, um notfalls Markus zu erreichen, 800 Meter weiter.

Die Tür wird mit dem üblichen Krachen aufgerissen, Felix stürzt herein, die Augen theatralisch weit aufgerissen. »Mann, Stefan, ich wollte den Scheißdrachen steigen lassen, aber der ist dauernd abgestürzt, krieg ich was zu trinken?« Er stürmt zum Kühlschrank, ich schaffe es noch, mein »Schuhe aus« zu brüllen; selbst aus einem abgestürzten Drachen macht Felix einen Auftritt, den »Scheißdrachen« überhöre ich, schon hebt Felix eine Teetasse voll Orangensaft, schüttet sie schlürfend hinunter, jetzt sind die Augen genüsslich geschlossen, als würde er gerade für Saftreklame gefilmt: Das Goldkind stärkt sich, vom Spielen erschöpft, an unserem Saft, danach wird es wieder hinauseilen in seine glückliche, sonnendurchflutete Kindheit. Tatsächlich zerrt er wieder die Schuhe über die Füße: »Ich bin mal zu den Tschetschenen.« Er rennt hinaus. Soll er. Wo will er sich austoben, wenn nicht in Sibirien? Aber als ich selbst hinausgehe, sitzen dort auf dem Vorbau Ruslan und Wanja mit dem Plastikdrachen. Der Schwanz des Drachens ist abgerissen, vor allem aber sind die beiden Fünfzigmeterschnüre hoffnungslos verheddert.

Felix, der zu faul war, die Schnüre aufzuwickeln, hat sie verknäuelt und nach Hause geschleppt. Jetzt versuchen die Jungs, hilflos bis verzweifelt grinsend, das Knäuel zu entwirren. Wanja hält ein Ende, Ruslan heddert. Ich helfe ihnen – eine langwierige Arbeit, tausend Blicke, tausend Fingergriffe, aber die Knaben mühen sich, sie haben wohl nie im Leben so einen Drachen gesehen.

Der Nachmittag ist warm, über uns glüht blau wie eine riesige Gasflamme der Herbsthimmel, von ganz oben hört man dünne Rufe: »Die Gänse.« Wir schauen hinauf mit zusammengekniffenen Augen, aber ich kann nichts entdecken. »Die Gänse fliegen hoch, das wird ein kalter Winter«, fachsimpelt Wanja. Felix kommt wieder angerannt, schwitzend. »Stefan, aber da konnte ich wirklich nichts dafür, der Schwanz ist weggeflogen vom Drachen, da hat er sich so komisch gedreht.« Jetzt sei er drüben bei den Tschetschenen, die hätten einen Lastwagen voll Birkenstumpen bekommen, er helfe mit Holz hacken.

Felix rennt wieder davon. Immerhin, wenn ihm die Geduld dazu fehlt, den Wirrwarr selbst auseinander zu klamüsern, arbeitet er wenigstens anderswo mit. Allerdings brüstet er sich mit Männerarbeit, während die Kinder Sibiriens sich mühen, das Knäuel zu entwirren, das er mit ein paar hastigen Griffen verursacht hat.

Die Hoftür öffnet sich, Mischa erscheint mit seinem üblichen Grinsen, einem Grinsen mit einer Zahnlücke und einem Schneidezahn aus Stahl. Mischa heißt eigentlich Michail Olegowitsch. Aber im Projekt nennen ihn alle nur Mischa. Mischa ist so klein, kräftig und eisenkantig wie Achmed, der Tschetschene, und auch Mischas schwarze Bürstenhaare ergrauen. Aber Mischa ist Russe. Sonne, Wind und Wetter haben sein gründlich rasiertes Gesicht gegerbt. Darunter leuchtet rot das Blut, das schwere Arbeit, eifriges Erzählen, manchmal auch der Samogon auf seine Wangen treiben. Mischa grinst, aber die senkrechte Falte auf seiner Stirn signalisiert Ärger: »Felix soll gefälligst die tote Katze runterholen. Sonst kommt noch die Miliz.«

Mischa arbeitet seit drei Jahren für das Projekt, offiziell als Fahrer, tatsächlich als Monteur, Holz- und Fleischeinkäufer, Baumfäller, Agrarinstrukteur, Laienpädagoge und Zimmermann. Sozusagen als Berufssibirier. Jetzt reckt er interessiert den Hals: »Was macht ihr denn da? Ach, ein Drachen.«

Mischa steigt die Verandatreppe hinauf. »Wir hatten früher Drachen aus Zeitungspapier, die ließen wir bis zur Leinenfabrik fliegen.« Die Jungs staunen, die Leinenfabrik hat längst zugemacht. Mischa nimmt das Gewirr in die Hand, er kommt gerade vom Zaunbauen bei Markus, eine frische rote Narbe leuchtet auf einem seiner breiten, kurzen, braunschwarz malochten Finger, die jetzt geschickt mit den dünnen Plastikschnüren kämpfen. Nun mühen wir uns zu viert, Mischa arbeitet so eifrig wie die Jungs, aber sein Schweigen währt nicht lange. »Ja was für ein Jammer«, fängt er an, »jetzt gehen die Bären in den Winterschlaf, und du hast keinen einzigen gesehen.«

»Wann hast du denn zum letzten Mal einen gesehen?« Auf diese Frage hat Mischa nur gewartet. Von den 50 Metern doppelter Drachenschnur sind noch mindestens 40 zu entwirren. Zeit genug, um das Thema Mensch und Bär in sibirischer Breite abzuhandeln.

»Also, unser Kolchosvorsitzender war mit seinem Fahrer unterwegs nach Krasnojarsk, vor Snamenskoje wollten sie Picknick machen am Waldrand. Sie haben gerade die zweite Flasche aufgemacht, da hören sie hinter sich ein Brummen ...«

Das Wort »Bär« inspiriert die Sibirier. In der Taiga wimmelt es noch von Braunbären, hier müssen Zobeljäger, Pilz- oder Zedernzapfensammler immer damit rechnen, ihnen in die Arme zu laufen. Meist sind die Braunschwarzen gutmütig, manchmal aber aggressiv, kurz: unberechenbar. Die mit Mordtatzen bewehrte Verkörperung der Wildnis, die hier schon hinter dem Gartenzaun beginnt. Bären plündern Provianthütten, Bären rennen mit Jungrindern unter dem Arm davon, Bären ziehen bei der Jagd Schleifen, um ihre Verfolger ins Dickicht zu locken und ihnen dort aufzulauern.

Selbst mein Vermieter Grischa Grigorjenko, der wortkarge Berufsjäger, wurde zum Stichwort Bär gesprächig. Mit dem sachlichen Pathos einer Agenturmeldung teilte er mir einmal mit, wie ein Bekannter ins Heu gefahren sei, als aus dem Wald ein Bär stürzte, verfolgt von einem Rudel Wölfe. Der Bär sei auf die Heumiete gesprungen, auf der er selbst saß, und habe die Wölfe mit Strohballen beworfen … Mein im Alkoholkonsum eigentlich maßvoller Informant und ich hatten an diesem Abend viel Samogon getrunken; wir klärten nicht mehr, wie das Drama endete … Aber Wochen später erzählte Grischa völlig nüchtern, der Bär habe so hektisch mit Stroh um sich geworfen, dass sein Bekannter Angst bekommen habe, der Bär würde auch ihn den Wölfen zum Fraß vorwerfen. Deshalb habe er den Bären selbst mit einem Fußtritt hinabgestoßen. Der Bär sei davongerannt und wieder im Wald verschwunden, verfolgt von den Wölfen …

Felix kommt angerannt, schwitzend, aufgeregt, wichtig: »Mann, Stefan, die Tschetschenen haben Superäxte, damit geht das Holzhacken ganz leicht.«

»Hol du gefälligst die tote Katze runter!« Ich ignoriere sein Holzhackerheldentum.

»Wie denn?« Er tut ratlos.

»Sie runterzukriegen ist sicher einfacher, als sie da raufzukriegen. Wirf mit irgendwas nach ihr. Los, marsch!«

Mischa erzählt weiter: »… Mein Nachbar, Iwan Iwanowitsch, war allein auf der Waldwiese, die Sense hatte er geschultert. Plötzlich steht ein Bär vor ihm.« Auch Mischa ist ein großer Erzähler, unermüdlich und so anschaulich, dass man beim Zuhören den Gestank aus dem Bärenrachen förmlich riechen kann. »Ein ausgewachsener Bär. Drei Meter von Iwan Iwanowitsch entfernt. Sie haben sich beide angeguckt, der Bär Iwan, Iwan den Bären. Dann hat Iwan angefangen zu fluchen: ›Geh zur Hölle, du Viech.‹ Der Bär überlegte, drehte sich um und ging. Iwan stand da, und mit einem Mal hörte er, wie Metall auf Metall schlug. Dong. Dong. Dong. Erst jetzt merkte es Iwan: Um dem Bären Angst zu machen, hatte er die Sense von der Schulter genommen, seinen Wetzstein aus der Tasche gezogen und schlug damit noch immer gegen die Sense.« Es tauchen noch einige andere Bären auf, wir plagen uns eine Stunde, bis die Drachenschnüre aufgewickelt sind.

Wieder kommt Felix angerannt. »Darf ich mit den beiden Nutellabrote essen?« Felix überrascht mich. Er hat wohl doch begriffen, dass Wanja und Ruslan seine Arbeit gemacht haben. Und er ist bereit, seine selbst verdiente Nutella, den Stolz seines Tages, mit ihnen zu teilen.

Mischa ist gegangen, Wanja und Ruslan sitzen mit der Andacht des Appetits am Küchentisch. Felix hat Brot hervorgeholt, Butter und sein volles Nutellaglas. Aber dann stellt Felix plötzlich auch Kais Schokocreme auf den Tisch. »Was soll denn das? Du hast an Kais Nutella nichts zu suchen.«

»Was, soll ich denen etwa was von meiner Nutella abgeben?« Ohne zu fragen, pfeffert Felix auch noch die Tüte mit den Schokokeksen auf den Tisch.

»Natürlich, wenn du sie einlädst.« Ich schnappe mir die Schokokekse.

»Oh Mann«, Felix zieht eine Grimasse der Qual.

Er schmiert den Jungs zwei Brote mit hauchdünnem Schokoaufstrich. Sich selbst gegenüber ist er großzügiger, fast ein Drittel des Glases landet auf seiner Brotscheibe. Was seine Freunde jetzt denken oder fühlen mögen, scheint ihn nicht zu scheren. »Sag mal, schämst du dich nicht?«

Felix schweigt, er hat sich den Fisch aus dem Kühlschrank geholt und reißt den ersten Fischkopf ab. Nutella mit Räucherfisch. Protestfressen? Auch der Edamer liegt plötzlich auf dem Tisch.

»Was soll das? Das ist doch nicht alles dein Zeug, du könntest auch mal fragen.« Meine Stimme wird lauter, er lässt den angebissenen Fisch liegen, dreht sich wortlos um und greift nach dem Käse.

»Jetzt reicht es aber. Was meinst du, wie die Jungs das finden.«

Er starrt mich an: »Soll ich etwa denen meine Nutella ganz abgeben?« Felix steckt wieder das Messer in sein Glas, greift nach Wanjas Brot und schaufelt Creme darauf, mit gerümpfter

Nase, als fülle er einen Schweinetrog. »Da«, schreit er, »und noch mehr!« Sein Gesicht ist böse, Wanja und Ruslan scheinen keine Freunde mehr zu sein, mit denen er teilen möchte, nicht mal mehr Publikum, nur noch Objekte seiner Show.

Felix, der nur sich selbst kennt, nur sich selbst liebt. Ich spüre, wie mir heiß wird vor Wut. Wie arrogant, wie verwöhnt sich unsere ISE-Kinderstars benehmen können! Ich springe auf, ich könnte Felix ohrfeigen, aber dann brülle ich nur noch: »Raus! Mach, dass du hier rauskommst!«

Er schnappt sich sein überladenes Nutellabrot und rennt hinaus, blass vor Zorn: Du hasst mich, aber ich hasse dich noch viel mehr!

Ruslan und Wanja haben die Köpfe eingezogen, blicken unlustig auf die Brotnutellabrocken, die Felix ihnen hingeworfen hat. »Was ist denn mit dem los?«, fragt Ruslan ratlos. Was mit Felix los ist? Acht Monate in Sibirien, und er führt sich auf, als hätte er es persönlich erobert. Das traurige Dilemma der Intensiven, der Sozialen, der Einzelpädagogik. Sein Betreuer Kai, dazu alle paar Wochen neue Praktikanten, russische und deutsche Projektmitarbeiter, auch ich; ein ganzer Hofstaat bemüht sich um das Kind, versucht, ihm Verständnis und Zuwendung entgegenzubringen, das, was ihm in seiner früheren Kindheit so gefehlt hat. Ständig steht Felix im Scheinwerferlicht aufmerksamer, mitfühlender, zumindest besorgter Erwachsenenaugen. Auch die Sibirier bestaunen, verwöhnen, bevorzugen ihn, lachen über seine Witze, entschuldigen seine Missetaten. Felix, die Ausnahme, der kleine Prinz, Felix Felissimus!

Das Walkie-Talkie piept: Markus. Ich drücke auf einen der Knöpfe, erwische zum Glück den richtigen. »Hallo, lieber Stefan, hier spricht der liebe Markus«, flötet es aus dem Apparat, als wäre Markus der gute Onkel aus einer Radiosendung für Kleinkinder. Markus pflegt seinen eigenen ironischen Frontslang. »Dein Junge ist hier und will, dass ich ihm seine Vier-Uhr-Kippe gebe. Du hättest das erlaubt.« Die Vier-Uhr-Zigarette für Felix ist gestrichen, die nächste kriegt er erst um sechs. Und nur von mir. Felix hat es trotzdem versucht. Alle zwei Stunden eine Zigarette beim Betreuer abholen, auch das, habe ich gelernt, bedeutet Kontrolle. Und die ist hier auf jeden Fall angebrachter als Vertrauen. Ich klettere in meinen Niwa und fahre selbst zu Markus.

Felix und Freddy spielen doch zusammen, genauer: Sie spielen mit Pepe, Markus' jungem rotem Hund, jedenfalls versuchen sie es. Pepe, langbeinig, mit einem hochmütigen Blick, der an Linda Evangelista erinnert, schnappt gerade grinsend, aber arglistig nach Freddys Hand. »Pepe, Pepe«, Felix versucht seinerseits, Pepes Schwanz zu erwischen. Er und Freddy reden miteinander, das passiert nicht oft. Auch wenn sie sich nur beschimpfen.

»Du hast ja keine Ahnung, du kriegst ja nicht mal Taschengeld«, sagt Freddy.

»Mein Taschengeld spar ich für Deutschland, damit ich Tschulpan mit nach Deutschland nehmen kann«, verkündet Felix.

»Das Geld für Tschulpan wird schon in Russland ausgegeben«, hält Freddy dagegen, »sonst kann sie hier nicht raus, weil sie ein russischer Hund ist.«

»Quatsch. In ein paar Monaten ist Tschulpan ein deutscher Hund!«

»Nein. Sie ist hier geboren, sie ist Russe!«

»I wo, du Blödi. Das ist wie bei Männern und Frauen. Wenn sie in Deutschland lebt, ist sie eine Deutsche.«

Sie streiten sich, als ginge es darum, den Hund aus Russland herauszuheiraten. Die Hunde sind die vielleicht einzige Idee, die Betreuer und Kids eint. Markus und Freddy wollen Pepe mit nach Deutschland nehmen, Kai und Felix Tschulpan. Und tatsächlich bedarf es diverser sibirischer, Moskauer und deutscher amtstierärztlicher und veterinäramtlicher Bescheinigungen und Stempel, um einen Hund zu exportieren. Aber werden die Hunde in Deutschland glücklicher sein? Tschulpan und Pepe sind athletische Kinder der Kälte. Solche Hunde gehen mit auf die Jagd, auf Elche, Bären oder auch Zobel. Wenn sie jedoch versagen, sich ängstlich oder tollpatschig anstellen, sind sie den Jägern nicht mehr als eine Kugel wert. Auch Kettenhunde, die nicht bellen, werden oft mit Drahtschlingen erwürgt und zu

Stiefelfell verarbeitet. »Die besten, die mutigsten Hunde verschwinden am schnellsten«, hat Grischa Grigorjenko, der Jäger, einmal bedauert, »die Wölfe«. Die Wölfe hassen ihre verräterischen Brüder, veranstalten in der Taiga oft regelrechte Kesseltreiben auf die Hunde. In Deutschland warten Etagenwohnungen, Gassigehen und ein langsamer Cholesterintod auf die Hunde. In Sibirien sterben sie schneller und grausamer, aber wenn sie Glück haben, mit dem blutigen Fleisch ihrer Feinde zwischen den Zähnen.

Als Felix mich sieht, vergisst er alle Hunde: »Stewwan, wann krieg ich meine Ziggi?«

»In eineinhalb Stunden.«

»Mann, Stefan, du bist doch nur hier, um mich zu ärgern. Bei Kai durfte ich fluchen, so viel wie ich wollte.«

»Wir werden sehen, ob du bei Kai weiter fluchen darfst.«

»Ach, die Weltpresse«, Markus begrüßt mich wieder ironisch. »Kommen Sie doch herein. Was kann ich Ihnen anbieten?«

Markus trägt einen Dreitagebart und ein spanisches Schiedsrichtertrikot. Die Küchenwände hat er himmelblau gestrichen, über der Spüle leuchtet weiß der Schriftzug »Casa Verde«. Das Gleiche steht in Grün draußen auf dem Gartentor. Markus ist 36, zehn Jahre älter als Kai und eigentlich Spanienfan. Auch sonst erzdeutsch. Seine Küche ist immer aufgeräumt, keine Stiefel, keine Eimer stehen im Weg. Stattdessen beherrscht eine grüne Schiefertafel die Raummitte, die letzte Mathematikaufgabe, die Freddy gelöst hat, ist noch nicht weggewischt. Die Küche sieht aus, als sollte hier das Happy End für Erich Kästners »Fliegendes Klassenzimmer« gedreht werden: rührend unkonventionell und zugleich von kleinbürgerlichster Gemütlichkeit. Markus stellt die Espresso-Maschine auf den Gasherd, er hat immer ein paar Pfund Espresso in Reserve, pflegt auch hier Lebensstil.

Ich schlürfe Espresso, Markus denkt laut darüber nach, wie man sie denn nennen soll. »Crashkids? Oder vielleicht besser Trashkids? Nein, das wäre zu gemein. Aussichtslose Fälle. Für die gibt es keinen Namen.« Auch Friedemann schien ein hoffnungsloser Fall zu sein, Freddy jedoch hatte Aussichten.

Freddy und Felix rennen herein, mit der üblichen Wucht. »Darf ich Kekse?«, schreit Freddy. Er schreit nach Keksen, meint aber Schokowaffeln, denen auch er verfallen ist.

»Schuhe aus«, pariert Markus. Die Knaben ziehen sich zur Tür zurück, ihre Münder stehen wie üblich vor Erstaunen offen. Wie üblich hören sie zum ersten Mal im Leben, dass man in Russland die Schuhe an der Türschwelle stehen lässt.

»Darf ich jetzt ein paar Kekse?«

»Zwei Stück.«

»Ich auch?«, erkundigt sich Felix.

»Zwei.«

Die beiden sitzen am Tisch, Freddy zerkaut den zweiten Keks, Felix seinen ersten. Sie hören jetzt mit, aber das kümmert Markus nicht. Ganz im Gegenteil, er wird konkret, nimmt sich seinen Knaben vor. »Manchmal klappt es so gut, dass ich frustriert bin. Unterforderungsstress.« Markus' Gesicht ist todernst, Freddy hört andächtig zu. »Das Ziel Hauptschulabschluss habe ich für völlig utopisch gehalten. Ich habe mich geirrt. Freddy macht in der Schule enorme Fortschritte. Er ist ein ganz normal begabtes Kind.« Markus' Stimme ist voll trockener Anerkennung: Der Studienrat verkündet dem ewigen Sitzenbleiber das rettende »befriedigend«.

So macht Markus das. Sein Freddy sitzt daneben, Markus erzählt, wie gut es gerade läuft. Oder wie schlecht. Vor ein paar Monaten klangen diese Monologe düsterer: »Friedemann hat es fertig gebracht, sich von seinem ersten Taschengeld elf Packungen Zigaretten zu kaufen. Rauchen, am liebsten noch Wodka saufen, zwanghaft zu den Großen gehören. Aber dann ist er zu dumm, einen Knoten zu binden. Als ich ihm das erste Mal gesagt habe, er solle sich vor dem Essen die Hände waschen, da hat er gefragt: ›Hände waschen, wie geht das?‹« Damals haben alle gelacht. Friedemann auch.

Freddy sitzt weihevoll daneben. Auch wenn es peinlich wird, wenn Markus Freddys voll gepinkelten Schlafsack öffentlich macht. Freddy ist Bettnässer wie fast alle Jungs, die ich in ISE-Land kennen gelernt habe.

Aber Freddy kommt nicht aus dem Jugendheim wie Jan, wie

Felix, wie die anderen. Freddy kommt direkt aus der Familie. Genauer: aus dem Rest einer Familie, seine Mutter hat ihn und seinen kleinen Bruder allein erzogen. Wenn Friedemann nachmittags aus der Schule zurückkehrte, war die Mutter auf der Arbeit. Also machte er das, was Millionen deutscher Kinder tun, wenn sie nach Hause kommen: den Computer einschalten. Krieg spielen oder internetsurfen, auf Pornoseiten. Oder DVDs oder Videos. »Die chinesischen Pornos sind viel besser, da konnte die Frau hinterher nicht mehr« – O-Ton Friedemann. »Noch besser fand ich einen anderen Film, da hat 'ne Frau mit 'nem Hund gevögelt, mit 'nem Dalmatiner.«

Die Pornos, die Sprüche dazu hatte er von seinen Spielkameraden, wenn man sie so nennen kann. Die Jungs aus den Internetcafés, wo er noch lieber saß als vor dem PC zu Hause. Sie waren älter als er, mindestens drei, vier Jahre, er kaufte sich ein in ihre Counterstrike-Teams, sie waren größer, erfahrener, sie konnten ihm Feuerschutz geben gegen den virtuellen Feind, der jenseits des Bildschirms auf ihn lauerte. Friedemann selbst hatte nichts zu bieten außer seinem Geld. »Er ist blöd, er ist faul, er hat keine Freunde«, hat Markus ganz zu Anfang erzählt. »Solche wie er kamen bei uns im Jugendheim mit einer Colaflasche an und einer Tüte Kartoffelchips, um sich damit bei den anderen Kindern einzuschleimen. Die wurden ausgebeutet und dann wieder geschnitten.«

Um seine Mitspielsucht zu finanzieren, begann Friedemann, seine Mutter zu bestehlen, immer mehr Wertgegenstände verschwanden aus der Wohnung. Der Oma erging es nicht besser. Friedemanns Mutter tat, was nur wenige Eltern wagen: Sie wandte sich ans Jugendamt. Und dort hatte jemand den Mut, Friedemann die übliche Jugendhilfekarriere zu ersparen: »Den Jungen schicken wir nicht in ein Heim, wo er erst allen Scheiß beigebracht bekommt«, soll der Mann vom Jugendamt gesagt haben, »den schicken wir dorthin, wo, wenn er versucht abzuhauen, seine Silhouette noch tagelang am Horizont zu sehen ist.« Nach Sibirien.

Freddy ist die große Ausnahme. Grundsätzlich versucht die Jugendhilfe, solange es noch so etwas wie Familie gibt, diese zu unterstützen. Solange es noch Hoffnung gibt, dass ein Kind in seinem Lebensraum, mit seinen Eltern klarkommt, reißt man es dort nicht heraus. Erst kommt ein Erziehungshelfer in die Familie, dann schickt man das Kind in eine Tagesgruppe, versucht danach, es bei Verwandten oder einer Pflegefamilie unterzubringen, später Heim und erst dann die Ultima Ratio: ISE. Viele Kinder aus Alptraumfamilien, deren Schicksal nach einem radikalen »sibirischen« Neuanfang schreit, werden noch jahrelang durch Tagesgruppen, Pflegefamilien und Heime gereicht. Jahr für Jahr, Erzieher für Erzieher, Heim für Heim bauen sie neue Widerstände auf, sind immer schwerer zu erziehen, zu beeinflussen, zu retten.

Freddy sitzt auf seinem Hocker, die Ellbogen aufgestützt, er drückt die Fäuste in die Backen und lauscht seinem Betreuer. Und seine Augen leuchten. Als wäre er ein C-Jugendfußballer, dem gerade Rudi Völler persönlich erklärt, aus ihm könne mal ein richtig guter Mittelfeldspieler werden. Der Betreuer, dein Freund, dein Coach, dein Idol. Markus hatte eigentlich schon gewonnen. Und mit ihm Freddy. »Aber in Deutschland wird er sich noch ganz schön umgucken«, jetzt predigte Markus gegen zu hohe Erwartungen an. »Wenn er in einer richtigen Schulklasse sitzt, die erste falsche Antwort gibt und ihn alle auslachen.«

Jan
Oni, Dezember 2001

Es war minus 26 Grad, als Markus das erste Mal ankam. Obwohl der Himmel leuchtete, als wären es 26 Grad plus. Markus stieg aus dem Bus, man sah sofort, auch er kam von jenem fernen Planeten, den sie hier *Germanija* nannten. Der riesige Trekkingrucksack, den er schulterte, verriet es und seine Ohrenfellmütze Marke »Fjällräven«, beige-grau mit Kunstfellohren. Aber vor allem das schmale Gesicht hinter seiner Dünnrandbrille, ein deutsches Studienratsgesicht. Obwohl er Oberfeldwebel a. D. war. Auf den Ärmel seiner Bundeswehrjacke war ein Friedenszeichen aufgenäht.

Als Zeitsoldat hatte er seine Vorgesetzten jahrelang mit einer schulterblattlangen Haarmähne gequält. Als sie ihn fragten, was er nach der Entlassung werden wolle, sagte er: Puppenspieler. Er bewarb sich an der Paul-Heyse-Schauspielschule in Ostberlin – vergeblich. Dann studierte er Pädagogik, arbeitete in einem Jugendheim. Sein Vorstellungsgespräch beim »Projekt Grünlicht« nahm er zunächst nicht besonders ernst. »Ich hatte das Gefühl, dass nicht ich mich bei Klaus, sondern dass Klaus sich bei mir bewirbt: ›Kannst du übermorgen für ein halbes Jahr nach Sibirien fliegen?‹ Ich hab mir Bedenkzeit erbeten und dann ein paar Nächte lang mit meiner Frau darüber diskutiert. Wir haben beschlossen, dass ich es zuerst einmal vier Wochen teste, danach noch einmal zurückfliege.«

Markus zog in das leere Haus in der Gorkijstraße ein, stellte als Erstes ein gerahmtes Foto seiner hübschen blonden Frau auf den Kühlschrank. Dann hängte er ein dünnes Stromkabel mit kleinen bunten Glühbirnen an den Türrahmen und kaufte sich zwei Büchsen *Baltika*-Bier. Im Gegensatz zu Kai hielt er sich von Anfang an nicht an das inoffizielle Alkoholverbot im Projekt. Dass ich eine Woche lang an seiner Stelle den Hilfserzieher gemacht hatte, rief bei ihm keinerlei professionelle Eifersucht hervor. »Bei solchen Kindern ist so viel Berufspädagogik angewandt worden, da ist es gar nicht schlecht, wenn sie es mal mit Laien zu tun kriegen.«

Jan schenkte seinem Zweitbetreuer zuerst nur wenig Beachtung, war weiter heftig mit Sibirien beschäftigt. Gerade hatte er sich für Vera und gegen Nadja entschieden. »Im Endeffekt ist es schwierig zu sagen, warum«, erklärte er. »Nadja hat gestern geheult, weil sie unbedingt was von mir will. Aber ich bin ja mit Vera zusammen. Also, die Nadja, die ist ganz schön sauer oder verletzt, aber was soll ich machen?« Auch Jan konnte ratlos sein.

Für sibirische Verhältnisse war Vera keine Schönheit. Aber auch nicht hässlich. 14 Jahre, kräftig gebaut, kastanienrotes Haar, ihr breites Gesicht war offen, die großen graugrünen Augen unter zentimeterlangen Wimpern blickten ernsthaft in die Welt hinaus. Eines der stillen russischen Mädchen, die als erwachsene Frauen oft eisernen Willen zeigen, Familien und Betriebe zusammenhalten. Vera wohnte am anderen Ende des Dorfes, Jan hatte sie bei den Nachbarn kennen gelernt. Jemand erzählte mir, auch Veras Eltern tränken gern. Aber Vera rauchte nicht einmal. Sie ging in die neunte Klasse, lernte mittelmäßig, ihre Berufspläne waren vage, aber sie wusste, sie wollte weg aus Oni. »Nach Krasnojarsk. Da wohnen zwei Brüder von mir, einer arbeitet in einem Feinschmeckerladen, vielleicht arbeite ich auch mal in einem Feinschmeckerladen.«

Ich erzählte Vera von Jan, von seiner schlimmen Zeit in der Psychiatrie und dass er Leute brauche, die es wirklich gut mit ihm meinten. Vera schwieg, ihre Augen wuchsen, ihr warmer Blick wurde fester, sie schluckte. Man spürte förmlich, wie sich in ihr etwas aufrichtete. Vera würde für Jan kämpfen. Der beschwerte sich später, Vera habe ihm mehrfach verboten, Alkohol zu trinken.

Markus und Kai regelten die Wohnsituation. Kais *isba* an der Dscherschinskijstraße war schon für zwei sehr eng, das Haus in der Gorkijstraße war größer, aber dort gab es kein Telefon. Sie beschlossen, Kai solle weiter in der Dscherschinskijstraße wohnen, Markus in der Gorkijstraße. Und sie überlegten, ob Jan zwischen den Häusern pendeln sollte oder ob sie abwechselnd zu ihm umzögen. Aber so weit kam es nicht mehr.

Die Frontlinie war die gleiche geblieben, auch mit Markus. Jan verspätete sich weiter, kam einmal um halb eins aus der Disco, obwohl Kai ihm die Disco verboten hatte.

»Kai, ich bin sauer auf dich.«

»Du kommst hier um halb eins an und sagst, du bist sauer auf mich?!«

»Ja, die Mädchen haben sich mit mir verkracht, weil ich nicht mit in die Disco durfte.«

»Und warum bist du jetzt erst so spät hier?«

»Ich musste sie noch nach Hause bringen.«

»Du warst also doch in der Disco.«

»Nein. Ich bin die ganze Zeit vor lauter Wut allein durchs Dorf gegangen, auf die Landstraße raus in Richtung Partisansk.«

»Du meinst also, du hast Grund, wütend zu sein. Wenn hier einer wütend sein sollte, dann ich … Du solltest mir lieber einmal erklären, warum wir hier sind.«

»Sag ich jetzt nicht.«

»Sagst du jetzt nicht. Aber ich sage dir, wenn du das nicht raffst, kann es sehr schnell passieren, dass du morgens aufwachst, und deine Tasche ist gepackt, zum Nachhausefliegen.«

»Halt die Fresse.«

Ein paar Tage später kam Natascha aus Partisansk zu Besuch. Natascha war auch so ein Fall. 16 Jahre, mit ihren russlanddeutschen Eltern aus Kasachstan nach Stuttgart gekommen, dort auf der Straße gelandet. Natascha sprach fließend Russisch, aber mit schwäbischem Akzent. Klar, dass sie in Sibirien mit ihrem Russisch jeden deutschen Betreuer austricksen würde, außerdem war sie alkoholgefährdet. Natascha hatte hier eigentlich nichts zu suchen. Aber Klaus hatte sie für zwei Monate bei Stepan Iwanowitsch untergebracht: Sie sollte hier erleben, dass ihre russische Heimat, von der sie in Deutschland immer schwärmte, nichts für sie war. Allerdings hieß es bei den Betreuern, Klaus habe sie hier nur »zwischengeparkt«, weil in Schweden gerade kein Platz für sie frei war. Diese Natascha kannte Jan schon aus einem deutschen Kinderheim, und jetzt wollte sie ihn einmal in Oni besuchen. Obwohl eine der ISE-Grundregeln lautete: Haltet eure Zöglinge so weit wie möglich auseinander. Aber Kai wollte kein Unmensch sein. Stepan auch nicht. Und ich erklärte mich bereit, Natascha mit dem Auto herzubringen.

Wir kamen gegen Mittag an, nachmittags spazierten Jan und Natascha durchs Dorf, flankiert von Nadja und Vera, denen offenbar nichts Böses schwante. Kai erwartete Jan um fünf Uhr abends bei Markus, um Banja zu machen – Schwitzbad mit großer Wäsche. Natascha sollte mit mir wieder nach Hause fahren. Wir Erwachsenen tranken Tee bei Markus, Natascha und Jan aber kamen nicht. Wir warteten, beschlossen aber, auf große Suchaktionen zu verzichten; die Kids, nicht wir sollten die Konsequenzen tragen. Gegen sechs Uhr fuhr ich nach Partisansk, ohne Natascha, sie und Jan blieben die ganze Nacht verschwunden.

Als Kai nach der Banja nach Hause ging, wurde er von einer ungehaltenen Passantin beschimpft. Außer dem Namen »Jan« verstand er kein Wort. Später stellte sich heraus, dass sie ihn beschimpfte, weil er angeblich die Tür des Hauses an der Dscherschinskijstraße abgeschlossen hatte, der arme Jan ihn überall gesucht und nirgendwo habe finden können. Und dass die Kinder doch erfrören. Kais erste russische Brocken reichten nicht aus, um zu erklären, dass Jan genau wusste, wo er, Kai, zu finden war. Und dass die Kinder absichtlich nicht aufgetaucht waren. Stattdessen übernachteten sie bei den Nachbarn. Obwohl Kai und ich nachmittags noch dort gewesen waren, um ihnen klar zu machen, dass Jan immer wisse, wo Kai zu finden sei.

Als Natascha und Jan am nächsten Morgen aufkreuzten, gab es Geschrei, lautes Geschrei, das, was die Russen einen *skandal* nennen. Natascha beschimpfte Kai: »Was erlaubst du dir eigentlich? Du wolltest wohl, dass wir im Straßengraben erfrieren? Ich rufe gleich Klaus an und erzähle ihm, dass du Alkoholiker bist. Und dass du die ganze Nacht gesoffen hast.«

Kai alarmierte Mischa, und der alarmierte den Dorfmilizionär, Oleg Olegowitsch. Der kam und erklärte Natascha rigoros, sie habe kein Recht, sich ohne Betreuer hier herumzutreiben. Natascha aber zeterte weiter. Schließlich fuhr Mischa sie in seinem Wasik-Kleinbus heim.

Ich kam erst in Oni an, als schon alles vorbei war. Nur noch minus 19 Grad. Jan rannte wieder auf der Straße herum, ohne Mütze, mit seiner offenen Jacke. »Hallo, Stefan, guck mal, ich habe mich verletzt«, er fuchtelte mit seiner rechten Faust vor mir herum, ihre Knöchel waren blutig geschlagen. »Ich hatte Krach mit Vera, da habe ich, um mich abzureagieren, gegen den Zaun geschlagen.«

In der *isba* aber saßen die Betreuer und telefonierten. Sie telefonierten mit Deutschland, mit Klaus. »Eigentlich ist die Schwelle schon überschritten«, sagte Kai gerade, »eigentlich können wir nach Hause fahren. Ich habe hier einfach Angst um meine Haut.« Jan war wieder ausgerastet.

Markus, nicht Kai, hatte Jan eröffnet, zur Strafe sei die nächste Disco gestrichen. Und die Weihnachtsfeier in Partisansk. Außerdem werde er 25 Rubel von seinem Taschengeld zahlen – sein Anteil an den zusätzlichen Spritkosten für Natascha. »Jan hat auf seinem Schemel gesessen«, erzählte Markus hinterher, »man sah förmlich, wie die Wut in ihm hochkochte.« Vor Zorn war Jan bleich geworden, aber er schwieg. Er ging hinaus, legte in der Küche mehrere Messer bereit, danach lief er nach draußen, kam mit einer Axt wieder, legte sie auf den Ofen, verschwand wieder. Ich weiß nicht, ob Jan wirklich ein Blutbad vorbereitete. Er hatte all diese Hieb- und Stichwaffen sehr offen bereitgelegt, wollte er nur drohen? Oder warnte er gar vor sich selbst? Die Betreuer versteckten die Axt, die Messer und alles andere, was als Mordgerät taugen könnte.

Jan kehrte zurück, stellte fest, dass seine Waffen verschwunden waren, begann die Schlacht mit Streichholzschachteln. Er bewarf Kai damit, nicht Markus. Jan warf schlecht, traf Kai erst beim dritten Mal im Gesicht. Dann ging er auf Körperkontakt mit spielerischem Gerempel. Wieder gegen Kai, Markus ignorierte er, vielleicht hatte er ihn noch nicht auf seiner Liste, vielleicht wollte er seine Gegner der Reihe nach schlagen. Aus den Remplern wurden Schläge und Tritte, Kai rang ihn zu Boden, setzte sich auf ihn, hielt ihn fest. Unter ihm tobte Jan, tobte wie ein Irrsinniger. »Lasst mich los, ich hole meine Freunde, die bringen euch alle um.« Der Junge wand sich, wütete, schrie weiter. »Der hätte uns wirklich beide umgebracht«, sagte Markus hinterher.

Nach einer halben Stunde Klammern und Schultern merkte Kai, dass Jan schwächer wurde, gab ihn frei, Jan rannte weinend hinaus, zertrümmerte im Vorraum die Glasscheiben eines alten Schranks, warf den Schrank um, köpfte einen ausgestopften Birkhahn. Dann ging er auf Tschulpan los, versuchte sie mit Fußtritten zu erwischen, Tschulpan rettete sich unter die Haustreppe. Jan verschwand wieder auf der Straße, kam mit einer Aluminiumstange im Gürtel zurück, griff aber nicht mehr an.

Er setzte sich auf seinen Schemel, weinte, dann kam Mischa herein, nahm ihn in den Arm. »Mann, Junge«, sagte Mischa auf Russisch, »das war wohl heute kein besonders guter Tag.«

Auch Jan wurde ans Telefon gerufen, redete mit Klaus: »Ja Klaus …«, jetzt klang Jans Stimme nachdenklich, ein Jungwolf, der Kreide gefressen hatte. »Also, ich zerbreche mir den Kopf darüber, ob Natascha jetzt aus dem Projekt fliegt … ja, Klaus.« Markus verdrehte die Augen, Kai fing an zu lachen, ein bitteres Lachen. »Wenn du doch endlich anfingest, dir den Kopf zu zerbrechen, und zwar über dich«, stöhnte er.

Zehn Minuten später fuchtelte mir der Junge grinsend mit dem abgeknickten scharfen Ende seiner Aluminiumstange im Gesicht herum. Er war wieder Krieger, wollte wieder beweisen, dass er nicht besiegt war.

Ergebnis des Palavers: Wenn Jan so weitermachte, war es sinnlos, mit ihm zu arbeiten. Aber Kai und Markus wollten es noch einmal versuchen. Sie würden mit ihm für zehn Tage in die Taiga fahren. Ich wollte sie mit dem Niwa zu Tolja, dem Jäger, bringen.

Ich übernachtete wieder bei Kai. Diesmal wachte ich auf, weil Kai im Schlaf sprach: »Drei Uhr, Jan, das ist zu spät. Warum kommst du erst jetzt?«

Drei Tage später hatten sich die Quecksilbersäulen wieder bei minus 30 verkrochen. Und wir waren auf dem Weg. Der Abend dämmerte, die weißgelbe Scheibe der Sonne war schon verschwunden, das lodernde Blau des Himmels erblasste zu stählernem Grau, die Schneefelder zwischen den Birkenmeeren schienen sich darin zu spiegeln. Wir fuhren, besser, wir schwammen, in zwei Niwa-Jeeps durch den Tiefschnee. In meinem Niwa saßen Kai, Markus und ich, vor uns schaukelte Toljas dunkelgrüner Kleinjeep mit Jan. Davor spurte Ljoscha, Toljas Jagdfreund, mit dem Buran-Motorschlitten. Wir hatten kalte Füße, das Heizgebläse meines launischen Jeeps fiel immer wieder aus, sprang wieder an mit einem Krach, der mich an den unverwüstlichen Hoover-Staubsauger meiner Kindheit erinnerte.

Aber auch der Motorschlitten muckte, zum dritten Mal hielten wir deshalb an. Tolja sprang aus seinem Niwa, gemeinsam mit Ljoscha kauerte er vor dem Schlitten, ihr Atem flatterte nebelweiß in der dunkler werdenden Luft. Kai und ich stiegen auch aus. Wir gesellten uns zu den Männern, traten von einem Bein auf das andere, standen aus Solidarität herum. Und fühlten die Unfähigkeit, die jeden Großstadtbürger befällt, der mit Naturmenschen in den Urwald zieht. Dazu kam die Kälte, die sich trotz Fäustlingen und Filzstiefeln binnen Minuten in unseren Zehen und Fingern festbiss, wir zogen uns schmählich ins Auto zurück. Tolja aber hatte seine Handschuhe ausgezogen, die Keilriemenscheibe des Burans war defekt, ein Umsetzstück gebrochen, er schraubte mit bloßen Händen an dem Stahl herum, der so kalt brannte wie eine glühende Herdplatte.

»Würdest du das zu Hause vor deiner Garage machen, dir frören die Hände ab«, erklärte Tolja uns später. »Aber in der Taiga sagt dein Kopf: Du musst! Und die Hände bleiben warm.« Wir warteten, auch im Auto war das Warten keine Freude, es wurde immer dunkler, immer kälter, das letzte halb verlassene Taigadorf hatten wir schon vor eineinhalb Stunden passiert, mit dem Tag schien auch die Welt zu enden. Dann aber begann Ljoscha wieder an der Anlasserschnur des Motorschlittens zu zerren, dreimal, viermal, der Motor heulte auf, es ging weiter.

Tolja war 42 Jahre alt und Berufsjäger. Er lebte in Pogodajewo, einer Siedlung 130 Kilometer südwestlich von Oni. Tolja war 156 Zentimeter klein, seine Kinderaugen funkelten voller Leben, voller Neugierde, seine Stirn war faltenlos, er hatte die Stimme eines Chorknaben. Aber die Kids, die Klaus mit ihm zusammen in die Taiga schickte, parierten. Kein Wunder in diesem einsamen, hölzernen Nirgendwo. Und kein Wunder bei Tolja, der sein Jagdmesser nahm, kurz ausholte und mit dem ersten Wurf aus zehn Metern das anvisierte Astloch traf. »Ich bin ein noch größerer Bandit als du«, erklärte er Jan lachend. Tolja lachte viel für einen Waldmenschen, der jeden Winter monatelang allein durch die Taiga zieht.

Der Himmel hing voller Sterne, als wir anhielten – auf der letzten Lichtung vor der dunklen Unendlichkeit der Taiga. Wir ließen unsere beiden Autos stehen, Tolja und Ljoscha fuhren auf dem Buran vorneweg mit Markus und Jan auf dem Gepäckschlitten dahinter. Kai und ich folgten ihrer Spur auf zwei Paar Jagdskiern. Kai lief schneller auf diesen snowboardbreiten Hölzern als ich, das Klopfen seiner Skier auf dem Schnee wurde rasch leiser. Ich blieb zurück, nach ein paar hundert Metern zog ich mir diese Dinger wieder aus, trug sie über der Schulter. Peinlich für mich, den Skilangläufer, aber zu Fuß kam ich besser voran als auf diesen Bügelbrettern.

Es wollte nicht ganz dunkel werden im Wald, über dem Wirrwarr der Birken- und Zirbelkiefernzweige schaukelte der Mond. Er verbreitete ein weißgoldenes Licht, ein Licht, das auch mit der teuersten Technik nicht zu fotografieren, nicht zu filmen war. Ich blieb stehen. Es war nichts mehr zu hören, kein Laut, die Taiga schwieg, sie schwieg heftig, und das beschleunigte Klopfen meines Herzens dröhnte mir in den Ohren. Taiga, Sibiriens Urwald, das hölzerne Nichts jenseits der dünnen Linie, die hier die Menschenwelt von der Wildnis trennt.

Die Jagdhütte war keine sechs Quadratmeter groß, Ljoscha hackte Brennholz klein, als wir ankamen, und steckte die ersten Birkenholzscheite in den Kanonenofen. Tolja schälte Kartoffeln. Tolja und Ljoscha hatten nur eine Flinte dabei, Tolja hatte auch »Goscha-Bandit«, seinen wunderschönen Jagdhund, nicht mitgebracht. Sie wollten nicht jagen, nur fischen. Trotzdem redete Tolja sofort vom Jagen, davon, wie man im Winter Biberfallen aufstellt. »Loch im Eis«, Tolja hatte sich etwas Deutsch beigebracht, »*tschetyre* – vier – Baum (er meinte Äste) in Erde (er meinte den Grund des Flusses), Biber kommt, Biber will fressen, *kapkan* – Falle – Biber kaputt«, und wieder lachte Tolja sein helles Kinderlachen. Die Jagd war Toljas Leben, auch sein Vater war Jäger gewesen. Tolja jagte, seit er laufen konnte – er jagte Elche, er jagte Biber und Bären, vor allem aber jagte er Zobel. Jeden Winter erbeutete er 30 bis 50 Zobel, auch dieses Jahr hatte er in seinem 200 Quadratkilometer großen Revier 250 Fangeisen gespannt. Dafür war er über tausend Kilometer zu Fuß unterwegs gewesen. »Crocodile Dundee und Rüdiger Nehberg in Personalunion«, sagte Kai.

Während es in der Hütte langsam warm wurde und während Tolja einen rußschwarzen Kessel mit Teewasser aufsetzte, zerrte vielleicht eine Stunde Fußmarsch von hier ein verzweifelter Zobel an den Bügeln der Schnappfalle. Die Zobel, geködert mit Schnepfen- oder Eichhörnchenfleisch, gerieten meist mit einer der Vorderpfoten in die Falle. Wenn Tolja kam, waren die Raubnager in der Regel hart gefroren, verendet nach zwei Stunden oder eineinhalb Tagen Qual, je nachdem, ob es 35 oder nur 3 Grad Frost hatte. »Natürlich leiden die Tiere, natürlich ist es grausam«, jetzt legte sich Toljas Kinderstirn doch in Falten, »aber ich lebe doch davon. Und die Wildnis ist zu allen grausam.«

Eigentlich, sagte Tolja, möge er die Fallenjagd nicht. Es mache viel mehr Spaß, mit dem Hund zu jagen. Und er erzählte von »Goscha-Bandit«, den er heute zu Hause gelassen hatte, und von Goschas Vater, »Pirat«.

Ich habe Goscha in seinem Zwinger gesehen. Er war langbeinig, seine kräftige Brust schimmerte weißgraurötlich, seine runden Augen brannten zinnoberrot, Goscha hatte Wolfsblut in den Adern wie sein Vater Pirat. »Goscha schafft zwölf Zobel im Winter«, sagte Tolja, »aber Pirat hat einmal fünfunddreißig zur Strecke gebracht.« Genauer, der Hund verfolgte die Fährten der Zobel im frischen Schnee, holte sie ein und trieb sie auf einen Baum. Tolja schoss sie dann mit einer Ladung Schrot herunter. »Aber dann ist Pirat alt geworden, zu langsam für die Zobel. Und er hat angefangen, Zobel aus den Fallen wegzuschleppen. Wir mussten ihn erschießen.« Mitleid – ob mit den Zobeln oder mit seinem Hund – Mitleid war etwas, das Tolja sich nicht leisten konnte.

Eine Blockhütte, sechs Quadratmeter, »auch nicht größer als mein Zimmer in der Klapse«, sagte Jan. Zum Tee aßen wir betongraues Brot, Knoblauchzehen, Suppe mit Kartoffeln und Speck. Die einzige Lichtquelle war eine Petroleumlampe. Aber im Nachhinein scheint mir Toljas Jagdhütte hell, warm und doppelt so groß, wie sie tatsächlich war. Hier wurde gelacht, hier hauste der Frieden. Mit der Zivilisation schienen wir auch das ISE-Schlachtfeld hinter uns gelassen zu haben. Und Markus

überraschte uns mit einem blauweißen Schlafanzug Marke
»Schiesser«. Aber wir saßen in der Wildnis. In einer Ecke hing
eine ausgerissene Zeitschriftenseite mit einer Blondine; die russische Schlagersängerin Angelika Warun machte Reklame für
eine Antifaltencreme. »Das hat noch Kostja aufgehängt«, sagte
Tolja. Sein Freund Kostja war vergangenen Dezember beim Fischen auf einen Bären gestoßen. Er hatte eine Zwillingsbüchse
dabei, sein erster Schuss traf den Bären nur mit Schrot, der zweite, mit einer Kugelpatrone, blieb im Lauf stecken. Dann zog
Kostja sein Messer; er lebte noch, als ihn ein Gefährte fand. In
der Taiga ist der Mensch vielleicht das gerissenste, aber nicht das
stärkste Tier. Jan hatte nachts Angst, allein aufs Klo zu gehen.

Wir spielten ein russisches Kartenspiel, »101«, an die Regeln erinnere ich mich nicht mehr genau. Es war wohl so eine Art Mau-
Mau. Plötzlich jubelte Tolja auf Russisch los: »Hurra, morgen
stellen wir eine Reuse auf, morgen Nacht kann schon der erste
Hecht drin sein, hurra, das ist das Leben, das sind die Instinkte
der Urmenschen!« Markus sagte: »Heute ist in Deutschland der
letzte verkaufsoffene Samstag vor Weihnachten.«

Hier, in dieser Blockhütte, eingekreist von ein paar Millionen
Birken, wollten Markus und Kai das »Projekt Jan« retten. Sie
wollten ihm seine Gewalt ausreden, so dass sie in Oni weiter mit
ihm arbeiten konnten, ohne befürchten zu müssen, er würde
im nächsten Moment ein Küchenmesser oder ein Beil gegen sie
schwingen. Die Jäger würden in eine andere Hütte weiterziehen, ich würde nach Hause fahren, Kai und Markus blieben
eine Woche mit Jan allein. Showdown in der Taiga, natürlich
wäre ich gern hier geblieben, aber ein Kind, zwei Betreuer und
dann noch ein Berichterstatter – es wäre wohl zu voll im ISE-
Ring geworden.

Jan und ich teilten uns in dieser Nacht eine Holzpritsche.
Jan lag an der Wand, müde und friedlich. Er hatte die Hände
hinter dem Kopf gefaltet, schaute zur Decke und sang leise:
»La-le-lu, nur der Mann im Mond schaut zu, wenn die kleinen
Kinder schlafen geh'n.« Jan hatte Ruhe gefunden, zumindest
heute Abend, für ein paar Minuten. Ich mochte diesen Jan, den

Jan, der Angst hatte vor Bären oder vor Mädchen und das auch zugab.

Zwei Tage zuvor, auf dem Weg von Oni nach Pogodajewo, wo Tolja wohnte, hatte er während einer Zigarettenpause auf der verschneiten Trasse versucht, meinen Niwa zu klauen. Wir standen alle draußen, als Jan plötzlich hinter das Steuer sprang; der Schlüssel steckte, ich riss die Beifahrertür auf und hechtete quer durch das Auto wie ein Rugbyspieler, der einen gegnerischen Angreifer stoppen will. Ich landete mit dem verdutzten Jan auf der anderen Seite des Autos im Schnee. Kai und Markus lachten, aber Jan muss das Ganze als Schmach und Anlass zur Rache empfunden haben. Wir waren schon bei Tolja zu Hause, da fing er wieder an mich anzurempeln, schlug mir gegen die Brust, heftig, so dass es wehtat. »Komm raus, lass uns prügeln!«, er grinste böse.

Aber mich hatte endgültig die Wut gepackt. Ich griff ihn mir, zerrte ihn zu Boden, auf den Teppich des Wohnzimmers, hielt ihn fest, er zappelte und brüllte sein »Lass mich los«, ich aber überschrie ihn: »Lass mich endlich in Ruhe. Ich mach dich fertig, du kleines Miststück!«

Markus stand irritiert daneben, das Wohnzimmer wackelte; weiß der Kuckuck, was Tolja und seine Frau Katarina in der Küche dachten, aber mir war das jetzt egal, ich war nur noch wütend. Jan zappelte unter mir, seine Augen blitzten böse, sein Mund war zusammengepresst, er zischte: »Lass mich los, du journalistisches Arschloch, au … du tust mir weh … Ich bring dich um!«

Ich brüllte in seinem Slang zurück: »Ich mach dich platt!«

Meine Wut verrauchte, seine nicht, er zeterte weiter unter mir, aber er war viel zu schwach, um sich zu befreien, zwischendurch wandte er sich sachlich an Markus: »Gib mir doch mal ein Messer.«

Ich erklärte ihm, er würde erst freikommen, wenn er mich danach in Ruhe ließe; irgendwann knurrte er mit Todesverachtung: »Okay, ich lass dich in Ruhe.«

Als Jan hinausgerannt war, meinte Markus trocken, aber nicht ohne Sympathie: »Als Lehrer wärst du jetzt deinen Job los.«

Jetzt war auch ich gewalttätig geworden, hatte gegen deutsches Recht verstoßen. Das verbietet auch Erziehern, gegen Kinder Gewalt anzuwenden, sie zu demütigen. Ich, der Unbefugte, hatte quasi pädogogische Lynchjustiz verübt. Aber mein Gewissen klatschte leise Beifall. Welches deutsche Gesetz schützte mich denn vor Jan, vor seinen Übergriffen, seinen Nervenfouls? Sollte er doch begreifen, dass auch er ein Trommelfell hatte, dem andere mit ihrem Gebrüll wehtun konnten.

Fünf Minuten später kam er wieder, lächelte: »Hör mal, Stefan, du hast mir doch eine Zigarette versprochen, wenn ich aufhöre. Kommst du mit raus, zum Rauchen?« Das war mehr als ein Waffenstillstandsangebot, es schien, als wollte er mir einen Separatfrieden anbieten. »Sag mal, Stefan, du könntest doch eigentlich die ganze Zeit mit uns in der Taiga bleiben.«

Stärker, rabiater, lauter sein – Erziehungsmittel aus der Steinzeit, sie schienen zu funktionieren, oder wie Tolja es formuliert hatte: »In dem Alter sind sie wie Wolfsjungen. Sie suchen in dir den Boss, oder sie wollen selbst der Boss sein.« Und kam nicht wirklich ein Laie, der seinem Menschenverstand und seinem Selbstwertgefühl folgte, mit diesen Kids besser klar als viele pädagogische Profis? Spontaner, mit weniger gedanklichem Ballast, weniger Voreingenommenheit und mehr Gefühl. Aber vielleicht war ich auch nur eine Spielfigur für Jan. Mal keilte er sich, mal verkumpelte er sich mit mir. Vielleicht lud er mich auch in die Taiga ein, um mich dort gegen seine Betreuer auszuspielen?

Am nächsten Morgen leuchtete die Taiga heller denn je, unten das leere Weiß des Schnees, dann silbergrau die verschneiten Birken, Kiefern, Tannen, Buchen und Eiben, darüber stahlblau der wolkenlose Himmel. Von dort taumelten winzige Schneeflocken herab, als hätten sich gefrorene Engelstränen verirrt. Am Steilufer des zugeschneiten Flüsschens hinter der Hütte heulte Toljas Motorsäge. Er machte Brennholz. Während Kai einen zwei Meter langen Stamm schulterte und die Uferböschung hinaufschleppte, verdrückte sich Jan schnell wieder in die Hütte zum Rauchen.

Er hielt Markus erst die rechte, dann die linke Faust vor die

Nase und grinste: »Das riecht nach Krankenhaus. Und das hier nach Friedhof.« Nach einer Nacht Taiga war sein Kampfgeist wieder erwacht.

Markus rief ihn zurück. »Zeig deine Fäuste noch mal!«

Jan ballte sie wieder grinsend vor Markus' Gesicht. Markus aber tippte erst auf die eine, dann auf die andere: »Das riecht nach Klapse. Und das nach Knast.«

Jan zog den linken Mundwinkel noch etwas höher, »hihi«, ein anerkennendes Kichern: Kein schlechter Witz, Markus! Hatte es überhaupt Zweck, Jan Pazifismus zu predigen? Aber Markus hatte ja gerade erst angefangen.

Zehn Tage später war ich wieder mit meinem Lada-Niwa auf dem Weg zu Tolja, diesmal saß Klaus persönlich neben mir, der Projektleiter. Die Jäger und die Deutschen waren aus der Taiga zurückgekehrt, alle unverletzt. Jetzt wollte Klaus, der über Neujahr nach Sibirien gekommen war, mit Kai und Markus über Jans Schicksal beraten.

Klaus saß neben mir, die Hände über seinem barocken Bauch gefaltet, und erzählte, wie er seinen Wehrdienst als Funker bei den DDR-Grenztruppen abgeleistet hatte, bei jenen Verbänden, die die Mauer bewachten. Klaus hatte kein schlechtes Gewissen, er hatte sich nicht freiwillig zu den Grenzern gemeldet, er hatte auf niemanden geschossen. Klaus erzählte, die Stasi habe in der Volksarmee zwei Informelle Mitarbeiter auf ihn angesetzt, mangels Diensteifer. »Aber seien wir doch mal ehrlich. Wer ist denn über die Mauer rüber? Das waren doch meist verkrachte Existenzen, die mehr mit ihrem Leben Probleme hatten als mit der DDR.«

Er sagte, die Grenzpatrouillen seien in der Sperrzone sogar auf Republikflüchtlinge gestoßen, die an einen Baum gelehnt ihren Suff ausschliefen. Andere seien von Schleppern hereingelegt worden: Mitten in der DDR habe es ein Übungsgebiet der Grenztruppen gegeben, wo der Todesstreifen auf einigen hundert Metern komplett nachgebaut worden sei. Nach einer stundenlangen Irrfahrt hätten die Schlepper ihre »Kunden« dort bei Nacht und Nebel abgesetzt und ihnen erklärt, das sei die Zonengrenze. Am nächsten Morgen seien die im vermeintlichen Westen umherirrenden Geneppten dann von übenden Grenzsoldaten nach Hause geschickt worden.

Klaus sagte, Betreuer aus der ehemaligen DDR leisteten oft mehr als solche aus dem Westen, gäben aber weniger an. Ein Ossi ohne Minderwertigkeitskomplexe. Klaus selbst war inzwischen 36, den Wendeherbst 1989 hatte er als Lehramtsstudent erlebt, Mathe und Physik. Danach engagierte er sich im Demokratischen Jugendring Jena, sattelte vom Lehramt auf Sozialpädagogik um, arbeitete im wiedervereinigten Deutschland als Organisationsberater für Jugendprojekte und übernahm 1996 eine Tagesgruppe des Jugendamts Jena. »Ich wollte immer was mit Jugendlichen machen.« 1995 kam er zum ersten Mal nach Sibirien, mit einer Gruppe Pfadfinder; damals lernte er Stepan Iwanowitsch kennen. Zwei Jahre später kehrte er als Betreuer mit seinen ersten beiden Kids zurück. Die Maßnahme war erfolgreich, aber der Träger, für den Klaus arbeitete, interessierte sich nicht weiter für sein Sibirien. Klaus beschloss, selbst einen Trägerverein zu gründen, die gemeinnützige GmbH »Projekt Grünlicht«.

Klaus war ein Macher, er hatte eine große Klappe, in der DDR hätte er vielleicht FDJ-Karriere gemacht, aber keine Schwindel erregende. Dazu hatte er eine *zu* große Klappe. Klaus kümmerte sich nicht um Autoritäten, auch in der Szene galt er als Quertreiber. Sein »Projekt Grünlicht« war nicht Mitglied im »Bundesverband Erlebnispädagogik«, Klaus schimpfte, der Bundesverband stelle an seine Mitglieder zu geringe Qualitätsanforderungen, tue nichts, um ihre Einhaltung zu kontrollieren.

Klaus war passionierter Pädagoge und Sibirien-Fan. Er sprach fließend Russisch, er schwärmte von der Lebensform Sibirien, sah sie als Gegenentwurf zum geeinigten Konsumdeutschland. »Unsere Kids sind doch auch Produkte unserer Gesellschaft. Die wollen alles, was sie sehen, gleich haben. Krass formuliert: Sie latschen am Schaufenster vorbei, sehen einen CD-Player und schlagen schon die Scheibe ein, um das Ding zu klauen.« Sibirien dagegen lebe im natürlichen, langsamen Rhythmus der Jahreszeiten, Sibirien lehre Geduld: im Mai säen, im September ernten, im Sommer Holz machen, um im Winter nicht zu erfrieren.

Was Jan anging, wollte Klaus ihn weiter halten. Selbst wenn er sich neue Betreuer würde suchen müssen. Halten, solange nur irgend möglich. Klaus versuchte alle seine Kids zu halten. »Bei Jan geht es doch ums Überleben«, sagte er, »den nimmt keine Psychiatrie mehr auf. Wenn der in den Knast kommt, wird er gefickt, vielleicht hängen sie ihn auf. Oder er passt sich an, gliedert sich in die Rangordnung der Knastis ein, aber auch dann bleibt er eine tickende Zeitbombe, bei seiner Intelligenz kann der Junge Berufskiller werden.« Klaus sagte, Jan sei »Borderliner«, Grenzgänger, der Begriff war Mode in der Szene. Auch wenn Borderliner als Diagnose eigentlich nur auf Erwachsene angewandt wurde, trafen doch viele Symptome auf Jan zu, und nicht nur auf ihn. »Borderliner suchen immer extremere Erlebnisse, um überhaupt noch etwas zu fühlen«, erklärte Klaus. Darum ritzten Borderliner sich die Oberarme auf oder veranstalteten jeden Tag mit jemand anders Sex. »Sie lassen niemanden wirklich an sich heran, rebellieren gegen jeden, der versucht, eine ernsthafte Beziehung zu ihnen aufzubauen«, sagte Klaus.

Jetzt dachte er über neue Taktiken nach, um den Borderliner Jan doch noch hinzukriegen. Vielleicht sollte man nicht länger versuchen, Jan in Oni eine feste Beziehung aufzudrängen. Vielleicht würde es klappen, wenn Kai, Markus und auch Mischa als wechselnde Anlaufstellen bereitstünden. »Bis Jan selbst anfängt, das zu suchen, was er nicht hat.«

Kai und Markus machten Gesichter wie Ärzte nach einer gescheiterten Krebsoperation: Leute, wir wissen, ihr hofft alle auf eine bessere Nachricht, aber: »Jan kommt nicht runter von seinem Gewalttrip. Es ist nur eine Frage der Zeit, bis er wieder zuschlägt«, sagte Kai. Er und Markus hätten in der Taiga jeden Tag mit ihm diskutiert, ihm Gewaltlosigkeit gepredigt. Zwischendurch habe der Junge sehr verständig mitgeredet, unter Gebrauch der gängigen Fachbegriffe. »Aber irgendwann hat er wieder munter verkündet: ›Vermutlich lebe ich doch besser mit Gewalt.‹« Immerhin zehn Tage lang gab es keine Kämpfe. Jan bockte zwar, weigerte sich, beim Wasserholen und Holzhacken zu helfen, doch er war hier auf die Erwachsenen angewiesen. Als seine Betreuer in die Hütte der Jäger umzogen und ihn allein ließen, brach er seinen Streik sofort ab.

Zehn Tage ohne Gewalt, es fehlte ein konkreter Anlass, um Jan jetzt nach Hause zu schicken. Kai, Markus und Klaus zogen sich zur Beratung zurück, Jan saß derweil mit Tolja und mir im Wohnzimmer und beklagte sich: Das Projekt werde leider abgebrochen, weil seine beiden Betreuer sich gegen ihn verschworen hätten. »Sie haben mir Zigaretten in die Tasche gesteckt und behauptet, die hätte ich geklaut.« Jan klang ehrlich, ein einsamer, verzweifelter Junge, dem keiner mehr eine Chance geben wollte.

Tolja glaubte ihm. »Warum sind die Betreuer so kalt?«, fragte er mich. Auch ich war beeindruckt. Aber natürlich hatte niemand Jan Zigaretten untergeschoben. Er veranstaltete Propagandakrieg, die Nullsummengleichung der Verleumdung: Je schlechter alle anderen über Kai und Markus denken, desto besser für mich. Die Betreuer hatten ein ungutes Gefühl, aber Klaus überredete sie noch einmal weiterzumachen. Jan sollte mit Kai nach Oni zurückkehren, Markus würde von Krasnojarsk nach Deutschland fliegen, dort seine Dinge regeln und in zwei Wochen wiederkommen. »Jan, das ist deine letzte Chance«, sagte Klaus. Jan nickte ernst.

Felix
Oni, Oktober 2002, 18 Uhr

Felix inhaliert seine Sechs-Uhr-Zigarette, dann will er wieder los. »Wir treiben die Kühe nach Hause.«

»Wer?«

»Ich mit Wanja und Ruslan. Das musst du dir unbedingt ansehen. Das ist eine Heidenschau.«

Kühe nach Hause treiben ist das Langweiligste, was die sibirische Haustierzucht zu bieten hat. Die Kühe der einzelnen

Höfe, die morgens nach dem Melken auf die Straße trotten und sich der Dorfherde anschließen, kehren abends im gleichen trägen Trott von den Wiesen am Horizont zurück. Kluge Kühe finden den Weg allein, dumme verlaufen sich. Deshalb gehen ihnen Kinder oder Omas entgegen. Aber Felix hat »Heidenschau« gesagt, das klingt verdächtig.

Ich komme zu spät. Die Kühe sind schon auf der Dorfstraße, fast zu Hause. Und doch komme ich gerade recht. Selbst das trägeste Rindvieh kann hyperaktiv werden: wenn Felix hinter ihm her ist. Eine junge Kuh rast den Asphalt hinauf, Felix hinterher, er trägt jetzt ein graues Basketball-T-Shirt mit der Aufschrift *Rossija*, wo hat er das bloß wieder her? Felix hält die Kuh am Schwanz gepackt, lässt sich mitziehen, macht Riesensätze, sein roter Schopf glüht etwas heller als die Farbe der Kuh, sein Gesicht ist vor Glück verzerrt. »Felix, du spinnst wohl!«, brülle ich, ich brülle es in den Wind. Noch schmerzensreiche zehn Sekunden, dann hat die Kuh sich durch die Pforte in Wanjas Hoftor geflüchtet, Felix schnappt nach Luft, hält sich die Seiten, ein paar Momente später kauert er schon mit Ruslan hinter meinem Auto, das ich an der Straßenecke geparkt habe. Die beiden halten Kais blaues Kletterseil. Sie lauern auf die nächste Kuh, die trottet arglos heran, als sie nahe genug ist, springen sie auf, Felix von links, Ruslan von rechts. Sie reißen das Seil hoch, vor die Brust der erschrockenen Kuh, die Kuh geht durch, rast in den Straßengraben, die Jungs johlen hinterher, die Kuh wendet vor einer mannshohen Holzpalisade, hastet zum rettenden Hoftor. Felix hinterher.

»Lass das bleiben!« Ich schreie vergeblich, auch Ruslan ignoriert mich.

Neben mir steht Wanjas Vater, so sommersprossig wie sein Sohn, und grinst ratlos. »Na ja, ich habe als Kind auch Kühe gejagt.« Die Russen und ihre Langmut.

Einmal beschwerte sich eine Nachbarin, deren Fenster Felix mit einem Hartpappkarton fast eingeschlagen hätte. »Geben Sie ihm das nächste Mal eins hinter die Ohren«, schlug ich vor.

»Wir schlagen unsere Kinder nicht, und auch keine fremden«, antwortete sie. »Das ist Ihre Sache.« Sie hatte ja Recht, nicht die Sibirier sollen die Kids erziehen, sondern ihre Betreuer.

Dann ohrfeigte der Kolchosveterinär Felix tatsächlich, als der ihm – mit einem angeblich zufälligen Steinwurf – eine Ente gemordet hatte. Aber das blieb die Ausnahme, die Regel ist: Was Felix auch anstellt, die Russen verzeihen es ihm. Als wäre er ein Außerirdischer, für den menschliche Regeln und Verbote nicht gelten. Vermutlich geben heute einige Kühe in Oni saure Milch. Auch ich habe nicht eingegriffen, vielleicht versage ich gerade als Erzieher. Vielleicht sollte ich Felix hier an Ort und Stelle übers Knie legen, ihn gegen all die papierpädagogische Correctness versohlen und dabei brüllen: »Du darfst keine Tiere quälen!« Aber ehrlich gesagt, Felix hat schon Schlimmeres verbrochen. Wanja und Ruslan machen ja auch mit – welcher Knabe, der auf dem Land aufgewachsen ist, hat keine Ferkel, keine Kälber tyrannisiert? Kühe jagen ist ein grausames Vergnügen, aber doch ein kindliches, ein Stückchen der Kindheit, die Felix nie gehabt hat. Und der Winter naht, Gott sei Dank, lange kann Felix nicht mehr riskieren, dass ihm doch ein Hufschlag die Rippen bricht.

Die Dämmerung lässt den Himmel erblassen, es wird kalt, am Waldrand sind flache lange Nebelschwaden aufgezogen, über den Wäldern glühen rosig Wolkenspalten, ergrauen langsam, die Nacht steigt auf, ein urzeitliches Abendgrauen, als wäre Sibirien eine Million Jahre jünger als Europa.

Wir gehen zusammen nach Hause, Ruslan, Felix und ich, und wieder ist Felix' Hose schwarz vor Dreck, an den zerlöcherten Knien klebt Schlamm, als hätte er auch noch versucht, auf einer der Kühe Rodeo zu reiten. »Felix, morgen ist Banja angesagt – Waschen, deine Hose sieht aus, als hätte eine Kuh sie gefressen und wieder ausgekotzt.«

»Hahaha, gefressen und ausgekotzt«, Felix amüsiert sich, seine Augen leuchten so weiß wie seine Zähne, Felix scheint wirklich in seine Kindheit zurückgekehrt zu sein, zumindest heute Abend. Und vor uns bricht die untergehende Sonne noch einmal durch die Wolken. Ein riesiger, warmer, orangefarbener

Schatten, der ganz langsam hinter dem Horizont ins Nichts fällt. »Ist die Sonne größer als die Erde?«, fragt Felix.

»Ein paar hundertmal größer«, mutmaße ich.

»Wie weit ist die Sonne weg, kann man dahin fliegen?«

»Nee, bis dahin wärst du über hundert Jahre unterwegs.« Felix fragt, als wäre er wieder endgültig Kind geworden. Schön. Bloß dumm für mich, dass jede seiner Fragen neue astronomische Lücken in meiner Allgemeinbildung offen legt.

»Leben auf der Sonne Menschen?«

»Nee, Alter, da lebt niemand, weil die Sonne ein riesiger, pausenlos explodierender Feuerball ist.« So fühlen sich wohl Väter, denen ihr Sohn die ersten Löcher in den Bauch fragt. Aber Felix scheinen meine Antworten halbwegs befriedigt zu haben. Auch in ISE-Land neigen die Abende dazu, friedlicher zu sein.

»Darf Ruslan heute bei uns übernachten?«

»Ich gehe selbst noch mal rüber und besprech das mit Achmed.«

»Gut, ich bin auch noch mal bei den Tschetschenen. *Dawaj Ruslan!*«, wieder rennen er und Ruslan los, verschwinden hinter der halb fertigen Tschetschenengarage. Ich gehe hinterher. Tamara öffnet die Tür, sie sagt, Felix sei mit Ruslan in der Küche. Mich komplimentiert sie sofort ins große Zimmer, ich bin Gast, ein erwachsener Mann, die Küche ist etwas für Frauen und Kinder, die Küche der Tschetschenen habe ich nie gesehen.

Achmed richtet sich vom Sofa auf, die große Stube ist dunkel, offenbar hat er geschlafen. Er lächelt entschuldigend, in seinem blütenweißen T-Shirt und dem flaschengrünen Trainingsanzug. Raub-Adidas aus China, kaukasisch-sibirischer Freizeitdress. »Kalt hier drinnen«, grinst er, »aber wir haben noch kein neues Brennholz, wir sparen beim Heizen.«

Wir machen Small Talk: Wann Kai wiederkommt, wann ich wieder nach Moskau fahre, nach Deutschland, ich weiß keine rechte Antwort, Achmed hat offenbar auch keine erwartet. Er beginnt wieder über den Krieg in Tschetschenien zu reden, wieder über den Heldentod seines Schwagers, der als Partisan gegen die Russen gekämpft hatte. Als er keine Munition mehr hatte, stürzte er sich mit dem Messer auf den Feind. »Dieser Krieg ist schlecht, die besten, die tapfersten jungen Männer sind gefallen«, sagt Achmed. »Alles fing damit an, dass Stalin die Unseren deportieren ließ, 1944. Wären wir damals unabhängig gewesen, wäre uns das nicht passiert.« Es gibt nur wenig Sibirier, die gern über Politik reden. Achmed, der Tschetschene, gehört dazu.

Achmed kam vor 43 Jahren in Kasachstan zur Welt. Im Zweiten Weltkrieg hatte Stalin das tschetschenische Volk kollektiv nach Zentralasien verschickt, um tschetschenische Sympathien für die 1942 bis in den Kaukasus vorgerückten deutschen Truppen zu bestrafen. In den sechziger Jahren durften die Tschetschenen in ihre Heimat zurück, Achmed ging dort neun Jahre lang zur Schule, danach lernte er das Bauhandwerk und zog als Wanderarbeiter durch die Sowjetunion. Er schuftete auf Baustellen in der nordsibirischen Nickelstadt Norilsk, in Kasachstan und im Ural, im Sommer war er auf Montage, im Winter zu Hause in Tschetschenien.

Achmed entwickelte Organisationstalent, brachte es bis zum Vorarbeiter einer Baubrigade von vierzehn Mann. Sie bauten Kolchosspeicher, Lagerhallen, Garagen. 1987 kam er mit seiner Brigade nach Oni, wo er Ställe und Wohnhäuser für die Kolchose errichtete. Die Leute im Kreis Partisansk erzählen, es habe hier damals eine Menge kaukasischer Baubrigaden gegeben. Viele Kolchosvorsitzende seien korrupt gewesen. Um Baugelder zu unterschlagen, hätten sie mit den Fremden aus dem Süden gemeinsame Sache gemacht, mit denen es leichter gewesen sei zu gaunern als mit Einheimischen. Das mag stimmen. Es mag aber auch Ausdruck der allgemeinen russischen Abneigung gegen die *tschurki*, die »Schwarzärsche« aus dem Kaukasus, sein. Jedenfalls war die Kolchose in Oni so zufrieden mit Achmed und seiner Brigade, dass sie immer wieder eingeladen wurden.

Sofia kommt, bringt pfannenwarme *beljaschki*, knusprig gebratene Teigbällchen mit Hackfleisch. Achmed steht auf, holt eine Wodkaflasche aus dem Schrank über dem Fernseher. Der Fernseher läuft, Achmed hat eines seiner Lieblingsvideos eingeschaltet, ein tschetschenisches Neujahrskonzert: Eine wespentaillenschlanke brünette Schönheit trällert einen Schlager, hinter ihr tanzen junge Tschetschenen, das Kinn stolz und hoch gereckt über den geschlossenen Kragen ihrer Volkstrachten. Ethno-Pop würde das bei uns heißen. Achmed stellt die Flasche auf den Tisch. »*Uj*«, sage ich auf Sibirisch, »ich trinke aber nur ein Glas, ich muss gleich Felix ins Brett bringen.«

»Wie du willst.« In Achmeds Stimme schwingt Bedauern mit. »Mit dir ist gut trinken, weil wenn die Russen trinken, dann wollen sie sich prügeln, das hätte es in Tschetschenien nicht gegeben.«

1991 brach die Sowjetunion zusammen und mit ihr die bunt schillernde sowjetische Völkerfreundschaft. Sämtliche Sowjetrepubliken erklärten sich für unabhängig, Nationalismus machte Mode, auch das kleine Tschetschenien forderte Unabhängigkeit von Moskau. Im Dezember 1994 brach Krieg aus zwischen Russland und dem rebellischen Tschetschenien, ein grausamer Krieg wie alle Partisanenkriege. Russische Raketenwerfer beschossen auch Achmeds Dorf, auch dort flogen russische Eierhandgranaten in die Wohnhäuser. Im Sommer 1995 brachte Achmed seine Frau und fünf Kinder nach Oni. Die Sibirjaken empfingen sie ohne Feindseligkeit, die Tschetschenen wohnten wie sie in einem Holzhaus, wühlten in den Kartoffeln, züchteten Kühe, züchteten Schafe, schickten ihre Kinder zur Schule. 1996 endete der erste Tschetschenienkrieg mit Tschetscheniens faktischer Unabhängigkeit von Moskau. Achmed und seine Familie kehrten nach Hause zurück. Aber im Herbst 1999 marschierten die Russen wieder in Tschetschenien ein, wieder war Krieg, wieder zogen Rollkommandos handgranatenwerfend durch die Dörfer, wieder flohen Achmed und die Seinen nach Oni.

In die sibirischen Wodkagläser passen immer 100 Gramm hinein, aber Achmed schenkt beide nur halb voll. »Auf den Frieden!« Im Gegensatz zu vielen Kaukasiern ist Achmed kein Freund langer Trinksprüche. Ich trinke nur halb aus, um zu unterstreichen, dass mit mir heute schlecht trinken ist.

»In Tschetschenien wollen die Russen jetzt Kadyrow zum Präsidenten machen. Der war früher selbst Rebell, hat als Mufti den Heiligen Krieg gegen Russland gepredigt«, ereifert sich Achmed derweil. »Und dann hat er das Volk verraten und ist zu den Russen übergelaufen.«

Das Konzertvideo ist abgelaufen, Achmed steht wieder auf, schiebt eine andere Videokassette ein. Auch das Video kenne ich. Die erste Schlacht um Grosny, Dezember 1994. Junge Männer laufen mit Gewehren und Kalaschnikows herum, Verletzte werden weggeschleppt, irgendwo dröhnt die russische Artillerie, das Krachen eines staub- und stahlspritzenden Einschlages verschlägt einem Fernsehreporter die Sprache. Volkstanz und Raketenbeschuss, mit diesen Bildern hält Achmed die Erinnerung an die Heimat wach.

Ich bringe das Gespräch auf Felix. »Habt ihr keine Angst, dass der Umgang mit Felix Ruslan verdirbt?«

»Ach, das fragen meine tschetschenischen Freunde in Krasnojarsk auch. Aber keine Sorge«, Achmed winkt ab. »Nach Neujahr kommt Ruslan nach Tschetschenien. Tamara schicken wir auch zurück, ist ja Zeit, dass sie heiratet. Die Kinder sehnen sich nach Tschetschenien, wir wollen alle zurück, besser zu Hause Schwarzbrot essen als in der Fremde sitzen.«

»Und ihr habt die Nase nicht voll von Felix?«

»Soll Felix doch weiter zu uns kommen, man darf so einem Kind nicht wehtun. Ich mag ihn, er hat Charakter. Aber seine Flausen treibt ihr Felix auch nicht aus.« Wie lange hätten sie versucht, ihm klar zu machen, dass er sie nicht bestehlen dürfe, nachdem er ihnen mehrere hundert Rubel Kindergeld geklaut hatte. Er aber machte sich über ihre Hühner her, eins warf er Tschulpan lebendigen Leibes zum Fraß vor. Dann stahl er Sofia ein Kleid, versuchte es im Dorfladen zu verkaufen. »Wir sagen ihm jedes Mal, er soll nicht allein bei uns im Hof rumlaufen. Aber er hört nicht.«

Niemandem im Dorf spielt Felix so übel mit wie den Tschetschenen. Niemand hier begreift so gut wie sie, dass er nicht so lieb ist wie sein Lächeln. Aber die Tschetschenen behandeln Felix mit der gleichen Nachsicht wie das ganze Dorf. Nur dass ihre Nachsicht von Resignation getränkt ist. »Aber seine Flausen treibt ihr Felix auch nicht aus«, das sagt Achmed fast jedes Mal, wenn er über Felix spricht. Sein Urteil klingt undramatisch, aber auch ziemlich hoffnungslos.

Sofia kommt wieder herein, sie bringt eine Schüssel voll goldgelbem Rührei. Ich frage auch Sofia, ob sie nicht fürchtet, dass Ruslan unter Felix' Einfluss leidet. »Ruslan will sich nicht mehr richtig waschen, seit er Felix kennt«, Sofias Lächeln ist eher unfroh. »Aber vor allem habe ich Angst, er fängt noch an zu rauchen.« Als sie wieder gegangen ist, kehrt Achmed mit seinen Gedanken wieder nach Tschetschenien zurück, erzählt, wie er seine Sofia gestohlen hat: »Sie war fünfzehn, ging noch zur Schule, als ich sie kennen lernte. Bei uns in Tschetschenien sind die Sitten noch streng, da darf ein junger Mann ein Mädchen nicht anrühren. Wir sind mit ein paar Mann im Auto vorbeigefahren, ich bin ausgestiegen: ›Komm, wir wollen dich mitnehmen‹, sie hatte nichts dagegen. Wir haben sie dann in mein Dorf zu meinen Verwandten gebracht und dann die Brautwerber zu ihren Eltern geschickt.«

Achmed freut sich über sich selbst. Brautraub gilt in Tschetschenien als besonders ehrenvolle Art der Werbung, der Freier riskiert den Zorn und die Blutrache der Familie seiner Auserwählten. Aber gleichzeitig zeigt er, dass es ihm todernst ist. Bis zur Hochzeit haben sie nicht einmal Händchen gehalten, aber das ist zu selbstverständlich für Achmed, um ein Wort darüber zu verlieren.

Es ist dunkel, als Felix und ich nach Hause gehen. Auch Felix ist bei den Tschetschenen satt geworden, Kochen entfällt heute.

»Stefan, heute bleibe ich mal länger auf!«, Felix erinnert mit sehr bestimmtem Ton, welches Spiel hier gespielt wird.

»Nix da, gleich kriegst du deine Gutenachtzigarette – wenn du bist dahin nicht mehr fluchst. Und ab ins Bett!«

»Mann, bei Kai darf ich am Wochenende auch länger aufbleiben.«

»Davon hat Kai mir aber nichts gesagt.«

»Du bist doch bloß hier, um mich zu ärgern!« Felix' Stimme schrillt, um gleich wieder betont gleichgültig zu klingen. »Na gut, dann gehe ich jetzt schlafen, ohne Zigarette.«

Was, keine Gutenachtzigarette? Ist Felix krank? Oder ist das auch wieder Taktik? Er macht genau das Gegenteil von dem, was ich erwarte; »paradoxe Intervention«, nur dass diesmal das Kind den Betreuer zum Staunen bringen will.

Es klopft an der Tür. Sofia steckt ihren grünrotbetuchten Kopf zur Tür hinein: »Stefan, ich hab ganz vergessen zu fragen: Habt ihr keinen Tacho hier? Unserer ist kaputtgegangen.«

»Wie, der vom Auto?«

»Nein, der zum Schnapsbrennen.«

»Wozu braucht ihr denn da einen Tacho?«

»Damit messen wir den Alkoholgehalt.«

Schnapsbrennen gehört zu jedem guten Haushalt im Dorf wie eingemachte Marmelade und saure Sahne. Da sind auch die Tschetschenen keine Ausnahme. Wenn es um Samogon geht, lassen sie Allah einen guten Mann sein, da ähnelt der nordkaukasische Islam dem rheinischen Katholizismus.

»Was wollte die denn?« Sofia ist gegangen, leider hatte ich keinen Tacho für sie, jetzt steht Felix wieder am Tisch. Er hat wohl doch beschlossen, dass seine Intervention etwas zu paradox gewesen ist. Er setzt sich. »Darf ich noch 'nen Saft?« Er gießt sich ein Glas Orangensaft ein, viel Durst scheint er nicht zu haben, er nippt nur daran. »Weißt du«, er stellt das Glas wieder hin, »Ruslan fängt auch schon an zu zocken.« Felix legt Kais Schweizer Taschenwerkzeug, ein echtes »Victorinox«, auf den Tisch, »das hatte Ruslan in seiner hintersten Tasche.«

Oh nein! Alle *beljaschki* und das Rührei in meinem Magen werden zu Beton. Felix Gnadenlos, tausendmal nennt er Ruslan »meinen besten Freund«, um ihn dann ohne Wimpernzucken zum Dieb zu erklären. Vielleicht büßt Ruslan jetzt dafür, dass ich Felix wegen seiner Nutella-Aktion so beschimpft habe. Vielleicht haben sie sich gestritten. Vielleicht hat Felix auch einfach nur Lust zum Rufmord. Er scheint Rufmord zu mögen. Ob es um den Ruf seiner Freunde geht, seiner Feinde oder den eigenen Ruf. Felix erzählt kichernd, Mischa habe ihn in den Hintern gefickt, Felix zieht durchs Dorf und beklagt, Kai sei dauernd betrunken und schlage ihn, Felix verkündet, er habe die zehnjährige Sonja im Dorfteich ersäuft.

Soll ich Felix jetzt anbrüllen: Du Schweinehund, du sollst nicht falsch Zeugnis ablegen wider deinen Nächsten! Ruslan würde nie klauen; wenn, dann hast du ihm Kais Victorinox in die Tasche gesteckt, da bin ich mir sicher! Aber beweisen kann ich ihm gar nichts.

Die Kinder in ISE-Land lügen offenbar aus Prinzip. Sie lügen, um ihre Nächsten zu verunglimpfen, sie lügen aber auch ohne jeden taktischen Nutzen, verleumden sich selbst, Felix etwa hat schon den Diebstahl von CDs gestanden, die Kai danach unangetastet im Regal fand. Die Kinder lügen wie Pippi Langstrumpf, ein fröhliches Spiel mit der Unwahrheit, sie lügen auch wie Jakob im Alten Testament: berechnend, zum eigenen Nutzen, zum Schaden ihres Bruders.

Jan
Oni, Januar 2002

Am Samstag nach Kais und Jans Rückkehr war in Oni wieder Disco. Jan hatte die ausgefransten Enden seiner Hosenbeine allein umgenäht, um sie wieder salonfähig zu machen, notdürftig, aber selbstständig. »Er hat mich richtig beeindruckt«, sagte Kai. Kai war guter Laune, Jan hatte den ganzen Tag keinen Streit angezettelt, er und Kai hatten sich vernünftig unterhalten über Vera. Man durfte hoffen.

Im Schnee vor der Disco stellte sich Kai und mir ein magerer Bursche mit bösem Blick in den Weg.

»Na, du sprichst wohl kein Russisch?« Er hatte es auf mich abgesehen.

»Doch.«

»Und warum hast du gerade kein Russisch gesprochen?«

»Weil mein Freund und ich beide besser Deutsch als Russisch sprechen.«

»Heil Hitler!« Auch er zeigte Deutschkenntnisse.

»Hitler kaputt!«, antwortete ich.

Er lachte wie die anderen jungen Männer, die dazugekommen waren. Später erfuhr ich, dass er einer von denen war, die vor zwei Jahren einen deutschen Betreuer im Haus an der Dscherschinskijstraße mit dem Messer attackiert hatten, weil er ihnen kein Geld für Wodka geben wollte.

»Trink!« Er holte eine fast leere Wodkaflasche hervor und goss den Rest in den abgeschnittenen Boden einer großen Plastikbierflasche. *Samogon.*

»Trink's leer, das ist der letzte.« Eines der üblichen Rituale aggressiver jungrussischer Gastfreundschaft. Ich schüttete etwa 80 Gramm Selbstgebrannten auf ex hinunter, er brannte, schmeckte leicht nach Super-Benzin. Aber die Jungs freuten sich, Prüfung bestanden, die Friedenspfeife war geraucht. Drinnen stand Jan wieder unschlüssig an der Wand, aber immerhin schon im Tanzsaal, der heute voll war. Um Jan hatten wir hier wenig Angst, gingen wieder hinaus, Kai wollte rauchen.

Vor dem Kulturhaus prügelte man sich. Genauer, es prügelte sich nur einer, ein wirr blonder Junge mit nacktem Oberkörper, vielleicht 15 Jahre alt, bestes Crashkid-Alter. Sein Oberkörper, der nur aus Haut, Knochen und Muskeln zu bestehen schien, war nackt, sein Rücken zerschunden, rot vor Blut. Er war völlig betrunken, stürzte sich immer wieder auf die Umstehenden. Zwei Jungs mit Pelzmützen packten ihn, hielten ihn fest, einer drückte ihn an seine Brust. »Bist du mein Bruder oder nicht?« Er versuchte ihn zu beruhigen, aber sein Bruder stieß und rempelte weiter, sie warfen ihn zu Boden, er strampelte, versuchte um sich zu schlagen, einer der beiden verlor die Geduld, schlug ihm nun auch ins Gesicht. Ein stupsnäsiges Mädchen, vielleicht seine Freundin, vielleicht seine Schwester, lief um das Knäuel herum, heulte, »Lasst ihn in Ruhe, bitte, lasst ihn in Ruhe, tut ihm nichts.« Sie ließen ihn los, das Mädchen griff heulend nach seiner Hand. »Tolja, komm doch, gehen wir nach Hause.« Tolja schlug ihr ins Gesicht, sie heulte wieder auf, hielt sich das Gesicht, »Auah, er hat mir einen Zahn ausgehauen!« Das Mädchen heulte noch lauter, während ihr Tolja halb nackt in die Dunkelheit davontorkelte.

Die Luft schien raus zu sein aus der Nacht. Drinnen wurde getanzt, Jan druckste jetzt mit Vera und Nadja und noch einem Mädchen im Vorraum herum, die Aufsichtsperson Kai langweilte sich. Ich beschloss heimzufahren, nach Partisansk; es war wärmer geworden, 14 Grad nur noch, morgen konnte ich skilanglaufen. Ich verabschiedete mich von Kai, kletterte in meinen Niwa.

Aber am nächsten Vormittag kam plötzlich Wind auf, der Himmel wurde schwarz, kleine, harte Schneeflocken, fast so hart und spitz wie winzige Hagelkörner, schossen mordlustig durch die Luft, füllten sie mit Unbarmherzigkeit. Dann fiel in ganz Partisansk der Strom aus. Die Landschaft draußen verwischte zu einem hellen, grauweißen Nichts, über dem der Schnee, wuchtig wie Gischt auf hoher See, brandete. Der erste und einzige Schneesturm, den ich in diesem Winter erlebte. Als er sich beruhigte, schneite es heftig weiter. Und die Skispuren waren verschwunden, das Skaten fiel mal wieder aus.

Nachmittags klingelte das Telefon: Kai. »Stefan, ich werde hier regelrecht belagert, von Betrunkenen, ein Dutzend etwa, sie klopfen gegen die Fenster, schreien herum. Kannst du kommen?« Kais Stimme klang ruhig, obwohl er Grund zur Angst hatte. Die verfluchte *isba* an der Uliza Dscherschinskogo. Vor zwei Jahren war sie schon einmal von Betrunkenen gestürmt worden. Drei, vier Mann, alle aus der Nachbarschaft. Sie verlangten von dem deutschen Betreuer, einem Russischlehrer aus der Ex-DDR, Schnaps oder Geld für Schnaps, schließlich sei er reich und sie arm. Er lehnte ab, begann mit ihnen zu diskutieren, einer holte ein Messer heraus, drohte damit; der Deutsche versuchte, es ihm zu entwinden, erlitt einen Messerstich in die Hand. Die Angreifer flohen, später nahm die Miliz sie fest, drei wurden zu Gefängnisstrafen verurteilt. Für Kai war das jetzt kein Trost.

Ich sauste in meinem Niwa los, der Himmel blieb weiter verschwunden, Schnee wirbelte von dort herab, wo sonst leuchtendes Blau oder Sterne hingen. Warum hatte ich Kai nicht überredet, in Markus' Haus an der Gorkijstraße umzuziehen?

Dort hatte es nie Probleme mit den Nachbarn gegeben. Aber dort gab es damals noch kein Telefon. Kai hing am Telefon, dem Tastenklick nach Deutschland, in die Zivilisation, wenigstens bis Partisansk. Das Telefon schien ein Stück Sicherheit zu garantieren. Gut, heute hatte er mich anrufen können, aber wenn er an der Gorkijstraße gewohnt hätte, wären es nur 100 Meter bis zu Mischa gewesen. Und zehn Meter bis zu Achmed. Die Nachbarschaft in der Gorkijstraße war einfach solider, vernünftiger, weniger versoffen, dort gab es mehr Malocher, weniger Trinker. Das Haus selbst war größer. Der Hof, aber auch die Küche und das Zimmer waren mindestens doppelt so groß, alles dort wirkte heller, aufgeräumter, die Decke schien doppelt so hoch zu hängen.

Als ich ankam, waren die Belagerer verschwunden. Kai öffnete mir die Haustür. »Alles in Ordnung, aber Jan ist völlig betrunken.«

Jan lag auf Kais Diwan, neben ihm saß Vera, auf der Erde stand ein Eimer. »Ich … biiin aaber … kaain Schwaain«, Jans Zunge bewegte sich noch langsamer als seine Gedanken, »daaas glaaich miit Schwaainereien aanfängt.« Das Weiß in seinen Augen war so trüb wie der Inhalt einer Wodkaflasche bei 30 Grad minus.

Schon vormittags hatte der Nachbar Kai besucht, die Nachbarin und ihre dicke Tochter im Schlepptau, er redete und redete auf Russisch, Kai konnte nur ab und zu ein »*ja ne ponimaju*« – »Ich verstehe nichts« – einwerfen, der Nachbar aber wurde immer wütender, je mehr er sprach, bis er vor Kai stand und die Fäuste schüttelte. Die Frauen zerrten ihn aus dem Haus. Ganz offensichtlich war auch der Nachbar auf Schnaps aus gewesen. Oder auf Geld für Schnaps. Kai verriegelte für alle Fälle nicht nur die Haustür, sondern auch das Hoftor.

Und tatsächlich: Ein paar Stunden später versammelte sich draußen im Schneesturm eine Schar schwarzer, teilweise schwankender Gestalten, sie lärmten und hämmerten gegen die Fensterscheiben. Das war, als Kai angerufen hatte. Aber dann hörte er aus ihrem Geschrei immer öfter den Namen »Jan« heraus. Jan war seit Stunden im Dorf unterwegs, und die draußen riefen vermutlich nicht pausenlos seinen Namen, um ihn zur Schneeballschlacht einzuladen. Kai öffnete. Draußen vor dem Tor lag Jan auf einem Holzschlitten, er hatte gerade in den Schnee gekotzt und lallte nur noch.

Im Verlauf des Nachmittags brachte er so etwas wie seine Version der Ereignisse zusammen. »Zwei Häuser weiter, da wollte ich gerade vorbeigehen, da hat mich so eine dicke hässliche Schlampe ins Haus gezogen, drinnen waren alle am Trinken … das war die Familie, die hier auch mal mit dem Messer reingekommen ist … die haben die Tür zugehalten und mich gezwungen mitzutrinken, ich musste fünf Wassergläser trinken oder acht … zwanzig Rubel haben sie mir abgezogen und Zigaretten … Ich fühle mich, als hätte mich so ein Riesentraktor über den Haufen gefahren.« Er fing an zu weinen. »Ich bin doch so blöd, wie ich gedacht habe.«

Er schlief ein, Vera saß neben ihm, strich ihm unbeholfen übers Haar, er wachte wieder auf, jammerte weiter. »Mann, bin ich betrunken, Mann, bin ich blamiert, morgen lacht mich das ganze Dorf aus.«

Kai und ich mussten grinsen, diese Art, Bekanntschaft mit dem Samogon zu machen, war vielleicht die beste. Natürlich war es eine Gemeinheit der Alkis, ihn so abzufüllen. Im Gegensatz zu den Malochern achten sie beim Saufen darauf, dass sie selbst möglichst viel abbekommen. Mehr als ein Wasserglas haben sie nicht so ohne weiteres für einen Gast übrig. Offenbar war Jan Opfer ihrer Rache geworden, ihrer Art von Rache an den Deutschen, deretwegen schließlich einige Säufer im Knast gelandet waren.

Aber die Übelkeit, Ohnmacht und der Selbstekel, den Jan jetzt durchlebte, mochte ihm die Lust am Schnaps gründlich verderben. Projektkinder, die anfingen zu trinken – das war ISE-sibirische Erfahrungsregel –, waren hier erledigt, die konnte man nur noch nach Hause schicken oder ins puritanische Schweden. Wir aber hofften, das Taufbad im Samogon habe Jan gegen weitere sibirische Feuchtfröhlichkeiten immun gemacht.

Drei Tage lang fiel kein Schnee, es war keine 20 Grad kalt, endlich konnte man in Partisansk wieder Ski laufen. Ich fuhr erst abends nach Oni, und als ich ankam, war Jan wieder mal unterwegs. Kai und ich tranken Tee, er erklärte mir, warum der am Everest abgestürzte englische Bergsteiger Mallory doch mit Bestimmtheit nicht den Gipfel erreicht hatte: Kurz unterhalb des höchsten Punktes der Erde hing eine überstehende Wand, nur ein paar Meter hoch, später »Mallory-Step« getauft, die praktisch nicht zu überwinden war. Erst vor ein paar Jahren hatte ein Freestyle-Climber sie aus eigener Kraft bewältigt, die Fachwelt schloss aus, dass der erschöpfte Mallory dieses Kunststück damals habe vollbringen können. »Mallory musste ganz einfach aufgeben, kurz unterhalb seines Zieles«, seufzte Kai, »und beim Abstieg ist er dann mit seinem Gefährten zusammen tödlich abgestürzt.«

Die Tür wurde aufgerissen, Jan polterte herein. »Ich biin nicht lange da … Ich will aaigentlich nur wiissen, wann hooite die Disco anfängt.« Er war wieder betrunken, nicht so hoffnungslos abgefüllt wie vor drei Tagen, aber doch lahmte seine Stimme, die Worte kamen schwer, weich und schräg aus seinem Mund. »Mein Magen ist im Moment ganz warm, aber ich bin nicht betrunken. Ich seh dich einzeln; als ich betrunken war, hab ich dich doppelt gesehen.«

Jan trug seine grüne Fila-Sportmütze, seine dunkelgrüne Winterjacke mit dem kaputten Reißverschluss, eine schwarze Jeans und ein dunkelgrünes Sweatshirt, Dunkelgrün war seine Lieblingsfarbe. Er machte sich einen Joghurtbecher auf, 500 Gramm, und fing an, ihn mit einem Esslöffel leer zu schaufeln. »Gehe ich eigentlich noch grade?« Er war wieder bei den Säufern gewesen, hatte sich wieder betrunken.

»Wir lassen dich in dem Zustand nicht in die Disco«, sagte Kai.

»Am besten legst du dich ins Bett und schläfst dich aus«, sagte ich.

Jan stand in der Küche, die Trunkenheit schien ihn milde zu stimmen. »Ich bin aber spätestens halb zwölf wieder hier und werde keinen Unfug mehr anstellen«, verkündete er.

»Du bist betrunken«, sagte ich.

»Ich bin angetrunken.«

»Du bleibst jetzt hier, du gehst jetzt nicht mehr raus.« Kais Stimme klang noch leiser, noch ruhiger als sonst. Er ging hinüber zur Tür, Jan schenkte sich ein Glas Orangensaft ein.

»Ich muss aber noch zu Vera.«

»Von Vera hast du dich doch getrennt.«

»Ich hab mich noch nicht getrennt, jetzt lass mich bitte raus!« – Das verbale Vorgeplänkel zur letzten Schlacht. »Okay«, sagte Jan, er ging zum Küchenfenster, versuchte dagegen zu treten, vergeblich. »Was ist das hier für ein Scheiß?« Er griff nach einem der massiven Birkenholzschemel, einen halben Meter hoch, fünf, sechs Kilo schwer, schlug ihn gegen das splitternde Fensterglas, aber um die Außenscheibe zu beschädigen, war er zu betrunken. »Lass mich hier raus«, brüllte er, seine Stimme hatte wieder einen bösen Klang. Er drehte sich mit erhobenem Hocker Kai zu, »lass mich hier raus«, aber da hatte Kai den Weg zur Tür schon geräumt – schweigend, mit verschränkten Armen, der Bergsteiger, der auf den Mallory-Step blickt, bevor er sich umdreht zum Abstieg. »Ich lasse mich nicht einsperren«, raunzte der Junge. Jan hatte den Schemel fallen gelassen, den Kopf gesenkt, hielt Kai Arm und ausgestreckten Zeigefinger entgegen, »nicht in der Klapse, und hier auch nicht.« Auch diese letzte Szene hatte etwas Theaterhaftes.

Kai winkte ihn hinaus: »Komm, Jan, geh raus, verpiss dich.« Kais Worte waren so leise, dass sein Schweigen danach lauter zu sein schien.

»In diesem Augenblick«, sagte Kai fünf Minuten später, »habe ich für mich beschlossen, dass das Projekt vorbei ist.« Wieder Schnaps, wieder Gewalt, nach einem Monat in Sibirien war Jan dort angekommen, wo die simplen Gesetze der *alkaschi* galten: Saufen bis zum Umfallen oder bis zum Umsichschlagen! Das Spiel war verloren, gründlich, nach allen ISE-Regeln, nach allen Regeln Sibiriens.

Eine halbe Stunde darauf kam Jan zurück. Als Kai die Tür öffnete, zog der Junge eine Eisenstange aus dem Ärmel, Kai stieß ihn zurück und verriegelte die Tür. Jan randalierte, rannte wieder weg.

Wir begegneten ihm erst zwei Stunden später, in der Disco, nüchterner. Langsam schien er zu begreifen, dass er Sibirien totgesoffen, totgeschlagen hatte.

»Kommt Jan nächste Woche wieder zur Schule?«, fragte mich ein Junge.

»Ich glaube nicht, dass Jan nächste Woche noch hier ist«, antwortete ich auf Russisch. Eigentlich hätte Jan meine Antwort nicht verstehen können. Aber in seinem Gesicht fiel etwas in sich zusammen, seine Augen wurden leer.

Ich habe einmal einen jungen Zobel gesehen, der in ein Fangeisen geraten war. Das kräftige, quirlige Tier steckte mit einer Pfote darin, wand sich, zappelte. Ich weiß nicht, ob Zobel schreien, bellen, quietschen – dieses schwig. »So ein schöner, so ein junger, noch zu dumm, um aus der Falle zu kommen«, spottete einer der Jäger. Der Zobel kämpfte stumm weiter, zerrte an sich selbst, kämpfte gegen Schmerz und Angst, um Freiheit und Leben. Und in seinem perlschwarzen Blick lag damals das gleiche ratlose Erkennen wie jetzt in Jans Augen. Der Moment, in dem der ISE-Krieger begreift, dass er sich selbst besiegt hat. Er war Kai losgeworden. Aber dafür hatte er das Dorf, Vera, Sibirien verloren.

Jan hatte immer wild um Freiheit gekämpft. Und seine kleine sibirische Freiheit hatte er in vollen Zügen gelebt. Aber richtig frei kam er nie, hing doch fest in den Stahlzähnen seiner Feindschaft gegen Kai. Gegen alle, die ihm beibringen wollten, dass jede Freiheit Grenzen hat, dass er sich selbst einschränken, Kompromisse eingehen musste. Stahlzähne des Hasses, der Angst, des Misstrauens, die lange zuvor in eine wehrlose Kleinkinderseele gestoßen worden waren. Für die Zobel hieß das Fangeisen Tod, Jan aber mochte ein Leben lang darin festhängen.

Und ein drittes Mal Telefonate mit Deutschland, auch Klaus gab sich keine Mühe mehr, Kai umzustimmen, Markus versuchte es erst gar nicht, obwohl aus seiner Stimme Enttäuschung klang. »Dass ihr immer alles entscheidet, wenn ich nicht da bin.« Das Spiel war vorbei. Jan hatte gewonnen, das hieß, alle hatten verloren.

Jetzt musste Kai einen möglichst geordneten Rückzug organisieren. Er befürchtete, Jan würde Amok laufen. »Der weiß, zu Hause wartet nur die Klapse auf ihn. Was hat er noch zu verlieren?« Wir beschlossen, Jan zu überlisten, um ihn ohne Mord und Totschlag ins Flugzeug zu kriegen. Wieder baten wir Oleg Olegowitsch, den Dorfmilizionär, um Hilfe. Ob er nicht kommen könne, um Jan noch einmal die Leviten zu lesen. Er solle ihm doch bitte androhen, die Miliz würde ihn wegen seiner Missetaten einsperren, wenn er nicht innerhalb von 48 Stunden die Russische Föderation verlasse. »Gut, kein Problem, ich komme heute Mittag vorbei.«

Der gute Olegowitsch, Mischa hatte ihn ja schon nach dem Skandal mit Natascha mobilisiert. Damals baute sich der Gesetzeshüter vor dem lässig auf einem Küchenhocker sitzenden Knaben auf, brüllte ihn an, er solle gefälligst aufstehen, verpasste ihm mit dem Gummiknüppel einen Klaps auf den Oberschenkel und drohte ihm wegen Rowdytums Gefängnis an. Eine Neuauflage dieser Show sollte unsere Story von der Härte der russischen Justiz noch glaubwürdiger machen – und die Rückreise nach Deutschland als Rettung vor dem Jugendgefängnis in Krasnojarsk kaschieren. Wir schoben den Schwarzen Peter der russischen Staatsmacht zu. Aber Russlands Staatsmacht ist launisch. Olegowitsch war heute bester Stimmung. Und offenbar hatte er nicht richtig verstanden, was wir von ihm wollten.

»Junge, du hast dich also betrunken«, fing er auf Russisch an, ich übersetzte, Jan nickte, um einen reuigen Gesichtsausdruck bemüht.

»Na ja, kann ja mal passieren«, fuhr Olegowitsch fort, ich stutzte und fing an, statt zu übersetzen, zu phantasieren: »Und dann bist du wieder gewalttätig geworden.«

Jan nickte wieder, seine Miene war weiter mäßig reumütig.

»Gut, Junge, schau, dass das nicht noch einmal vorkommt.« Ich übersetzte, genauer log, immer schamloser: »Nach russischem Recht landest du für so was im Jugendstraflager.«

Jetzt fing der Dorfpolizist auch noch an zu grinsen: »Für Schnaps bist du doch noch zu klein. Gewöhn dir das Saufen erst gar nicht an, dann wirst du hier auch keine Probleme haben. Wir wollen doch alle in Frieden weiter miteinander leben.« Auf Deutsch klang das aus meinem Mund so: »Wir machen noch einmal eine Ausnahme. Wenn du innerhalb von achtundvierzig Stunden das Land verlässt, wirst du nicht verhaftet. Und viel Glück in Deutschland.« Der Milizionär reichte Jan grinsend die Hand, der schüttelte sie ebenfalls grinsend, ein halbwegs gelungenes Missverständnis. Jan glaubte danach wirklich, ihm drohe russisches Gefängnis. ISE-Krieg – auch die Betreuerseite manövriert manchmal mit Lug und Tücke.

Am gleichen Abend wollten wir aufbrechen. Tagsüber lief Jan durchs Dorf, mit verzweifeltem Gesicht und roter tropfender Nase, selbst seine unglaubliche Kälteimmunität schien zusammenzubrechen. »Stefan, weißt du, ob heute Eishockey ist?«

Jan und sein Eishockey, er hatte mir erzählt, er wolle unbedingt mit den Jungs hier Eishockey spielen, er habe ja auch in Deutschland und Irland den Schläger geschwungen. Er spiele richtig gut, könne Profi werden, in der NHL, dafür würde ihm sein Englisch noch dienlich sein. Aber zum Training war er nie gegangen.

Danach saß er bei den Nachbarn herum, auch Vera war dort. Ich ging hinüber, um ihn abzuholen. Das Zimmer war holzgrau, kein Fernseher, kein Video, aber heute blitzblank. Die Oma war da und die Mutter mit ihrer Säufernase und ihrem Körper, der in einem groben Pullover steckte wie in einem halb leeren Kartoffelsack. Und ihr Mann, genauer, ihr augenblicklicher Mann, hager, aber mit hellblauen, noch festen Augen, heute hatte er nichts getrunken. Dass da neben der dicken Tochter auch noch Vera mit unglücklichem Gesicht saß, kümmerte ihn nicht. »Einmal habe ich der Richterin eine Flasche Sekt geschenkt«, erzählte er. »Damit sie mich laufen lässt. Aber der haben sie die Tochter vergewaltigt, die kann keine Männer leiden, will sich an allen rächen. Sie hat gesagt, mit einer Flasche Sekt lasse sie sich nicht kaufen, und hat mich noch wegen Bestechung angezeigt. Zwei Jahre habe ich gekriegt. Aber dann gab es Amnestie.«

»Halt die Klappe«, fuhr die Mutter dazwischen, »kommt Jan jetzt weg?«

»Ja«, sagte ich.

»Kommt er gar nicht mehr wieder?«, fragte Vera. Sie hoffte noch immer, er würde – wie nach der Taiga – auch ein zweites Mal zurückkehren.

»Nein.«

»Ich hab ja gesagt, ihr sollt nicht so viel saufen«, schimpfte die Oma.

»Und kommt danach ein anderer Deutscher?«, fragte die Mutter. Sie interessierte vor allem, wann der nächste deutsche Junge mit Zigaretten und Taschengeldrubeln aufkreuzen würde.

»Keine Ahnung.«

Vera schwieg, aber ihr Gesicht war geschwollen und nass von Tränen. Und als Jan aufstand – »so, ich geh jetzt wohl mal« –, fing sie wieder bitterlich zu weinen an, sie hing an der Brust der dicken Tochter und weinte, weinte, wie ein Mädchen nur um seinen Geliebten oder Bruder weinen kann. Tränen der Liebe. Als ich mit Jan zum Auto ging, empfand ich wieder ein neues Gefühl: das schlechte Gewissen des Wärters, der den Verurteilten von seiner Geliebten wegführt.

Jan grinste nervös, als er rausging. »Mann, hat die vielleicht geheult. Mein ganzes T-Shirt ist nass.« Kam er nicht mit seinen Gefühlen klar, konnte er sie nicht zeigen, oder hatte er keine? Aber was blieb ihm anderes übrig, als Vera, Oni und Sibirien so schnell wie möglich zu vergessen? Er würde sie nie wiedersehen. Jan blieb nur seine Art von Tapferkeit. Kai lieferte ihn in Deutschland dort ab, wo er ihn abgeholt hatte: in der Psychiatrie.

»Das war schon beeindruckend, wie cool er in sein Zimmer hineingestapft ist«, erzählte er mir später. »Wie Paul Newman als Ausbrecherkönig in seine Gefängniszelle.« Der Krieger Jan würde seinen Kampf weiterkämpfen. »Ich glaube nicht, dass er als Sozialhilfeempfänger endet«, sagte Kai. »Ich würde mich nicht wundern, wenn wir von ihm noch in der *Bild*-Zeitung lesen.«

Kai war in den letzten Tagen mit Jan schweigsam. »Vielleicht hätte ich aktiver sein müssen, vor allem im Dorf«, meinte er. Gescheitert an Sibirien, an Jan, an der eigenen Passivität. Aber wie hätte er im sibirischen Winter aktiv werden können? Holz oder Wasser schleppen, einkaufen? Das Einzige, was Kai wirklich versäumt hatte, war, hinter Jan herzulaufen, seine Kreise, seinen Umgang im Dorf zu erkunden, zu kontrollieren oder zu stören. Und genau da hatte auch ich versagt. Für mich, den Russisch sprechenden Reporter, wäre es viel leichter gewesen, die Schlupflöcher im Dorf zu finden, in denen Jan während seines Partisanenkrieges immer wieder verschwunden war.

Auch ich hatte zu viel mit Kai herumgesessen, hatte ihm zu wenig Vorschläge gemacht: zu handeln, die Nachbarn zu agitieren, einzuschüchtern, vielleicht sogar zu bestechen, um ihre verderbliche Kumpanei mit Jan zu beenden. Oder das Haus, vielleicht sogar das Dorf zu wechseln. Aber selbst wenn wir pausenlos an Jans Fersen gegangen hätten, selbst wenn wir allen Samogon aufgekauft hätten, der im Dorf gebraut wurde, hätte es geholfen? In die Enge getrieben, hätte Jan Kai wohl nur noch heftiger, noch gewalttätiger attackiert. Außer dem Frost hatte auch ISE-Räson Kai zum Warten verdammt.

Er war niedergeschlagen, ein gescheiterter Gipfelstürmer, aber kein abgestürzter. Sein Ehrgeiz war ungebrochen. Er fuhr weg, um wiederzukommen, mit einem anderen Kind.

Felix

Felix raucht seine Gutenachtzigarette. Er sitzt auf der Ofenbank, hat sein Gesicht zu einer Grimasse des Genusses verzogen, die _Tupolew_ glimmt auf, glimmt ab, ich betrachte Felix, Felix betrachtet mich, er bläst den Rauch Richtung Kamin, kichert. »Mann, Stefan, wenn du deine Falten verziehst, siehst du aus, als hätten sie dich gerade aus dem Altenheim laufen lassen.«

Felix, du Hundesohn, denke ich, du solltest auch mal das Schöne in den Menschen sehen. Aber die Falten sind da, der Knilch hat diesmal nur gesagt, was er wirklich sieht.

Der erste Tag, die erste Runde ist vorbei, nach Punkten liege ich gar nicht schlecht, habe ich das Gefühl. Schade, dass es in diesem Spiel keinen Punktrichter gibt. Aber Felix hat aufgehört auf Russisch zu fluchen, hat drei gestrichene Zigaretten ohne Tobsuchtsanfall verkraftet, die tote Katze ist auch verschwunden, beim Wasserholen musste ich sie nicht aus dem Brunnen fischen. Natürlich, er hat sich beim Nutella-Essen danebenbenommen, die Kühe gehetzt, Ruslan verleumdet. Aber wie ein Betreuer namens Kai seinem Jugendlichen namens Jan einmal erklärte: »Du bist ja nicht in Sibirien, weil du Schweißfüße hast.«

Felix ist fertig mit seiner Zigarette: »Wenn ich gar keine Zigarette mehr kriege, haue ich hier ab, aber ganz.«

»Hör auf zu fluchen, dann kriegst du deine Zigaretten.«

»Ach ja, bald ist Kai wieder da«, Felix seufzt versonnen. »Dann wird alles wieder besser.«

Ich unterdrücke ein Grinsen: Kai, von Felix täglich geschmäht, wie schade, dass er das nicht hören darf. »Ja, aber auch wenn Kai da ist, gehst du um zehn ins Bett. Und jetzt ist es zehn Uhr. Los, Zähne putzen.«

»Oh Mann«, Felix zieht die Stirn herab, die Nase hoch, »morgen ist Wochenende, da kann ich ja wohl mal etwas länger aufbleiben.«

»Putz dir die Zähne.«

Er mault, sucht minutenlang nach seinem Zahnputzzeug, »diese verfackte Zahncreme, die ist nach jeder Reise weg.«

Seine Zeitschinderei nervt, ärgert, aber auch ich bin satt und müde und habe keine Lust, heute noch einen Wutausbruch zu veranstalten. Ich gebe ihm meine Zahncreme, er scheuert sich lustlos die Zähne, geht mit beleidigtem Gesicht ins Bett. Ich lese Felix noch zwei Seiten Harry Potter vor, auch nach acht Monaten sind Kai und Felix keine zweihundert Seiten weit gekommen. Irgendein böser Zauberer trachtet Harry nach dem Leben, Felix gibt Ruhe, das interessiert ihn, als wäre er sieben und keine dreizehn. Schönes Märchen, denke ich beim Lesen, Harry Potter hat Stiefeltern, die ekelhaft waren, einer ohne echtes Zuhause wie Felix. Aber Harry flucht nicht, raucht nicht, lügt nicht, ist kein Crashkid geworden, sondern ein moralisch mustergültiger Zauberlehrling.

»So, und jetzt schläfst du!«

»Darf Ruslan morgen bei uns übernachten?«

»Das sehen wir morgen.«

Ganz am Ende seines Tages scheint Felix wieder in seine Kindheit, eine ganz normale Kindheit zurückgekehrt zu sein. Er gähnt, er streckt sich, macht mir noch einmal große Augen. »Gute Nacht, Stewan.« Aber irgendwie kommt mir dabei auch Felix theatralisch vor.

Felix schläft. Der Ofen knistert. Irgendwo draußen bellt ein Hund. Aber das ist nicht der vielstimmige wölfische Chor, mit dem die Hundeschaft von Oni im Winter den Frost anheult. Freitagabend. In Moskau würde ich um diese Zeit mit Freunden telefonieren, um zu verabreden, wo wir vor zwölf Uhr nachts zum Essen gehen und in welchen Klub danach. Selbst in Partisansk könnte ich bei Grischa zum Abendessen vorbeischauen, 100 oder 200 Gramm Wodka mit ihm trinken, danach gucken, was heute in der Erwachsenenecke der Dorfdisco läuft. Ich aber sitze hier und hüte den Schlaf eines Monsterkindes, für das ich rund um die Uhr verantwortlich bin. Kai und die anderen schleppen diese Verantwortung monate-, jahrelang mit sich herum. »Du kannst eigentlich nicht mal allein mit dem Hund spazieren gehen«, hat Markus gesagt. »Stell dir vor, du kommst wieder, und dein Kleiner hat sich aufgehängt. Dann kannst du deinen Job als Erzieher vergessen.«

Ein blödes Spiel, wenn es überhaupt ein Spiel ist. Spiele haben nicht nur Pausen, sie haben auch ein Ende; 90 Minuten, zwölf Runden oder drei Gewinnsätze. Irgendwann gehen alle auseinander – die Spieler, das Publikum – und widmen sich wieder dem anderen, dem wirklichen Leben. Für die ISE-Spieler oder für die ISE-Krieger aber gibt es kein anderes Leben, Berufs- und Privatleben sind eins geworden. Und sie sind nie in Sicherheit, es gibt keine Ringecke, keine Kabine, sie wissen nie, was in der nächsten halben Stunde passiert. »Das hier ist kein Spiel«, hat Markus gesagt, »das ist Krieg«.

Ich blättere weiter im Heimatkundebuch. 60 Prozent des Kreises sind Wald, im Sommer wird es hier bis zu 38 Grad heiß, im Winter bis 51 Grad kalt. Von 13 641 Einwohnern sind 92 Prozent Russen, 2,5 Prozent Tataren, 2,3 Prozent Esten, ein Prozent Russlanddeutsche, 0,5 Prozent Ukrainer, 0,2 Prozent Kasachen, 0,2 Prozent Weißrussen, 0,2 Prozent Letten. Noch ein ziemlich sowjetisches Völkergemisch. Der erste Russe, der hier auftauchte, war ein gewisser Iwan Petrowitsch mit seinen Söhnen. Bauern, die nach der Aufhebung der Leibeigenschaft 1861 ihre Heimat an der Wolga verließen, um in Sibirien als freie Menschen zu leben. In Jenisejsk, einem der ältesten Städtchen im Gebiet Krasnojarsk, brachte es Iwan Petrowitsch bis zum Kosaken zu Fuß, dann zogen er und seine Söhne weiter, bauten 1875 die ersten Holzhütten von Partisansk.

Plötzlich springt Felix drüben in seinem Bett auf, fängt an zu rumoren: »Ich geh jetzt nach drüben!«

»Wohin nach drüben?«, rufe ich.

»Na, nach drüben, da musst du den fragen.«

»Wen fragen?«

»Na den, der mich in die Tomatensoße geschubst hat.«

Felix rennt hinaus, an mir vorbei, ein kleines, stämmiges Kind mit abwesendem Blick, das im Unterhemd in den Frost stürmt. Diesmal spielt er kaum. »He, Felix, warte.« Aber bevor ich in die Stiefel geklettert bin, kommt Felix schon wieder rein, mit dem gleichen in sich gekehrten Blick, er kehrt in sein Bett zurück, es wird wieder still im Haus. Weiß Gott, wer ihn da in Tomatensoße ersäufen wollte, weiß Gott, vor wem er geflohen ist oder wen er verfolgt hat, Felix kämpft Nacht für Nacht seine eigenen Kämpfe.

Die Neusiedler von Partisansk und ihre Kinder aber ackerten, säten, ernteten, viel mehr passierte nicht im Kreis im vorletzten Jahrhundert. Bis 1919, als auch hier der Bürgerkrieg aus-

brach zwischen den bolschewistischen »Roten« und den zaren-
treuen »Weißen«. »Die Zaristen drängten über die Brücke. Fünf
berittene Partisanen warfen sich ihnen entgegen. Diese Helden
fielen im Kampf, aber sie hielten die Angreifer so lange auf, dass
ihre Kameraden sich in den Wald retten konnten.« Der Autor
dieser Heimatkunde scheint noch ziemlich von der Sowjet-
macht überzeugt zu sein. »Die Zaristen rächten sie grausam.
Besonders wütete die Gattin des Obersten Klauso, auch die
schwarze Hexe genannt. Sie ritt auf ihrem weißen Pferd über
die Schützengräben und erledigte mit ihrer Mauserpistole die
Verletzten.«

Fotos gibt es leider nicht in dieser Heimatkunde, auch nicht
von der bestialischen Amazone mit ihrer rauchenden Mauser.
Stepan Iwanowitsch, der Schuldirektor, der die Kommunisten
nicht leiden kann, behauptet jedenfalls, die Heldentaten der roten Partisanen seien ziemlich aufgebauscht worden. Einige seiner Vorfahren hätten bei den Bolschewisten mitgemischt, aber
ohne großen Nutzen für den Kreis. »Die Zaristen haben meinen
Großonkel mit Peitschen verprügelt, er saß zwei Tage in einem
Fass mit kaltem Wasser und kühlte seine Wunden.«

Aber seit 1919 herrschte im Kreis Partisansk Frieden – wenn
man einmal davon absieht, dass fünftausend Männer in den
Zweiten Weltkrieg zogen, von denen die Hälfte nicht zurückkehrte.

SAMSTAG

Felix
Oni, Oktober 2002, 7 Uhr

Es klopft. Es klopft an der Tür, es klopft hohl und hölzern in meinen Schlaf hinein, ein heftiges, anhaltendes Klopfen. Der erste Gedanke, der durch die weiche Schwärze meines Bewusstseins taumelt, sagt, dass ich von den Besoffenen träume, die Kai belagern. Der zweite, dass die Besoffenen mich belagern. Unverschämt früh, die Leuchtzeiger meiner Armbanduhr zeigen halb sieben. Es klopft unverdrossen weiter. Ich komme auf die Beine, stolpere in meine *enzifaletka*-Hose hinein, dann in die Küche, schnappe mir den Schürhaken, krächze bemüht wütend: »Wer ist da?«

»Mach auf! Ich bin es, Grischa.«

Ich ziehe den mit Kordel umwickelten Riegelhaken aus seiner Öse, draußen auf der Schwelle steht Grischa Grigorjenko, mein Vermieter aus Partisansk, und staunt grinsend darüber, dass man samstags um diese Zeit noch schlafen kann.

»Hab ich dich geweckt?« Auch in Sibirien gibt es rhetorische Fragen.

»Ja, hast du«, mehr weiß ich noch nicht zu sagen, weiß Gott oder der Teufel, was Grischa so früh möchte, wen im Dorf er noch aus dem Bett getrommelt hat, um mich zu finden.

»Los, fahr mit, wir gehen Zapfen sammeln!«

Aha, Zapfen sammeln. Davon reden wir seit Wochen, jedes Mal, wenn ich Grischa sehe, jedes Mal habe ich zugesagt, dass ich mitkomme. Zapfen sammeln, genauer: Zirbelkiefernzapfen, ist eine herbstliche Lieblingsmühsal der Sibirier. In den Zapfen stecken kleine Nüsse, ihre weißen weichen Kerne scheinen auf der Zunge zu schmelzen. Sie sind der Kaviar unter den Nüssen, außerdem noch äußerst gesund, in Moskau kosten 100 Gramm dieser Nüsse umgerechnet drei Euro. Diesen Herbst hat es förmlich Zirbelkiefernzapfen geregnet, seit vier Wochen sammeln sechs Mann in der Taiga, sammeln und sammeln. Jetzt will ihnen Grischa Proviant bringen und die Säcke mit den bereits herausgeraspelten Nüssen abholen. Vielleicht auch die ersten Sammler, die die Nase voll haben von diesem Rekordzirbelkiefernzapfenherbst.

Wir würden bis ins letzte Dorf vor den Sümpfen im Osten fahren, ein Dutzend Häuser, in vier oder fünf lebten noch Leute. Dort würden wir in Grischas *tanketka* umsteigen, einen kleinen Schwimmpanzer, ursprünglich für geologische Expeditionen konstruiert, aber inzwischen unter der Jägerschaft hochpopulär: Nur mit solchen Amphibienfahrzeugen kommt man durch die Sümpfe, solange sie nicht zugefroren sind. Mit der *tanketka* würden wir uns 30 Kilometer durch den Sumpf arbeiten und noch einmal 50 Kilometer durch das Unterholz der Taiga, schon das ein Abenteuer. Bei Grischas neu gebauter Jagdhütte lüden wir ein und aus, abends säßen wir am Lagerfeuer und tränken Samogon. Und Sascha, der Förster, der beim Lachen das schlechteste Gebiss präsentiert, das ich je in Sibirien gesehen habe, trüge Gedichte vor, die ausschließlich aus russischen Schimpfwörtern beständen. Am nächsten Morgen würden wir zum Zapfensammeln ausschwärmen. Würden wir.

Aber wohin mit Felix? Mitnehmen? Zwei, drei Tage Zirbelkiefernzapfenlesen schaden auch seiner geistig-moralischen Entwicklung nicht. Wenn ich ihn abends rechtzeitig ins Bett bekomme, bevor Sascha zu seinen gefluchten Poemen anhebt. Aber ich weiß, Grischa nimmt Felix nicht mit. Nicht, dass er etwas gegen unsere Kids hätte, er hat Migo ja auch mit in die Taiga genommen. Aber das war im Winter, jetzt ist Herbst. Wenn Felix jetzt beim Sammeln, beim Spielen oder beim Pinkeln 100 Meter zu weit in die Taiga eindringt, hat er sich verlaufen. Ohne Schnee gibt es keine Spuren, keinen Anhaltspunkt für ihn zurückzufinden. Und für uns, ihn zu suchen. Auch Erwachsene können sich für immer in der endlosen Säulenhalle der Taiga verlieren. Grischas eigener Bruder ist beim Zapfensammeln einmal für zwei Tage verschollen.

»Ich kann nicht, Grischa, ich muss hier auf einen Knilch aufpassen. Der Betreuer ist nicht da.«

Grischa trägt es mit Gelassenheit, obwohl es nicht das erste
Mal ist, dass ich ihn und die Taiga wegen der Kids versetze. Die
Kids, ihretwegen bekomme ich Aljona dieses Wochenende wieder nicht zu Gesicht. Ihretwegen hatte ich es den ganzen letzten
Winter nicht geschafft, mit Grischa auf Bärenjagd zu gehen. Ihretwegen hocke ich abends meist in irgendeinem Projekthaus,
lausche den Lageberichten der Betreuer. Ihretwegen komme ich
irgendwie nicht richtig rein nach Sibirien oder gerate immer
wieder raus, rein ins ISE-Land.

»Verdammt, Grischa, es klappt aber auch nie. Wann kommt
ihr denn wieder? Ich rufe dich an, unbedingt.«

Grischa lächelt schulterzuckend. »Na gut, ruf an, *do swidanija*.« Er geht hinaus ins frostige Dunkel, ich zurück ins Bett.
Auch die Aufstehzeiten liegen in Sibirien und ISE-Land weit
auseinander.

Zweieinhalb Stunden später schreie ich: »Felix, aufstehen!« Felix schweigt. Draußen versilbert Raureif das blaue Leuchten des
Tages, die Handsäge mit dem grünen Griff ist in einer Pfütze
festgefroren. Ich schleppe zwei Armbeugen voll Birkenscheite
in die Küche. »Felix, raus aus dem Bett«, schreie ich, schiebe
Holz in den Ofen, »Felix, aufstehen!« Felix schweigt. Dann stehe ich mit einer Plastikkanne voll Wasser vor seinem Bett:
»Gleich wirst du mit einer kalten Dusche geweckt.«

Es kichert unter seiner Bettdecke, aus der nur ein roter
Schopf hervorguckt: »Ich brauche keine Dusche, ich bin schon
nass.« Nachts hat Felix nicht nur in Tomatensoße gebadet, er
hat auch ins Bett gepinkelt.

Die Jungs im Archipel ISE rauchen, saufen und fluchen
machomäßig. Aber nachts im Bett werden sie offenbar zu
Kleinkindern. Markus bekriegt die Bettnässerei seines Zöglings
mit einer allnächtlichen Rosskur: Er stellt den Wecker auf vier
Uhr morgens und treibt seinen Knaben mit Geschrei aus dem
Bett, hinaus aufs Klo zum Pinkeln. Aber auch er hat Freddy diese feuchten Unfröhlichkeiten noch nicht austreiben können.

Ich muss wieder an die Sorgen meiner Nachbarinnen in Partisansk denken. Anja aus dem ersten Stock hatte Lidija aus dem zweiten Stock und mich eingeladen, sie feierte ihren 36. Geburtstag. Wir tranken eine Flasche Sekt, *Sowjetskoje Schampanskoje*, süß, in den Läden von Partisansk gibt es nur süßen oder halbsüßen Sekt. Trockenen Sekt würden Anja und Lidija – wie vermutlich alle Frauen im Kreis – mit einem Gesicht schlucken, als bissen sie in eine ungezuckerte Rhabarberstange. Anja und Lidija waren allein erziehende Mütter, wie die meisten Frauen in unserem dreistöckigen Wohnhaus. Beide hatten Söhne, einer ging in die dritte Klasse, der andere in den Kindergarten. Und doch diskutierten die beiden schon, wie sie ihre Söhne vor der Armee retten könnten. Die Ärzte schmieren? Das kostete mindestens 30 000 Rubel, war für beide zu teuer. Ersatzdienst? Der war noch nicht eingeführt, aber es hieß, er würde doppelt so lange und noch unangenehmer als der Wehrdienst sein.

»Du musst«, erklärte Lidija Anja, »deinen Jungen schon jetzt im Kreiskrankenhaus anmelden: als Bettnässer! Bettnässer nehmen sie nicht in der Armee!« Sie hatte Recht: Besser an unechter Bettnässerei leiden, als in Tschetschenien von einer echten Tretmine zerrissen zu werden. Aber ich weiß nicht, ob sich die beiden Mütter wirklich gefreut hätten, wenn ihre Jungs tatsächlich ins Bett gepinkelt hätten.

Auch Felix, sein eigenes Opfer, hat sich selbst längst daran gewöhnt. Auf der Matratze liegen zwei Gummimatten, die Kai extra aus Deutschland mitgebracht hat. Aber Felix' Schlafsack ist durchnässt. Für die nächste Nacht hat er noch eine Steppdecke. Und heute wird er den Schlafsack in der Banja waschen.

»Na, Felix, stehen wir jetzt mal auf?« Ich versuche es mit guter Laune. »Oder haben wir heute fürchterliche Schmerzen in den hinteren Ohrläppchen?«

Auch der morgendliche Felix grinst. Er trägt ein noch weißes T-Shirt, eine graue lange Unterhose, hat eine der Gummimatten um seinen Bauch gewickelt, liegt auf seinem Bett und lacht. »Du verdammter Penner!«, jubelt er, als ich anfange, die Matratze unter ihm wegzuziehen. Eigentlich wieder unerlaubte Schimpfwörter, aber auf Deutsch und harmlos, und noch nicht böse gemeint. Erziehung, heißt es immer, ist vor allem Konsequenz, aber ich habe keine Lust, Felix diesen noch unschuldigen Morgen mit Zigarettenabzug zu versauen. Seine Augen sind jetzt hellwach, riesig und froh. Vor ihm liegt ein neuer Tag, ein Tag, der schon jetzt voller Sonne ist, voller Möglichkeiten, ein Tag zum Spielen, zum Scheißebauen, vielleicht auch ein Tag, um ein besserer Mensch zu werden. Sein Optimismus steckt an.

Draußen bückt sich Tamara, die Tschetschenentochter, wieder über die Wasserstelle. 20 Meter weiter steht Chassan, Achmeds Schwiegersohn, auf der Straße, Tamara ruft ihm etwas zu, er lacht. Mit Chassan spreche ich kaum, er spricht schlecht Russisch, ich kein Tschetschenisch. Aber Chassan würde auch wenig reden, wenn er fließend Deutsch spräche. Schon aus Respekt vor dem Schwiegervater, der immer in der Nähe ist. Da hat er nach den Gesetzen der Berge als Jüngerer die Klappe zu halten. Ein Gesetz, das erst recht für Kinder gilt – glücklicher Kaukasus.

Aber Chassan wirkt überhaupt sehr schweigsam. Er ist hoch gewachsen, athletisch gebaut, sein Gesicht erinnert an Silvester Stallone, nur dass es intelligenter ist. Weiß Allah, was er in Tschetschenien erlebt hat? Wie oft steht er am Abhang hinter den Häusern, die Hände in der Hosentasche, und blickt nach Süden, dort, wo auch nur Taiga und endlos blauer Himmel zu sehen sind. Und weiß Gott, wovor er geflohen ist, für wen er gekämpft hat – für die separatistischen Freischärler oder die prorussischen Milizen? Oder für niemanden. Vielleicht droht ihm sogar Blutrache. Aber eher die Verhaftung durch russische Soldaten. Die verschleppen junge Tschetschenen willkürlich, um dann von ihren Familien Geld zu kassieren – für die jungen Männer oder für ihre Leichen.

Felix steht im Türrahmen, barfuß, wirrköpfig, aber nicht ohne Tatendrang: »Krieg ich 'ne Ziggi?«

»Zieh dir zuerst Socken an!«

»Ja, gleich.« Zuerst legt Felix eine CD auf, um Himmels willen, hoffentlich nichts Schlimmeres als Rammstein. »Spiel nicht mit den Schmuddelkindern, sing nicht ihre Lieder, geh doch in die Oberstadt, mach's wie deine Brü-ü-üder!« Felix pfeift mit, auch wenn diese CD offenbar nicht ihm, sondern Kai gehört.

Morgenzigarette, Frühstück, Felix will Kaffee haben, ich lache ihn aus, seine erste – noch plumpe – Finte heute. Dass Felix keinen Kaffee kriegt, hat Kai mir schon vor einem halben Jahr erklärt: »Mit Koffein im Blut ginge der Knilch ab wie eine Mittelstreckenrakete.«

Allerdings ist Kaffee in unserem Haushalt fast so cool wie Rauchen. Jochen, einer der Praktikanten, hat Kai eine Kaffeemaschine zurechtgezimmert, die wir eigentlich beim Patentamt in Krasnojarsk anmelden müssten: ein 30 Zentimeter hohes Holzgestell, daran ist eine Tomatendose genagelt; die Dose hat Thomas unten zu einem platten Kegel zusammengedrückt, ein Kaffeepapierfilter passt genau hinein. Die Unternaht der Dose ist löchrig, stellt man eine Tasse oder Kanne unter den Holzrahmen, tropft heißer Kaffee hinein. Kaffee in die Filtertüte schütten, die Filtertüte in die Dose stecken, Wasser darüber gießen, ein Ritual für sich – kein Wunder, dass Felix das Klasse findet. Er schmiert sich wieder Nutella aufs Brot, in manierlichen Mengen diesmal. Er kaut, ich kaue, wir schweigen.

»Ühummm«, fängt er mit vollem Mund an, »wü hoisd dönn doine Mudder?«

Wieso will Felix den Namen meiner Mutter wissen? Aber viel Unsinn kann er damit hier ja wohl nicht anstellen. »Therese, wieso?«

»Meine heißt Mathilde, ein Scheißname.« Er sei sechs gewesen, da habe es Riesenkrach in der Familie gegeben. »Meine Mutter hat mir einen Kochlöffel – du kennst doch diese Dinger mit Stahlspitzen dran – auf die Arme geschlagen.« Tatsächlich hat Felix am linken Oberarm eine weiße Narbe. »Sie hat angefangen zu kiffen, danach ist sie zuerst mal abgehauen, nach Ibiza, sie ist wiedergekommen und ausgezogen. Und ich musste ins Heim.«

Wieder Schweigen, wieder Kauen.

Die Kids und ihre Vergangenheiten. Die einen verschweigen sie eisern, die anderen schildern nach einer Zwanzig-Minuten-Bekanntschaft, wie sie mit anderen Heimkindern in einem deutschen Keller eine junge Katze totgetreten haben. Wieder andere erzählen von ihrem Großvater, der immer für sie da war und der sich dann im Vorgarten aufgehängt hat. Felix hat schon vor Monaten verkündet, von ihm werde niemand erfahren, warum er in Sibirien sei. »Darüber rede ich schon seit zwei Jahren nicht.«

Ich habe vorgehabt, in diesem Buch auch die Vergangenheit der Kinder zu klären, die Ursachen ihres Werdegangs, ihr Warum. Warum sind sie in Sibirien gelandet, warum kam niemand in Deutschland mit ihnen und sie mit niemandem in Deutschland klar? Warum sind sie so, wie sie sind? Eigentlich die naheliegensten Fragen.

»Als ich ganz klein war, da habe ich den meisten Scheiß gebaut«, versichert mir Felix. »Einmal habe ich mir das Portemonnaie meiner Mutter geschnappt und alle Geldscheine zerrissen.«

Hat er sich das ausgedacht? Erinnert er sich daran, weil seine Mutter es ihm erzählt hat? Oder ihn dafür geprügelt hat? Weiß er überhaupt, was mit ihm passiert ist? Es muss etwas passiert sein, etwas Schreckliches, und das nicht nur einmal.

Aber auch Jans frühe Kindheit ist für mich alptraumdunkles Niemandsland geblieben. Und nicht nur für mich. »Wenn ich doch nur für zehn Minuten in sein Gehirn sehen könnte«, hat mir einmal der Amtsvormund eines unserer »Sibirier« gesagt. Die Kids vertrauen sich auch keinen Pädagogen, Kinderpsychologen oder Heimpfarrern an. Und diese versuchen es meist gar nicht erst, ihre Schützlinge dazu zu bringen, auszupacken.

Soll ich Felix augenzwinkernd eine Schachtel Marlboro zuschieben? »Los, Alter, heute machen wir frei, fahren nach Partisansk, da kriegst du so viel Eis und Kippen, wie du willst. Und da erzählst du mir mal dein Leben.« Felix würde sich den Magen verderben. Und nebenher eine Nikotinvergiftung riskieren. Aber ob er mir danach die Wahrheit erzählen würde?

Jetzt erzählt er ungefragt weiter: »Ich wollte nicht ins Heim, ich habe mir ein Messer geholt, mich gewehrt, die Polizei hat mich mit Gewalt da reingeschleppt.« Danach betet er eine lange Liste der Städte, der Kinder- und Erziehungsheime herunter, die er absolviert hat. Er nennt acht Städte, elf Heime, und jedes Mal fügt er lakonisch hinzu: »rausgeboxt«. »In Hoechst, da ging es dann ganz gut, da war ich zwei Jahre, die hatten das Heim gerade erst aufgemacht ... aber dann – rausgeboxt.« Felix zuckt mit den Schultern, er macht das Gesicht eines Ausbrecherkönigs, der 25-jähriges Knastjubiläum feiert. »Ich war mindestens in fünfzehn Heimen, die will ich gar nicht alle nennen, da schwirrt mir der Kopf jetzt schon von.«

Die Liste mag länger sein, kürzer, aber das »rausgeboxt« muss stimmen, rausgeboxt, immer wieder rausgeboxt. Eine Jugendhilfe-Vita tabellarisch, aber ohne Motive, ohne Erklärung. Und da hinein soll ich jetzt meinen Enterhaken werfen? Soll ich fragen: Stimmt es denn, Felix, was erzählt wird, dass der Mann dir Schokolade und Zigaretten anbot, damit er dich anfassen durfte? Wie war das denn, was hat er denn dann mit dir gemacht?

Ich weiß nicht, wie Felix reagieren würde, vielleicht würde er lachen, vielleicht wild drauflosphantasieren, vielleicht würde er mir ins Gesicht spucken. Aber das könnte ich hinterher auch selbst tun. Je ehrlicher Felix antwortete, je näher ich der Wirklichkeit käme, desto grausamer würden meine Fragen für ihn. Nur in Hollywood-Drehbüchern therapiert man Kinder mit einer Wahrheit, die für sie selbst ein Schock ist. Kai, Markus und die anderen Pädagogen verzichten wohlweislich darauf, die Kiddies zu ihrer Vergangenheit zu verhören.

»Und dann war ich in Schweden, aber das habe ich selbst abgebrochen, weil ...« Felix verzerrt sein Gesicht, scheint richtig wütend geworden zu sein, »weil ich kann nicht in einem Projekt sein mit älteren Jugendlichen und Mädchen, die mir sagen, he, jetzt machst du das mal. Ich muss alleine leben.«

Felix' Leben, von ihm selbst erzählt, in einer Viertelstunde. Er wird eine ganze Menge ausgelassen haben. Und einiges ausgedacht. So hatte in Wahrheit nicht er den Aufenthalt in Schweden abgebrochen. Sein ehemaliger Betreuer hatte schon nach ein paar Wochen das Handtuch geworfen.

Aber das sind Kleinigkeiten am Rande des Vulkans. Was wirklich passiert ist in dem von bösen Raubtieren übervölkerten Dschungel, in dem diese Kinder die ersten Jahre ihres Lebens verbrachten, haben die Kinder vielleicht schon vergessen – müssen sie vielleicht erst vergessen, um einmal zur Ruhe zu kommen. Oder sie mögen es einem Psychologen erzählen, mit 20 oder mit 25. Falls sie sich selbst noch erinnern.

Wie gesagt, die Erziehungshelfer, die Sozialpädagogen, die Kinderpsychologen kommen meist zu spät. Aus den Berichten und Erzählungen der Jugendämter und Psychiater erfahren sie vielleicht noch, dass ein Kind in einer Pflegefamilie vergewaltigt worden sein soll. Oder dass es ein Nachbar angeblich sexuell missbraucht hat. Aber solche Details sind schon eher Symptome als Ursachen. Das Entscheidende, das Schlimmste, das, was nicht nur ihr Vertrauen, sondern auch ihr Urvertrauen zertrümmert hat, muss passiert sein, als die Kids noch Babys, Kleinkinder waren. Sich anschreiende Eltern, Eltern oder ältere Geschwister, die auch sie angebrüllt haben, die ihnen wehgetan haben. Welches Kind, welcher Erwachsene erinnert sich noch daran, was ihm als Baby, als Kleinkind widerfahren ist?

Trotzdem gibt es Gemeinsamkeiten, gibt es ein Muster. Ihre frühe Kindheit ist ein schwarzes Loch, verdunkelt durch die Lügen oder das Schweigen der Eltern. Danach wanderten die ISE-Kandidaten jahrelang durch die Erziehungsinstanzen, Pflegefamilien, Wohngruppen und Heime. Und jeder Versuch endete wieder mit gescheiterten Beziehungen zu ihren Erziehern, jedes Ende nahmen sie zum Anlass, sich mit noch mehr Misstrauen, noch mehr Feindseligkeit zu wappnen. Eine teuflische Spirale, die sich immer höher schraubt; in der die Kinder sich drehen, wie aufgezogene Spielzeugpanzer alles bekämpfen, was versucht, sie aufzuhalten, herunterzuholen. Aber versuchen muss man es trotzdem. Auch die Betreuer wissen, dass sie nichts wissen. So wie ein Arzt, der Krebs in Leber, Magen und Lunge festgestellt hat, nicht mehr lange darüber grübelt, was an der Lebensweise seines Patienten falsch gewesen ist. Er schreitet möglichst schnell zur Chemotherapie.

Abwasch. Die »Schmuddelkinder« sind inzwischen verstummt, dafür kichert Felix: *»Stefan malenkij kosjol.«* – »Stefan ist ein kleiner Ziegenbock.« Es hat also wieder angefangen.

»Felix, das war die erste Zigarette weniger heute.«

»Oh Mann, Stefan, ich weiß ja gar nicht, was das heißt.«

Natürlich weiß Felix, was ein *kosjol* ist, ein sehr gebräuchliches russisches Schimpfwort, so etwas wie »Arschloch« auf Deutsch. »Eine Zigarette weniger. Ende, Abpfiff!« Dieses »Ende, Abpfiff!« stammt von Felix selbst, sein Lieblingsausruf, um Argumente verbal zu festigen. »Die nächste kriegst du erst nach der Schule.«

Als wir zur Schule aufbrechen, hält Felix plötzlich einen Schlüsselbund in der Hand, scheibenköpfige Bartschlüssel. Deutsche Schlüssel.

»Was sind denn das für Schlüssel?«

»Das sind meine Schlüssel für mein Zuhause.« Felix versucht die Schlüssel an seinem Gürtel festzumachen. Vermutlich Wohnungsschlüssel seines Vaters. Ein paar Schlüssel, die der Junge mit sich rumschleppen will, ein paar Gramm klimpernder Hoffnung, dass er 7000 Kilometer entfernt doch noch irgendwo dazugehört. Vielleicht hat er die Schlüssel auch geklaut. Ich werde Kai fragen. Aber bis dahin mag Felix das bisschen Zuhause behalten, ob es eingebildet ist oder nicht.

»Dann tu die Schlüssel besser gut weg. Wenn du sie mit dir rumschleppst, verlierst du sie nur.«

»Nee. Außerdem, wir haben zu Hause voll viel Ersatzschlüssel.«

Das Klassenzimmer ist weiß gestrichen, hell, trotz der zugezogenen Gardinen. Die Tafel ist braun, das Lackblau der Pulte ist makellos, hier kratzt niemand mit dem Taschenmesser Antipaukersprüche ins Holz. Deutschunterricht für die fünfte Klasse, die Kinder hier sind zehn oder elf, Ruslans sommersprossiger Freund Wanja, die kleine Sonja, auch aus der Nachbarschaft, und Ruslan, der neben Felix in der letzten Reihe sitzt. Und vorn steht Anna Antonowna, die Deutschlehrerin. Schwarzer Rock, schwarze Weste, eine schneeweiße Rüschenbluse und ein rosiges, gutmütiges Gesicht. Die gleiche Anna Antonowna, bei der Jan im Winter Aschenbrödels Vater gespielt hat. In der achten Klasse, die Jan immer »meine Klasse« nannte. Noch Monate später wunderten sich Anna Antonowna und die ganze achte Klasse, warum der nette Jan so schnell wieder verschwunden war.

Die fünfte Klasse hat erst dieses Jahr mit Deutsch angefangen, Anna Antonowna musste den Kindern zuerst einmal die lateinischen Buchstaben beibringen. Jetzt wiederholt sie mit einem Spiel die Zahlen. »Wir schicken ein Kind hinaus, die Klasse denkt sich eine Zahl aus, und dann muss das Kind erraten, welche.«

»Wie oft darf man raten?«, ruft ein russisches Kind.

»Dreimal. Komm, Ruslan, du fängst an.«

Ruslan geht hinaus. Die Kinder drinnen haben sich auf die Zahl »fünf« geeinigt.

Ruslan kommt wieder herein, kratzt sich an der Stirn. »Fünf?«

Hat Ruslan etwa an der Tür gelauscht?

»Bitte, Felix, du bist der Nächste.«

Felix steht auf, marschiert hinaus, schlenkert plötzlich mit den Schultern, etwas unbeholfen. Auch Felix benimmt sich in der russischen Schule erstaunlich gut.

»*Schest*, sechs, ja sechs«, wieder ruft die Klasse russisch und deutsch durcheinander, Anna Antonowna ruft Felix herein.

»*Dewjat?*« Felix glänzt sofort mit seinen Russischkenntnissen.

»Nein«, verkündet der Chor auf Deutsch.

»*Tschetyre.*«

»*Nein.*«

»*Dwa.*«

»Nein.«

Felix zuckt mit den Schultern, kehrt zu seinem Stuhl zurück. Dort sitzt er, ein Kind unter Kindern, das diesem schlichten Ratespiel gespannt folgt. Besonders viel Zweck haben solche Besuche in der Schule eigentlich nicht. Markus setzt ganz auf Einzelunterricht zu Hause. Deutsch und Sport sind die einzigen Fächer, wo die Kids mit ihrem mangelhaften Russisch überhaupt etwas ausrichten können. Felix ist mehrmals zum Sport gegangen, hat beim Basketball brilliert, aber dann hat er sich nicht mehr blicken lassen. Felix mag nichts Regelmäßiges, außer seinen Zigaretten. Auch im Deutschunterricht geht es nicht darum, Felix viel beizubringen. Aber er soll nicht vergessen, dass auch in Deutschland Schulbänke auf ihn warten, hinter denen er mehr oder weniger still wird sitzen müssen. Zweimal die Woche klappt das. Wohl auch deshalb, weil russischer Deutschunterricht mit Anna Antonowna für ihn wesentlich weniger anstrengend ist als Deutsch oder Mathe mit Kai.

Felix kaut an seinem Kugelschreiber. An der Tafel stehen die deutschen Wochentage, Anna Antonowna hat alle Tage schon vor der Stunde in Schönschrift an die Tafel gemalt.

»Wer kaann daas lesen?«, fragt sie mit ihrem gedehnten russlanddeutschen Akzent. Felix hat sofort den Zeigefinger oben.

»Biitte, Felix!«

»Montagdienstagmittwochdonnerstagfreitagsamstagsonntag.« Felix liest viel zu schnell, offenbar bemüht zu glänzen.

»Biitte, nicht so schnell. Voom Anfang.«

»Montag.«

»Gut, Montaag. Das reicht. *Kak* Montag *po russki*?«, fragt Anna Antonowna ihre russische Klasse.

»*Ponedelnik*«, die kleine Sonja antwortet am schnellsten.

»Gut, und jetzt noch einmal alle zusammen, Felix, sag bitte noch mal vor.«

»Montag!« Langsam entwickelt sich Felix zum Star der Stunde, Felix wieder einmal im Mittelpunkt, aber Selbstvertrauen, das mit Schule zu tun hat, kann ihm eigentlich nicht schaden.

»Moontog«, singt die Klasse im Chor.

Die Mittelschule ist ein dreistöckiges Backsteingebäude, eines der wenigen Steinhäuser in Oni. 184 Schüler zwischen sechs und 17 Jahren besuchen die elf Klassen, einige gehen nach der neunten ab, aber die meisten lernen bis zur Hochschulreife. Unterrichtet wird frontal, nach deutschen Vorstellungen eine veraltete Methode. Aber die sibirischen Schüler sind begeistert dabei. Ob Anna Antonowna mit der fünften Klasse deutsche Wochentage einstudiert oder ob Stepan Iwanowitsch den 16-jährigen Abiturienten Marktwirtschaft erklärt. Auch die hängen an seinen Lippen, wenn er sie ermahnt, bei allem Privateigentum und Gewinnstreben den sibirischen Gemeinsinn nicht zu verlieren, und sich beklagt: Als er im Winter mit seinem Wagen 30 Kilometer vor Partisansk liegen geblieben sei, habe ein Lastwagen sich unterstanden vorbeizufahren. »Bei minus zwanzig Grad. Das ist Egoismus!« Soziale Marktwirtschaft, gelehrt am Jenisej.

Die Lehrer fühlen sich hier nicht nur für Wissen zuständig, sondern auch für ihre Schüler. Und die Mittelschule in Oni steht jeden Tag von 7.30 Uhr bis 20.30 Uhr für die Kinder offen. Sie sind gern in der Schule, manche würden hier am liebsten übernachten. Neben dem obligatorischen Unterricht bietet die Schule 188 Stunden Freizeit in der Woche an: Eishockey, Schauspiel, Umweltschutz, Klavier, Förderunterricht für schwache, aber auch für besonders talentierte Schüler. Wahlfreiheit, die nicht an der Zahl von Kabelfernsehprogrammen gemessen wird. Und die Kinder von Oni haben bessere Chancen, einmal freie Erwachsene zu werden, als viele deutsche Kinder. Von 37 Schulabgängern aus der letzten elften Klasse studieren jetzt 13.

»Na ja, gut … Sag Montag bitte auch auf Russisch, Felix.« Anna Antonowna wandelt einen Teil ihrer Deutschstunde in Russisch-Nachhilfeunterricht um. »Po-ne-djel-nik. Bitte sag es.«

»Ponedjelnik«, verkündet Felix siegesgewiss, souverän, ohne Probleme mit der russischen Aussprache. Anna Antonowna verschenkt gern Erfolgserlebnisse. Sie ist Russlanddeutsche, hat Verwandte in Berlin, ist schon einmal dort gewesen, spricht selbst gut Deutsch – im Gegensatz zu vielen russischen Fremdsprachenlehrern, die Englisch oder Deutsch so schriftpapieren lehren, als wäre es Altgriechisch. Auch Anna Antonownas Unterricht ist getränkt von altmodischem Idealismus. Nach der Stunde zeigt sie mir schüchtern lächelnd einen achtseitigen Aufsatz, den Olga, ein Mädchen aus der achten Klasse, also aus »Jans Klasse«, geschrieben hatte. Über Heinrich Heine, wenn auch auf Russisch. »Womit hat Heine mich so an sich gefesselt? Warum kehre ich mit solchem Genuss wieder und wieder zur Lektüre seiner Verse zurück, sobald sich ein Anlass dazu findet? Die Antwort auf diese Fragen fand ich in seinen Gedichten:

Mein Herz gleicht ganz dem Meere,
Hat Sturm und Ebb und Flut.
Und manche schöne Perle
In seiner Tiefe ruht.«

Auch in Russland dauert eine Schulstunde 45 Minuten, Felix und ich gehen allein nach Hause, die anderen Kinder haben noch eine Stunde Russisch vor sich. Achmed braust in seinem Schiguli-Kleinwagen vorbei, er hupt, auf dem Anhänger liegen leere Säcke, Achmed organisiert wieder irgendetwas.

»He, Stefan, da fährt ja Achmed«, brüllt Felix mit so viel erstaunter Inbrunst, als stünden wir nicht auf der Dorfstraße von Oni, sondern auf dem Kurfürstendamm in Berlin.

»Ja, da fährt Achmed. Aber wir gehen jetzt Banja machen.«

»Oh nein, Stefan, bei Kai machen wir Banja immer nur abends. Dann kann ich noch den ganzen Tag spielen.«

»Ach ja. Aber um abends Banja zu machen, musst du sie tagsüber anheizen.«

Felix schweigt. Ein kleines Kind strampelt auf einem Fahrrädchen mit Stützrädern vorbei, jemand hat es in einen Anorak gepackt, ihm eine Wollmütze auf den Kopf gesetzt und die Kapuze darüber gezogen.

»Krieg ich jetzt meine Ziggi?«, fragt Felix.

»Deine nächste Ziggi gibt es um zwei. Wenn du vorher nicht wieder anfängst zu fluchen.«

»Oh Mann!« Felix jault. »Na, bald ist Kai wieder da. Dann herrscht hier wieder eine andere Ordnung!«

Das Kind auf dem Fahrrädchen muss schwitzen wie Jan Ullrich am Tourmalet, es ist viel zu warm angezogen. Auch die Sibirier spinnen manchmal. Die Luft ist kalt, aber in der Sonne summen Insekten, Geflügel promeniert durch den Straßengraben. Die Hühnerküken sind groß geworden, hässliches kleinköpfiges Stummelgeflügel. Besonders winterfest sehen die nicht aus. Und in der Pfütze vor der Wasserstelle sitzen die Gänse und trinken. Sie heben dabei den Kopf und lassen das Nass ihre Kehlenfalte hinuntergluckern wie alte Whiskeysäufer am Pool. Wieder scheint der Sommer zurückgekehrt zu sein.

»Du kannst es dir aussuchen: Wasser holen oder Holz klein hacken.«

»Ich geh Holz hacken.« Felix rennt in den Hof. Mir soll es recht sein. Zum Wasserholen reicht es, den Schlauch anzuschließen. Holz klein hacken dagegen bedeutet richtig Arbeit: ein paar Dutzend Birkenscheite vierteln, um den eisernen Banja-Ofen mit dünnen Holzstücken richtig heiß zu kriegen.

Bei den Tschetschenen blökt es, da wartet wohl der nächste Hammel auf das Messer. Tschulpan liegt in einem Fleckchen Sonne auf den Holzdielen vor der Banja und kaut am blanken Unterkiefer einer Kuh. Felix aber schleppt das Holz nicht vor die Banja, sondern auf die Veranda, das ist näher und bequemer.

»Verflucht«, schimpfe ich, »ich hab dir doch gesagt, hack das Holz vor der Banja.«

»Oh nee«, Felix hebt genervt die Augenlider himmelwärts. Der Himmel ist wolkenlos, metallic blau, aus diesem endlosen Blau stürzen sich gelbe Blätter wie Fallschirmspringer an eine Schnur gereiht.

Aber der herbstliche Himmel kümmert Felix nicht, er schlendert zum Tor, tritt mit seinem Filzgummistiefel auf das Eis einer Pfütze im Schatten der Hauswand, es zerbricht knirschend, er steckt den Schuh ins Wasser.

»Felix, lass das!«

»Wir haben das Holz immer auf der Veranda gehackt«, lügt Felix.

»Ist mir egal, das ist Banja-Holz, also hack es vor der Banja.« Tschulpan zerrt an meinem Stiefel, versucht mich in den dicken Zeh zu zwicken.

»Pfui, Tschulpan«, ich vertreibe den Hund. »Dein Hund hat genauso wie du nur Schwachsinn im Kopf.«

Felix grinst, schnappt sich die ersten Holzscheite von der Veranda, trägt sie rüber zur Banja. Wer sagt's denn.

Der Hof scheint sich danach zu sehnen, bald zugeschneit zu werden. Auf dem morschen Bretterboden liegen eine leere Fantaflasche, ein gerissener roter Plastikeimer und eine in den Dreck getretene, einst blaue Winterjacke. Im nikotinbraunen

Wasser eines Einmachglases auf dem Vorbau verwesen Zigarettenkippen. ISE-Schlachtenmüll.

Felix hackt Holz, drückt die oberen Vorderzähne voller Konzentration kinnwärts, er hält die zu spaltenden Scheite mit einer Hand fest. Ich warne ihn: »So haben das hier schon hunderttausend Russen gemacht, die rennen jetzt alle ohne Finger rum.«

»Ja?«, fragt er uninteressiert.

Ich schimpfe weiter, aber beim nächsten Holzscheit hält er das Holz schon wieder mit der Hand.

»Felix, du Vollidiot! Die Tschetschenen haben dir doch auch gezeigt, wie man Holz hackt.«

Er zieht die Hand unlustig weg.

Ich gehe in die Banja, die Stahlwanne auf dem Ofen dürfte bald voll sein, das sprudelnde Schlauchende muss jetzt in einen der Plastikbottiche. Als ich wieder herauskomme, ist Felix weg. Aber bevor ich anfangen kann, ihn zu suchen, ruft es von oben: »Guck, guck, Stefan!« Felix sitzt auf dem Dach des Hühnerstalls. »Hier oben ist schöne Sonne, guck doch mal!«

»Komm wieder runter, weiterarbeiten!«

»Nee, Mann, guck doch mal. Jetzt hat Ralf noch das ganze russische Kleingeld, und he, guck doch mal, dann geht er in Deutschland zum Kiosk und will sich eine Cola kaufen und hat kein deutsches Geld. Hihihihaha!« Felix ist jetzt Karlsson vom Dach, lacht sich krank über die vermeintlichen Währungsnöte eines Praktikanten, der längst wieder in Deutschland ist.

»Komm endlich runter, weitermachen!«

»Stefan, dieser alte Sack«, ruft es von oben, »der nichts zwischen den Beinen hat.« Du Giftzwerg, denke ich, selbst wenn du dichtest, geht es immer unter die Gürtellinie! Aber der Giftzwerg klettert wieder herunter, läuft willig in die Banja, um den Ofen anzuzünden. Und wenn er die Erwachsenen, die noch das Vergnügen mit ihm haben werden, täglich als alte Säcke beschimpft, aber dafür auf sie hört, dann haben wir eigentlich schon gewonnen. Dann muss er bloß noch im Umgang mit künftigen Ausbildern und Arbeitgebern auf solche Kraftausdrücke verzichten. Irgendwann wird dann auch Felix Steuern zahlen.

Einen Moment später möchte ich ihn wieder umbringen. Er hockt vor dem offenen Ofen und schiebt gerade eine ganze Rolle Birkenrinde, stramm gezogen mindestens eineinhalb Meter, hinein. Felix hat offenbar nichts begriffen von Sibirien – verschwendet Brennstoff, weil er zu bequem ist, ein Stück Rinde abzureißen. »Du spinnst wohl«, ich schreie schon wieder, »mit so viel Rinde heizen andere einen ganzen Monat.«

»Dann mach deine Scheißbanja doch selbst an.«

»Nee, das ist dein Job. Danach kannst du spielen gehen.«

Felix entzündet das Holz im Ofen tatsächlich mit zwei Handbreit Birkenrinde. »Krieg ich jetzt meine Ziggi?«

»In einer halben Stunde kannst du dich melden.«

Felix verschwindet, offenbar halbwegs zufrieden mit sich und der Welt. Ich auch: eine halbe Stunde vor der Zwei-Uhr-Zigarette in der ISE-Arena leichte Vorteile für den Erwachsenen. Obwohl in meiner Kehle ein trockenes Gefühl von Heiserkeit kribbelt – von meinen pädagogischen Versuchen strapazierte Stimmbänder.

Nina
Frolowo, März 2002

Das Mädchen hieß Nina. Eigentlich ein hübsches Mädchen mit weichen blonden Haaren, grüngrauen Augen und einer etwas stämmigen Figur, ein urteutonischer Typ, um den Hals trug es einen braunweißen FC-St.-Pauli-Schal und machte um sechs Uhr abends noch einen unausgeschlafenen Eindruck.

Was sie so mache hier in Frolowo, fragte ich.

»Ich bin dabei, mich zu bessern.« Sie lächelte.

»Was machst du denn, um dich zu bessern?«

»Also, zuerst renoviere ich mein Zimmer, und dann fange ich mit dem Stall an, für das Kälbchen.«

»Was für ein Kälbchen?«

»Das Kälbchen, das wir dann bekommen. Und zu Ostern wünsche ich mir dann einen Babywelpen.« Piet und Sabine, die Betreuer, lächelten. Bis jetzt schlief Nina jeden Tag bis sechs Uhr abends.

Nina war seit eineinhalb Wochen im Landkreis Partisansk bei Piet und Sabine, junge Erzieher, ein Paar. Auch Nina galt als extrem schwerer Fall, wie Jan sollte sie zwei Betreuer haben. Bisher hatten die beiden wenig zu tun, Nina schlief. Endlich mal ein Projektkind, dem die sieben Stunden Zeitunterschied, der Jetlag, die Kälte und die Fremde so zu schaffen machten wie den Erwachsenen.

Warum sie in Sibirien sei? »Ich wollte fliegen«, lächelte sie. »Ich bin wegen des Fluges hier.« Ich fragte, wie es ihr in Sibirien gefalle. »Na, kalt ist es.« Ihre Auskünfte klangen unschuldig, waren dabei aber so nichtssagend wie die eines abgebrühten Pressesprechers. Dann erkundigte sie sich, ob es in Moskau Badezimmer wie in Deutschland gebe, wann Klaus komme, ob er noch andere Jugendliche mitbringe. »Sie sammelt Informationen«, hatte Sabine mir schon vorher gesagt. »Wann der Bus nach Krasnojarsk fährt und solche Sachen.« Wissen ist auch in ISE-Land Macht.

Nina war in Deutschland wochenlang auf der Flucht gewesen. Eigentlich hätte sie schon Anfang Januar eintreffen sollen, aber sie war mal wieder davongelaufen, musste erst gesucht und eingefangen werden. Aber jetzt in Sibirien predigte sie heile Welt. »Ich schreibe nachts Briefe und häkele.«

»An wen schreibst du denn die Briefe?«

»Na, bisher nur an meinen Freund. Aber ich will auch noch an meine Familie Briefe schreiben.«

Anders als Jan oder Felix bemühte sie sich mir gegenüber um einen guten Eindruck. Als ich mir neuen Teesud in die Tasse goss, sprang sie gleich auf und eilte zum Gasherd, um mir den Kessel mit dem heißen Wasser zu bringen. Nach dem, was Klaus mir erzählt hatte, lag hinter Nina eine ähnlich schlimme Karriere wie hinter Jan. Wie dieser hatte sie eine ganze Reihe von Jugendheimen absolviert, auch schon ein Auslandsjahr in der Bretagne. Klaus stellte auch Nina seine Lieblingsdiagnose: Borderliner. »Nur dass Nina sich ihre Bestätigung bei Männern holt.« Auch nach dem, was Piet und Sabine gehört hatten, soll sie in Deutschland ihre Geschlechtspartner fast täglich gewechselt haben.

Wie Jan galt sie als raffinierte Betreuerkillerin mit dem Unterschied, dass ihre Attacken weniger über den Körper als über die Seele liefen. »Ich habe Angst, dass sie es hier auf Piet absehen wird«, sagte Sabine. Auch Nina schien ein Schwerstfall zu sein. Sie sollte für ein Jahr in Sibirien bleiben, aber es hieß, in spätestens zwei Wochen erwarte das mit schlechten Erfahrungen geschlagene Jugendamt Nina zurück.

Sabine und Piet waren ruhig, zurückhaltend, aber vor allem waren sie einer Meinung. Wenn sie von Nina erzählten, reihten sich ihre Beobachtungen und Argumente wie die Glieder einer Kette aneinander. Es fiel mir oft schwer, mich hinterher zu erinnern, wer von ihnen was gesagt hatte. Sie harmonierten auch äußerlich, trugen ihre Holzfällerhemden und Jeans lässig bis nachlässig, beide waren hoch gewachsen, schlank, Piet hatte einen dunkelblonden Vollbart, ein Zimmermannstyp. Sabine war schwarzhaarig, ihre Augen erinnerten an katholische Madonnenbilder. Als ich mich einmal bei einem Männergespräch mit Mischa beschwerte, Deutschland sei viel weniger als Russland mit weiblicher Schönheit gesegnet, konterte Mischa lächelnd: »Und Sabine, ist die etwa nicht schön?« Die beiden kamen aus Erfurt. Sabine war 32 Jahre alt und Sozialpädagogin in einer Jugendstrafanstalt gewesen. Piet, 29, hatte als Grubentechniker, als Mechaniker, als Webdesigner gearbeitet, Philosophie studiert.

Ich taufte die beiden im Stillen »Maria und Joseph«. Wenn sie nach Krasnojarsk fuhren, deckten sie sich dort mit Tofu ein, ernährten sich auch in Frolowo vegetarisch, akzeptierten allerdings Fleisch, das nicht aus industrieller Tierhaltung stammte. Piet sagte: »Jetzt sitzen wir also in Sibirien, um hier Jugendliche für ein System zurechtzubiegen, von dem wir selbst nichts halten.« Anders als für Kai und Markus war Sibirien für sie von Anfang an mehr als nur geographischer Zufall oder austauschbares einzelpädagogisches Spielfeld. Sibirien, der Hof in Frolowo, war auch ihr persönliches Projekt, der Versuch, anders, einfacher zu leben.

Frolowo war das einzige Dörfchen an der Straße zwischen Partisansk und Oni, vier Straßen, 700 Einwohner, 50 Telefonanschlüsse. Die Einfahrt vor dem Hof an der Uliza Sowjetskaja war auf sibirische Weise geräumt, so gründlich, dass die schwarze Erde zu sehen war. Nach einigen Jahren als ISE-Arena war der Hof versifft und voller Müll gewesen: das große Haus, die Ställe und die Banja, in der es sogar fließendes Wasser gab. Und das kleine einräumige Haus, in dem jetzt Nina wohnte. Zwei Häuser auf einem Hof, selten in Sibirien, aber von Vorteil: Betreuer und Jugendliche würden sich hier nicht ständig auf den Füßen stehen wie in den Zweiraumhütten von Oni. Aber das war nur ein Vorzug. Piet und Sabine hatten monatelang renoviert. Die blitzblanke Küche war das Gegenteil des üblichen ISE-Chaos. Die Ofenwände hier schienen weißer zu sein, die honiggelb gestrichenen Wände glatter, der braune Holzboden blanker. Und auf der Wachstuchdecke des Küchentisches hätte auch Doktor Schiwago sein Papier ausbreiten können, um Gedichte zu schreiben. Die aufgeräumte Harmonie, die hier herrschte, war nicht so leicht zu brechen.

Wie sehr hängt das Schicksal, auch das Schicksal eines Erziehungsprojektes von Glück und Zufall ab? Zufälligerweise kamen Sabine und Piet aus der ehemaligen DDR, hatten dort als Schulkinder noch Russisch gelernt. Vor allem Piet kam schnell mit den Sibiriern ins Gespräch. Zufälligerweise hatte Klaus die beiden vor drei Monaten mit Natascha nach Sibirien geschickt, aber dann beschlossen, Natascha erst bei Stepan Iwanowitsch »zwischenzuparken« und dann mit einer anderen Betreuerin nach Schweden zu schicken. Was vor Ort alle ziemlich falsch gefunden hatten, Piet und Sabine ärgerten sich am meisten. Sie saßen praktisch drei Monate ohne Kind, also ohne Aufgabe, im sibirischen Winter und warteten. Aber sie hatten die Zeit genutzt, um den Hof zu renovieren und das Dorf kennen zu lernen. Jetzt besaßen sie gegenüber Nina Heimvorteil, sie hatten den Rahmen gesetzt, sie kannten das Umfeld. Die Frage war nur, ob all diese glücklichen Umstände ausreichten, um Nina, auch eine Kandidatin Aussichtslos, zu retten.

Es klopfte, die Tür wurde aufgerissen, aber hier drängten keine Säufer herein, die Geld für Wodka wollten, sondern Jaroslaw, ein junger Nachbar, der kam, um mit Piet Schach zu spielen. Er hatte sein dickes kleines Fotoalbum mitgebracht. Jaroslaw, ein Hüne von 1,90 Metern mit Kindergesicht, fing sofort an zu reden und hörte so schnell nicht auf. Er zeigte Fotos vom Militärdienst, er hatte als Hundeführer bei den Grenztruppen in Fernost gedient. »Bei der Armee bin ich auf zweiundsechzig Kilo abgemagert, da habe ich auch angefangen zu rauchen. Aus Stress, wegen der *dedowschtschina*.«

Dedowschtschina, das waren die Schikanen, mit denen die dienstälteren Wehrpflichtigen die Rekruten terrorisierten. Jaroslaw zeigte auch Fotos von seinem jüngeren Bruder, der noch bei der Armee war und in Krasnojarsk diente, zwei Meter groß, 100 Kilo schwer, er war schon für Tschetschenien gemustert. Aber der Offizier, der ihn und seine Schicksalsgenossen hätte abholen sollen, hatte sich nachts besoffen und kam nicht. Soldaten aus einer anderen Einheit mussten ins tschetschenische Kriegsgebiet.

Jaroslaw zeigte Fotos von seinem Job als Wachmann im Ural, er hatte die »Erholungsbasis des Generaldirektors des Metallurgischen Kombinats in Nischnij Talinsk« gehütet, wie er mit stolzem Grinsen erklärte. Seine Wachfirma sei von der so genannten Uralmasch-Bande gegründet worden, einer der berüchtigsten Mafiagruppen nicht nur am Ural, sondern in ganz Russland. »Aber die russische Mafia ist auch nicht mehr, was sie mal war, jetzt ist alles legalisiert.« Jaroslaw musste die Arbeit jedoch aufgeben, weil seine Mutter im Herbst krank geworden war. Er half zu Hause auf dem Hof.

Jaroslaw erzählte, wir hörten zu, dass Nina dabeisaß, ziemlich still, weil sie am wenigsten von allen verstand, war für Jaroslaw ebenso natürlich wie nebensächlich. Wie den anderen

Sibiriern waren ihm die Komplexe und Sündenregister der Kinder aus Deutschland zuerst einmal herzlich egal. Da saß eben ein blasses, blondes, blauäugiges Mädchen mit am Tisch; blonde blauäugige Mädchen gab es hier wie Birken in der Taiga. Jaroslaw hatte andere Sorgen, erklärte uns das Leben hier.

»Mein Vater arbeitet auf der Kolchose. Der ist Lastwagenfahrer. Er verdient zwischen vierhundertfünfzig und sechshundert Rubel.« Das waren keine 18 Euro. »Nur dass er nichts von dem Geld sieht. Er kriegt Viehfutter, Mehl und so weiter. So leben wir hier. Vom eigenen Acker, vom eigenen Stall. Wer im Herbst Wintersachen kaufen will, zieht eben ein Kalb mehr groß, das verkauft er dann zum Schlachten.« Jaroslaw erzählte, es gebe auch in Frolowo Säufer, vergangenes Jahr seien hier fünf Familien am Alkohol zerbrochen.

Jaroslaw sagte, er habe in der Schule nicht Deutsch, sondern Englisch gelernt, aber auch das nicht vernünftig. Dafür Schach. Er war mal Jugendkreismeister gewesen. Und die Mehrzahl der Spiele gegen Piet gewann er.

Als ich in mein Auto stieg, konnte ich mich nicht mehr an Ninas Gesicht erinnern. Na gut, es mochte ein hübsches Gesicht gewesen sein. Aber Ninas Gesicht wirkte viel blasser als ihre Geschichte.

In den nächsten Wochen blieb es friedlich in Frolowo. Weiter verschlief Nina einen Großteil ihrer Tage, Piet und Sabine ließen ihr Zeit. Sie kümmerte sich zuerst einmal um ihre Haare. Jedes Mal, wenn ich zu Besuch kam, hatte Nina eine neue Haarfarbe – blauschwarz, dann hennarot. Jede neue Haarfarbe stand ihr schlechter als ihr Naturblond. Auf meine Fragen antwortete sie mit schönen Allgemeinheiten oder zumindest mit Allgemeinheiten, die sie schön fand. »Meine Hobbys sind neue Leute kennen lernen. Und Tiere. Ich rede viel mit Tieren. Und ich habe viele Freunde in Altona am Bahnhof.«

»Was sind für dich denn Freunde?«

»Leute, die mir was Schönes schenken.«

»Und wie ist dein Verhältnis zu deiner Familie?«

»Sehr gut. Ich habe ein sehr gutes Verhältnis zu meiner Mutter. Und zu meinem Vater auch. Der war lange Zeit weg, aber jetzt ist er wieder da. Zu meiner Oma und zu meinen Pflegeeltern habe ich auch ein gutes Verhältnis.«

»Und warum bist du nicht mehr bei deinen Eltern?«

»Es hieß, meine Eltern könnten mich nicht erziehen.«

»Aber warum hat das Jugendamt so etwas behauptet?«

»Das möchte ich nicht erzählen.«

Sabine und Piet bestätigten, Geschenke seien für Nina ungeheuer wichtig. Das Wichtigste aber sei die schöne, die heile Welt, als die sie der Außenwelt ihr Leben verkaufen, an die sie auch selbst glauben wollte.

Und Ninas kleine Welt in Frolowo blieb vorerst heil. Sie bekam einen kleinen Hund, Fips, eine graue, kleinköpfige Promenadenmischung. Ninas Gesicht gewann Farbe, das Mädchen schien lebendiger zu werden. An der Küchenwand tauchte ein Stundenplan auf: von 8 bis 9.30 Uhr Schule, eine halbe Stunde Pause, von 10 bis 12 Uhr Arbeiten mit Piet und Sabine. Bis jetzt war das vor allem Schneeschippen, aber auch das Plumpsklo hatten die drei ausgeschaufelt. Nach 12 Uhr gab es wieder eine halbe Stunde Pause, danach Schularbeiten und abends gemeinsames Kochen. Nina zeigte Initiative, bat selbst um Hausaufgaben, auch wenn sie damit nicht klarkam. »Eigentlich wollen wir gar nicht autoritär sein«, staunte Piet. »Aber Nina verlangt von uns regelrecht Programm, Arbeit und Schule.« Nina wollte offensichtlich. Sie wollte sich ändern, sich benehmen, verlangte selbst nach Ansprüchen, denen sie gerecht werden konnte. Sie wagte ihre ersten zaghaften Versuche im Dorf, manchmal zog sie ihre Jacke mit dem Leopardenkunstfellkragen an und ging Jaroslaws kleine Schwestern besuchen, guckte zusammen mit ihnen Fernsehen: »Kommissar Rex auf Deutsch, aber die Russen haben so schnell drübergesprochen, dass man nichts mehr versteht.« Mit Jaroslaws kleinen Schwestern wollte sie auch zum Volkstanzen ins Kulturhaus gehen.

Nach drei Wochen erzählte mir Sabine, Nina habe sie gefragt, ob sie mal den Radiorecorder haben dürfe. »Sie hat daran herumgefummelt, und irgendwann fing sie an, sich lächelnd zu entschuldigen: ›Oh, das habe ich nicht extra gemacht, wirklich nicht!‹ Danach war die Antenne abgeknickt.« Es blieb unklar, ob die geknickte Antenne ein Fehlgriff war oder der erste Sabotageakt. Aber noch dominierte die Idylle, die einzigen Kämpfe hier veranstalteten Piet und Jaroslaw auf dem Schachbrett.

Frühling ist in Sibirien eine relative Angelegenheit. Als ich einige Tage später durch Frolowo fuhr, sah ich das erste Fahrrad. Noch lag der Schnee meterhoch, aber das Muhen, das Blöken, das Krähen und Gackern in den Ställen wurde immer lauter. An der Uliza Sowjetskaja war es still, der Hof aufgeräumt wie immer. Aber eine Fensterscheibe des Vorraumes fehlte. Auch das Küchenfenster war demoliert, das Glas teilweise gesprungen, teilweise fehlte es, war durch Pappe ersetzt. Vor das Fenster hatte Piet säuberlich drei lange Bretter genagelt, jetzt war auch hier der Krieg ausgebrochen, man verbarrikadierte sich. Piet und Sabine boten mir wie immer Tee an. Trotz der Bretter vor dem Fenster leuchtete die Küche wie immer blitzblank. Alles war aufgeräumt, aber nicht mehr idyllisch. Piet und Sabine erzählten. Die Stimmen der beiden waren nicht lauter als sonst. Aber doch klang aus ihren Worten jenes Bedürfnis, sich mitzuteilen, das ich schon aus den Kriegsberichten von Kai und Markus kannte. Sie erzählten, die kleinen Unstimmigkeiten zwischen ihnen und Nina hätten sich gehäuft: »Nina, hast du Wasser aus dem Krug genommen?« – »Nein, das ist verdunstet.«

Dann hätten sich die Unstimmigkeiten in Fouls verwandelt. Einmal, als sie einen Schrank trugen, versuchte Nina Sabine wegzudrängen, sie wollte den Schrank zusammen mit Piet tragen. Als der sie darauf ansprach, lächelte das Kind: »Ich wollte doch nur, dass Sabine nicht so schwer tragen muss.«

Kleine Spitzen zwischendurch, »wenn es eine Kollegin wäre, würde man das wohl Mobbing nennen«, meinte Sabine. Wie sie erwartet hatte, bemühte sich Nina, einen Keil zwischen sie und Piet zu treiben. Sie schnitt Sabine, redete nicht mit ihr, und wenn sie über sie redete, sagte Nina nicht »Sabine«, sondern nur »sie«.

»Das Verhältnis zu Sabine ist emotioneller als zu mir«, sagte

Piet. »Sabine nimmt für sie die Rolle ihrer Mutter ein. Und ihre Mutter hasst sie. Auf Sabine überträgt sie auch ihren Selbsthass.«

Es gelang Nina nicht, Sabine und Piet zu entzweien. Vielleicht hatten auch deshalb die Fensterscheiben dran glauben müssen. Nach dieser ersten Eskalation drohte sie an, das Projekt abzubrechen, wollte mit Klaus telefonieren. »Aber beim Wählen hat sie sich eine halbe Stunde so blöd angestellt, dass sie nicht nach Deutschland durchgekommen ist.« Piet grinste etwas gequält, erst jetzt sah ich, dass in seinem Bart die ersten weißen Haare schimmerten.

Wir saßen noch am Tisch, als Nina hereinkam. Sie hatte sich schick gemacht: roter Blazer, halblange schwarze Steghose. Nina sah gut aus, ihre Haare waren wieder blond, die Wangen leicht gerötet. Sie setzte sich an den Tisch und bemühte sich um Konversation, als sei nichts geschehen.

»Sabine, hast du nichts zu lesen für mich? Aber nicht so Kindergeschichten.«

Sabine ging in ihr Zimmer, kam mit einem Buch zurück. *Erste Liebe* von Iwan Bunin. »Vielleicht liest du ja das für den Anfang. Eine Liebesgeschichte.« Sabine lächelte.

»Und die Fensterscheibe hast du eingeschlagen?«, fragte ich.

»Ja!« Nina versuchte durchaus erfolgreich, Sabines Lächeln zu kopieren, »mit einem Schlitten.«

»Und warum?«

»Ach, ich hatte schlechte Laune.«

Nachher erzählten mir Piet und Sabine, Nina habe auch angedroht, Bjesik, den roten Jungkater, umzubringen. »Ich möchte euch mal so richtig wehtun«, hatte sie geschrien. »Vor allem ihr.« Damit meinte sie wieder Sabine. Aber all das geschah unter Ausschluss der Öffentlichkeit. Im Dorf bewegte sich Nina noch immer unsicher, im Schlepptau von Jaroslaws kleinen Schwestern. Im Dorf war Nina noch immer ein blasser, stiller, fremder Teenager.

»Kommst du morgen mit zur Tanzprobe, Stefan?«, fragte sie mich, ein wohlerzogenes Kind, das seine arglosen Freuden mit den Erwachsenen teilen möchte. Vor dem Dorf, vor mir, vor der Welt hielt sie noch das Bild von der Sonntagsnina hoch. »Sie ist eine Meisterin des Selbstbetrugs«, sagte Sabine. »Sie tut alles, um zumindest nach außen den Schein zu wahren: Ich habe keine Probleme, alle haben mich gern.« Und Piet fügte hinzu: »Wenn sie einmal zugeben würde, wie es wirklich ist, dann könnte sie eine Kandidatin für einen Selbstmordversuch werden.«

Am nächsten Tag kam ich kurz vor drei vorbei, um Nina zum Tanzunterricht abzuholen. Es war wieder kälter geworden, vereinzelte Schneeflocken tanzten vom Himmel. Piet saß in Winterklamotten auf einem Stuhl im Hof, mit einem Buch und bleichem Gesicht. »Ich halte Wache. Solange ich hier draußen bin, wird sie nichts anstellen.« Vormittags hatte es wieder Streit gegeben, aus dem Nichts. »Sie sucht sich ihre Felder, erklärt, sie wolle doch ein Kälbchen, um den Streit dann eskalieren zu lassen«, erzählte Piet. Es endete damit, dass sie die Betreuer mit einem Messer bedrohte. »Ich bring euch um.«

Warum? Darauf wusste sie selbst keine Antwort. Wer hatte all diese kalte Wut, diese gelassene Aggressivität in die Seele des Mädchens geschüttet? Auch ihre Biografie, ihre Familienverhältnisse waren wirr, gaben Anlass zu Spekulationen, man konnte vermuten, aber man wusste nicht. Nina war Katastrophenkind in der zweiten Generation, auch ihre Mutter war in Kinderheimen aufgewachsen, soll das Mädchen angeblich gegen die Pädagogen als solche aufgestachelt haben. Jedenfalls ähnelte Ninas Daseinstaktik immer mehr der Jans: artiges Lächeln nach außen, aber je näher die Leute ihr kamen, desto heftiger wurden sie bekriegt.

Nina hatte einen Zettel an ihre Tür gehängt: »Familienberatung«. Darunter hatte sie fein säuberlich Sprechstundenzeiten eingetragen. Jetzt öffnete sich die Tür: »Guten Tag!« Die Lippen hatte sie kirschrot gefärbt, die Augenlider violett, allerlei bunte, aber überflüssige Spangen in die Haare geklemmt, sie trug ihre halblange Steghose und die rote Wolljacke. Ob alles in Ordnung sei, fragte ich auf dem Weg zum Kulturhaus. »Alles ist Klasse«, versicherte Nina strahlend.

Im Kulturhaus waren die Proben für die Feier zum 1. Mai im vollen Gange. Auf dem Parketholz der Bühne vor gelben und braunen Vorhängen stand eine dicke junge Frau in einer offenen Wattejacke und sang: »Sei nicht traurig, Mama, verzeih mir, ich lauf weg, ruf mich nicht, such mich nicht, ich liebe ihn, ich weiß es genau.« Die Sängerin hatte eine Hand in die Tasche gesteckt, ihre Stimme war schön, aber sie machte ein Gesicht, als würde sie Kartoffeln lesen. Es gibt auch Sibirier ohne Temperament. Dann war Ninas Kindertanzgruppe dran. *Kapelki* hieß sie, »die Tröpfchen«. Außerdem gab es in Frolowo noch die Erwachsenentanzgruppe *Rosinki*, »die Tautropfen«, ferner eine Stepptanzgruppe, die Volksmusikgruppe »Täubchen«, den Chor »Birklein«, eine Theatergruppe, den »Klub der Besserwisser«, zwei Kinokreise ... Was die Kultur anging, konnte es auch Frolowo mit jeder deutschen Kleinstadt aufnehmen.

Balalaikamusik wurde eingespielt, sechs Mädchen begannen im Takt zu hüpfen, sich zu drehen, sie tanzten einen Reigen. Die Choreographie war anspruchslos, aber Nina geriet immer wieder aus dem Takt, ihre Knie schlenkerten in die falsche Richtung, aber ihr hölzernes Mit- und Hinterherhüpfen störte weder ihre Mittänzerinnen noch die Tanzlehrerin, eine untersetzte junge Frau in Cowboyhemd, Trainingshose und Kosakenstiefeln. Und Marina, ein großes, schwerbusiges Mädchen aus der Erwachsenentanzgruppe, das bei der Probe aushalf, weil ein Kind krank war, zog Nina nachher noch einmal auf die Bühne, um ihr eine Drehung zu zeigen.

In der Pause saß Nina mit den anderen Mädchen in der letzten Bankreihe des Saales zwischen Jaroslaws kleinen Schwestern. Die Mädchen plauderten, kicherten, Nina aber nestelte an ihren Haarklammern und schwieg. Noch verstand sie kaum Russisch. Als sie wieder auf die Bühne stiegen, wieder anfingen zu hopsen, musste ich ihr die Kommandos übersetzen: »Die Beine höher!« Aber ob sie nun im Takt war oder nicht, Nina tanzte mit, eineinhalb Stunden lang, ihr Gesicht war konzentriert, sie mühte sich, sie wollte, wollte so tanzen, so sein wie die anderen Mädchen. Zumindest vor der Außenwelt, zumindest auf der Bühne.

Zu Hause im Hof drehte sie sich wortlos ihrer Tür zu, ich ging ins Haus zu Piet und Sabine. Wir tranken wieder Tee, sprachen weiter über Nina. »Ich verliere langsam die Hoffnung, dass dieser Zustand in ein paar Tagen wieder endet«, sagte Sabine. »Das kann wohl noch lange so weitergehen.« Sie hatten schon mit Klaus telefoniert, der hatte durchblicken lassen, er wolle bei einem Abbruch andere Betreuer für Nina aufbieten. Piet und Sabine hielten das für falsch. »Wir können machen, was wir wollen«, sagte Piet »auf ihre Beschimpfungen eingehen, sie ignorieren, sie aussperren, sie rastet immer mehr aus.« Nina betrieb ihre Eskalationen kalt lächelnd wie Jan. Piet vermutete, es gehe dabei vor allem darum, Aufmerksamkeit zu erlangen, zu bündeln, zu sichern. »Was sollen wir bloß im Sommer machen?«, fragte Sabine. »Wir können ja nicht mal im Garten arbeiten, wenn sie im Hof ist, den sie womöglich anzündet, um wieder im Mittelpunkt zu stehen.«

Es herrschte Krieg auf dem Hof. Sabine hatte Angst um den Kater, fragte mich, ob ich nicht jemanden wisse, der einen jungen Kater nehme, »vielleicht eine nette Babuschka?« Nur gingen die Sibirier mit Tierkindern auch nicht zimperlich um. »Eine Katze zu viel?«, staunte ein befreundeter Kolchosnik, »ersäuft sie doch!«

Krieg. Wir saßen noch und redeten, als es klopfte. Nina. Piet stand auf, ging zur Tür, aber den Hängeriegel öffnete er nicht. Es klopfte wieder, heftiger. »Ich will mit Sabine reden«, schrie Nina draußen. Jetzt ging Sabine zur Tür. »Was möchtest du, Nina?«

»Ich will telefonieren, das ist wichtig.«

»Nein, wir haben gesagt, jetzt nicht«, rief Sabine zurück. Die Erwachsenenpartei wollte ihre Ruhe haben. Draußen Schweigen, dann Rumoren. Nina schrie, »Sabine, du blöde Hure!« Immerhin, wieder hatte Nina ein Stück Fassade, diesmal mir gegenüber, fallen lassen. Wir hörten Türenschlagen, das Tor wurde geöffnet, dann ging Nina hinaus auf die Straße, mit ihrem Hündchen Fips. Ihr Gesicht war gelassen, eine spätwinterliche Spaziergängerin.

Ein paar Tage später kam ich wieder zu Besuch. Nina ließ sich nicht blicken. Aber Sabine wirkte entspannter. »Es ist wieder friedlicher geworden. Nina arbeitet wieder mit. Wir haben ihr eine Belohnung ausgesetzt: Wenn sie sich gut benimmt, fahren wir zu dritt nach Krasnojarsk. Jetzt bemüht sie sich wieder.«

Felix
Oni, Oktober 2002, 15 Uhr

Das Gras auf der Weide hinter dem Haus ist vergilbt. Der Himmel leuchtet blass, unter diesem hellen Nichts hängt ein Drachen. Unten stehen Felix, Ruslan und Wanja. Natürlich hält Felix die Enden der beiden Schnüre. Der Drachen, eigentlich schwarzrotgelbblaugrün, scheint nur noch ein schwarzes um sich selbst kreisendes Dreieck zu sein, der lange rote Schweif ist dort oben violett geworden. Ruslan und Wanja stolpern jubelnd mit nach oben gereckten Nasen herum, der Drachen verliert an Höhe, »Wanja, den fang ich am Schwanz«, schreit Ruslan, der Drachen sinkt.

»Du musst rückwärts laufen«, rufe ich Felix zu.

»Muss ich nicht. Nicht bei dem Drachen! Ende, Abpfiff!«

Der Drachen fällt, Felix weicht doch ein paar Schritte zurück, vergeblich, der Drachen stürzt zu Boden, Ruslan schnappt ihn sich, hält ihn hoch, Geschrei. »Lass los!« Felix zieht an den Schnüren, wieder steigt der Drachen himmelwärts. Wieder ist Felix der Strippenzieher, wieder steht er im Mittelpunkt, das reiche deutsche Problemkind, niemand sonst im Dorf hat einen Drachen. »Schau, Stefan«, ruft er, »Drachen steigen lassen kann ich doch!«

Der Drachen steigt, stürzt wieder ab, steigt wieder, Felix ist inzwischen bis an den Weidezaun zurückgelaufen, sinnloserweise auf einen der Pfähle geklettert. Da steht er. Während Ruslan und Wanja herbstliche Pullover tragen, hat Felix seinen Oberkörper entblößt, er hat sich eine karierte Jacke um den

Bauch gewickelt, weiß Gott, wo er die wieder herhat. Die Hosenträger seiner roten Hose rutschen immer wieder herab. Aber da steht er, ein kleiner rothaariger Indianerhäuptling, er zerrt und zieht an den Schnüren und ist fürchterlich beschäftigt. Felix spielt, er spielt mit Hingabe, und die dünnen Nylonschnüre, die er da hält – es ist, als hinge seine Kindheit daran, er zerrt und zieht, als wolle er sie zurückholen, festhalten, nie wieder hergeben. »*Ne nado dalsche, Wanja idi, idi!*«, kommandiert er auf Russisch. Felix mal wieder im Mittelpunkt, aber in diesem Moment ein Kind. Er führt keinen ISE-Krieg, jetzt kämpft er nur mit dem Drachen.

Er soll die anderen auch mal lassen, denke ich, da ruft er selbst: »Wanja, nimm!« Jetzt hält Wanja mit vor Glück überquellenden Augen die Fäden des Luftungeheuers. Felix steht zufrieden daneben.

Ich verlasse die Kinder mit der Auflage an Felix, sich seine Vier-Uhr-Zigarette bei Markus abzuholen, und mache mich selbst auf den Weg zu ihm. Das Hämmern vor dem Haus hat aufgehört, der Zaun ist fertig. Mischa steht da, Markus und der Dorfmilizionär in Zivil. Der Zaun ist so gut wie fertig, das einzige Problem: Es fehlen zwei Latten. Latten ist eigentlich das falsche Wort – Mischa hatte beim Schreiner schön gedrechselte Hölzer bestellt, nur zwei zu wenig, die letzten 40 Zentimeter Zaun bleiben vorerst unverbrettert. Trotzdem sind die Männer sichtlich zufrieden. Und im Gras steht eine fast leere Wodkaflasche.

Es gibt nur ein Glas, Markus schenkt zuerst Mischa ein, dann dem Dorfmilizionär. Oleg Olegowitschs Stimme ist heute lauter als sonst. »Also, komm mal mit mir zur Seite«, er legt mir den Arm um die Schulter. »Lass uns wie Männer reden.« Ich sehe noch, wie Mischa warnend mit den Augäpfeln rollt. »Wieso, sind die anderen keine Männer?«, witzele ich, aber er hat mich schon ein paar Meter weggezogen. »Also, bald ist Tag der Miliz. Und morgen Tag der Kriminalfahndung. Das solltet ihr eigentlich wissen.«

Aha. Der Dorfmilizionär hat sich schon einmal an mich gewandt, damals, nachdem er im Januar Jan die Leviten gelesen hatte: Sein Büro müsse frisch gestrichen werden, ob wir nicht ein bisschen dazuschießen könnten. Ich hatte seine Bitte an Kai weitergeleitet, der wiederum an Klaus oder auch nicht. Aber sie schien untergegangen zu sein, diesmal. Einmal hatte das »Projekt Grünlicht« schon die Reparatur des Milizautos bezahlt.

»Weißt du, wofür ich dich nicht achte? Dass du nicht hältst, was du versprichst«, sagt Dmitrijewitsch jetzt. Ziemlich unhöflich, unter Russen eigentlich eine Beleidigung. Eigentlich sollte er wissen, dass ich hier keine Entscheidungen fälle, dass ich nicht das »Projekt Grünlicht« bin, nur weil ich Russisch spreche. Das versuche ich Olegowitsch auch zu erklären, aber ihn kümmert das nicht. »Früher hattet ihr andere Betreuer hier. Sven« – das war der Betreuer, den die Alkis mit dem Messer angegriffen hatten – »hat meiner Frau französisches Parfüm mitgebracht. Also, bald ist Tag der Miliz. Ich könnte gut eine Schreibmaschine gebrauchen. Und vergiss meine Frau nicht.«

Ich ärgere mich, finde Olegowitsch unverschämt. Weder Kai noch Markus hat er vor Messerstechern gerettet. Er ist zweimal vorbeigekommen, um Jan auszuschimpfen. Aber junge Trunkenbolde zur Räson zu bringen ist sein Job. Andere Milizionäre im Kreis haben viel mehr Kopfzerbrechen mit bestohlenen oder verhauenen Deutschen gehabt, ohne dafür nur ein Streichholz zu verlangen. Andererseits ist Olegowitsch der einzige Milizionär in Oni. Wie viele Deutsche werden hier noch landen und vielleicht auf seinen guten Willen angewiesen sein? Und eine Büroschreibmaschine ist wenigstens nicht sein Privatvergnügen. Ich werde also wieder mit Kai und Markus sprechen. Aber das Parfüm kann er knicken!

Später sitze ich mit Markus beim Tee. »Mein Gott, warum soll er keine Schreibmaschine kriegen?« Nach seiner Stimme zu urteilen, scheint Markus an dem Wodka draußen nur genippt zu haben. »Wenn Klaus einverstanden ist, können wir ja in Krasnojarsk eine kaufen.« Erst jetzt sehe ich, dass sein Handgelenk weiß verbunden ist. Er hat wohl beim Festnageln eines Zaunbrettes danebengehauen, denke ich. Irrtum: »Mein Junge hat mir heute fast die Hand gebrochen«, erklärt Markus.

Am Morgen hatte es Streit gegeben, Freddy sollte altes Abwaschwasser hinaustragen, verplemperte es und rastete aus. Als Markus die Tür öffnen wollte, landete Freddys Schuhspitze auf seiner Hand. »Ich glaube, der Tritt war völlig unbeabsichtigt«, sagte er. »Ich habe einfach zu langsam reagiert. Nicht, dass ich ihn entschuldigen will. Bei solchen Kindern sollte man als Betreuer auf alles gefasst sein.« Die Mittelhand ist geschwollen, tut weh. »Zuerst hatte ich Angst, sie sei gebrochen. Aber ich kann noch alle Finger bewegen.« Statt ins Kreiskrankenhaus nach Partisansk zu fahren, half Markus Mischa weiter beim Zaunbau.

Freddy kommt aus seinem Zimmer, er grinst verlegen. »Du, Markus, die Farben Weiß und Gelb fehlen. Und eine Kanone ist mir schon runtergefallen.« Seine Stimme klingt leicht zerknirscht.

»Die Kanonen solltest du sowieso getrennt anmalen«, rät Markus. Für ihn scheint Freddys Tritt kein Thema mehr zu sein. Freddy verschwindet wieder in seinem Zimmer. Dort bastelt er an einem Modellbauschiff, der Galeone *Elizabeth* von Sir Francis Drake. Aber auch das Zusammenbasteln eines Kriegsschiffes kann etwas sehr Friedliches sein. Sein Tritt von heute Morgen scheint so weit zurückzuliegen wie der Untergang der Großen Armada vor England.

Ein Ausraster, übel, aber abgehakt, erledigt. »Warum sollte ich ihn dafür bestrafen?«, sagt Markus. »Für Freddy ist es schon Strafe genug, dass er seinen Betreuer überhaupt verletzt hat.« Manchmal grenzt Markus' Ironie schon an Arroganz. Aber er hat Recht: Freddy schämt sich wirklich für seinen Jähzorn, bereut ihn, zerbricht sich den Kopf darüber. Markus sagt, seine Wutanfälle richte er meist gegen sich selbst. Und sie sind die Ausnahme, dazwischen liegen Monate. Monate nach Plan: Schule, Hausarbeit, Hunde, Hühner und Schweine füttern. Gurken, Knoblauch und Kartoffeln ernten. Das kleine Einmaleins, Prozentrechnen, Textaufgaben, Gleichungen mit zwei Unbekannten. Und alles ohne Taschenrechner.

In Deutschland lebte Friedemann vor dem Computer, lebte das Prinzip Sofort, das Prinzip Hollywood: Die Guten, die Helden und Sieger in seinen Computerspielen und DVD-Filmen handelten schnell und brutal, der Showdown war ihre Erfolgsstrategie. Und das Virtuelle hatte die Wirklichkeit immer mehr aus seinem Alltag verdrängt. Sibirien aber ist wirklicher, Sibirien ist langsamer: Die Kartoffeln haben sie im Mai angepflanzt, im September ausgegraben. Im Mai haben sie sich auch zwei Ferkel angeschafft, zu richtig großen Schweinen sind die aber noch nicht herangewachsen. Markus meint, irgendwas von Mischas Mästplan habe er wohl falsch verstanden. Aber immerhin, es wird zweimal Spanferkel geben. Arbeit, Geduld und noch mehr Arbeit, das bedeutet in Sibirien Erfolg. Und dieser Erfolg wird im Rhythmus der Jahreszeiten gemessen.

Auch dass Freddy ein Schiffsmodell baut, ist ein Triumph der Geduld. So wie der schwere Sowjetpanzer und die Kampfflieger aus dem Zweiten Weltkrieg, bei denen Markus ihm geholfen hat. Solche Modellbausätze mögen politisch nicht korrekt sein, aber Freddy hat darüber die Langsamkeit wiederentdeckt. Und wenn er um sich tritt, stößt er auf Zärtlichkeit: »Nach Stress, nach Streit habe ich ihn immer wieder beruhigt«, sagt Markus, »in den Arm genommen, ihm das Gefühl gegeben, dass ich für ihn da bin.«

Freddy bastelt in seinem Zimmer, Markus redet wieder über die Jungs: »Was hat denn einer wie Felix noch zu verlieren? Freddy will zu seiner Mutter zurück, Felix hat tatsächlich niemanden, zu dem er zurückwill.« Vielleicht ist Felix auch schon zu lange im System, während Freddy das Glück hatte, in Sibirien zu landen, ohne jahrelang durch Heime und Psychiatrien zu wandern.

Die Tür wird aufgerissen, Felix stürmt herein. Er bleibt mitten im Zimmer stehen und schaut uns mit großen Augen an: Na, wie war ich?

»Schuhe aus!«, schimpft Markus.

Der Knabe reißt die Augen noch weiter, noch erstaunter auf: Schuhe ausziehen? In Sibirien?

»Stefan, kriege ich meine Ziggi?«

Ich schaue auf die Uhr. Er ist eine halbe Stunde zu spät. Aber ich will nicht kleinlich sein, ich gebe Felix seine *Tupolew*. Er setzt sich damit auf die Ofenbank, inhaliert sie mit Genuss, einen Arm quer über die Brust gelegt, er ist still. Offenbar weckt das, was Markus jetzt erzählt, auch seine Neugierde.

»Als Betreuer habe ich Glück. Meine Gewohnheiten, die Art, mit der ich begeistert zu McDonald's renne, das gefällt so einem wie Freddy.« Markus Kleinbürger, der zu Hause jeden Samstag mit seinem elektronisch gesteuerten Modellauto, einem Audi A4, Privatrennen auf dem Ikea-Parkplatz veranstaltete. Er bietet Freddy einen übersichtlichen, gemütlichen Rahmen, lebt ihm das beschauliche Glück des kleinen Mannes vor. Aber vermeintliche Spießer neigen oft zum Anarchismus. »Fast alle Betreuer hier lehnen die Gesellschaft ab, für die sie die Kinder zurechtbiegen sollen.« Das hatte, fast wörtlich, auch schon Piet gesagt. »Wir haben doch alle keinen Bock auf den deutschen Achtstunden-Alltagstrott. Oder auf einen Bekanntenkreis, dessen Hierarchie davon abhängt, wer sich den teuersten Swimming-Pool in den Vorgarten buddeln lässt.« Felix ist das doch zu philosophisch, nach seiner Zigarette klettert er wieder in seine Schuhe: »Ich bin bei Wanja.«

»Aber zuerst legst du in der Banja Holz nach. Und wag es nicht, heute wieder Kühe zu ärgern. In einer Stunde bin ich zurück. Dann machen wir Banja.«

Felix eilt hinaus. Er und Freddy haben kein Wort miteinander gewechselt. Beide bewegen sich auch in ganz unterschiedliche Richtungen: Freddy wird in eineinhalb Monaten mit Markus nach Deutschland fahren. Sie werden in Saarburg wohnen, wo Markus aufgewachsen ist. Er hat dort für Freddy einen Platz in der Schule organisiert, die Lehrer kennen Markus noch von früher. Dort beginnt der zweite, schwierigere Teil des Unternehmens. Dort wird sich herausstellen, ob Freddy in der Schule wirklich eine Chance hat, ob er nicht doch nach ein paar Tagen, ein paar Wochen abhaut, sich in den Zug nach Hause setzt, zu seinen alten Counterstrike-Kumpeln oder zumindest ins nächste Internetcafé. Ein Wagnis, aber Markus glaubt, dass man es mit Freddy riskieren kann. Während sich alle einig sind, dass es für Felix zu früh wäre. Noch vier Monate Sibirien, dann soll er mit Kai nach Südfrankreich in die Pyrenäen, ein erstes Stück näher an die Zivilisation. Vielleicht wird er danach reif sein für die Heimat.

Als ich nach Hause komme, ist Felix nicht da. Aber die Banja ist warm, im Ofen brennt noch verkohlendes Holz. Ich lege nach, gehe zu Wanja hinüber, tatsächlich rennt mir dort Felix in die Arme. »Hände hoch«, rufe ich, »Banja machen.« Er folgt mir grinsend. Noch grinst er.

Samstagnachmittags sitzt ganz Oni in der Banja. Die Banja, das Schwitzbad, ist das Allerheiligste russischer Hygiene, Quelle für Reinheit des Körpers, der Seele, Reinheit auch der Unterwäsche. Jeder Hof hat seine Banja, ein sehr intimer Ort, früher brachten hier die Frauen ihre Kinder zur Welt, in die Banja laden die Sibirier nur enge Freunde ein.

Der Ofen muss gut ziehen, je heißer, desto besser: Bei aller Intimität ist der Dampf in der Banja, glühend-feucht, durch Kräuteraufgüsse oder Bier gewürzt, auch Prestigesache.

Mischa hat Kais Banja, die übliche Blockhütte mit einem winzigen Fenster, abgedichtet. Er hat Werg und Stoff zwischen die Holzstämme der Wände gestopft, die heimtückischen Ritzen mit nicht ganz stilechtem Isolierschaum geschlossen. Nur die Tür hängt von tausendmal Auf-und-zu-Reißen schräg in den Angeln und lässt Zugluft durch. Mischa hat eine schwere Steppdecke davor genagelt. Der rostschwarze Stahlofen summt, darauf dampft heißes Wasser in einer Blechwanne, fünf Plastikwannen voll kaltem Wasser stehen bereit.

Aber gemütlich wird es heute nicht. Auf dem obersten der Sitzbretter liegt ein Haufen Schmutzwäsche, Felix' Garderobe: Von sieben Hosen haben vier überlebt, die rote Skihose, mit der er heute herumgelaufen ist, die graue Outdoorhose, die schwarze Jeans, die Fetzen seiner blauen Katastrophenjeans. Drei einzelne Socken und drei neu gekaufte Paare, zwei T-Shirts, der gelbe Pulli, sein letztes halbwegs warmes Kleidungsstück, vier kurze und eine lange Unterhose, seine flaschengrüne Allwetterjacke – das ist von seinen Klamotten übrig geblieben. Irgendwo fliegt auch noch seine Kaninchenfellmütze herum. Einen Teil der Sachen habe ich unter dem Bett gefunden, der Pulli lag unter der Veranda. Neue Winterkleider brauche er nicht, behauptet Felix. Weil er es hasst, sie zu waschen. Felix entkleidet sich, ich selbst sitze schon nackt auf dem obersten Sitzbrett, da ist es am wärmsten. Von Schwitzen kann keine Rede sein; solange Felix wäscht, werde ich kein heißes Wasser über die Backsteine auf dem Ofen gießen, um Dampf zu machen. Felix ziert sich, zieht seine Unterhose nicht aus, »das mag ich nicht.« In russischen Banja*s* herrscht eigentlich weniger Schamhaftigkeit.

Jetzt beginnt die Katastrophe: die Wäsche. Nicht, dass Felix nicht wüsste, wie es geht. Er hat in einem großen Plastiktopf warmes Wasser gemischt, stopft sein Zeug hinein, bis auf den riesigen Schlafsack, der kommt danach. Er fängt an, die nassen Einzelteile in einer viereckigen Plastikwanne mit Scheuerrillen zu rubbeln. Die unangenehme, die Knochenarbeit beginnt. Felix aber veranstaltet Katzenwäsche, sein Rubbeln ist eher eine Imitation von Rubbeln.

»Nee, das geht so nicht, mach das noch einmal.«

Mein erster Befehl ist das Signal zur Rebellion. Felix murrt. »Mann, du weißt doch gar nicht, wie wir das bei Kai machen!« Ich schweige, er fängt an zu wimmern: »Mir ist übel, mir ist schlecht, ich kotze dir gleich in die Banja, mir ist schwindelig, ich glaub, ich kriege einen Herzanfall.«

Herzkrank ist Felix nicht, aber ein virtuoser Simulant. Einmal wälzte er sich zwischen leeren Medikamentenschachteln, deren Inhalt er angeblich geschluckt hatte, um Selbstmord zu begehen, eine glatte Lüge, der weiße Schaum, den er dabei erbrochen haben wollte, entpuppte sich als Haarshampoo.

Felix hat uns schon alle hereingelegt. Als Kai ihn im Frühjahr zur Strafarbeit in Markus' Klo trieb, Scheiße schaufeln, fing Felix' rechtes Ohr förmlich Feuer, eine Entzündung. Er heulte, dass ihm ein langer Rotzfaden aus der Nase hing, selten habe ich vorher ein Kind so weinen sehen. Wir brachen das Strafschaufeln ab, fuhren mit Felix ins Kreiskrankenhaus nach Partisansk. Aber da gab es keinen Ohrenarzt, man schickte uns 60 Kilometer weiter, nach Jenisejsk, wir fuhren am nächsten Morgen. Der Arzt in Jenisejsk untersuchte Felix, den ersten deutschen Patienten, den er je gehabt hatte, gründlich. »Nein, die Ohren sind in Ordnung, aber die Nase ist verstopft, der Junge hat Schnupfen.«

Es mag nicht recht sein, von einem Kind nur Schlechtes zu denken. Aber den Herzinfarkt nehme ich Felix nicht ab. Auch ein Hitzschlag droht ihm nicht; mir ist warm auf meinem Brett, aber selbst hier oben schwitze ich noch immer nicht. Die Banja, das Symbol sibirischen Friedens, jetzt ist auch sie Schlachtfeld. Felix wütet: »Verficktes kleines Scheißrussland!« Warum bemerkt er immer nur, dass er hier in Russland ist, wenn ihm etwas nicht passt? Sein Geknatsche strengt an, würde er die Energie dafür auf seine Schmutzwäsche verwenden, wäre er viel schneller fertig. Felix weint, nein, er heult. Er heult, wie ein gequältes Kind nur heulen kann, sein Geheul erfüllt die Banja, so laut, als werde es die Fensterscheibe platzen lassen, den Dichtungsschaum durch die Wandritzen hinausdrücken, die letzten Blätter von den Birken reißen. Kippen und Kaffee sind vergessen, seine Behandelt-mich-gefälligst-wie-einen-Erwachsenen-Taktik hat er gegen den Lärmterror eines Dreijährigen getauscht. Karlsson vom Dach ist zum glas- und herzzerspringend schreienden Oskar Matzerath aus der *Blechtrommel* geworden. Ich fange an zu schwitzen, vor Wut – sein Geheul ist geheuchelt, falsch, ich spüre, wie die Wut in mir schwillt – die gleiche Wut, die schon Jan in mir aufkochen ließ. Nur dass ich das Schwellen dieser Wut inzwischen spüre, mich innerlich beobachte. Jetzt brülle auch ich los: »Hör auf zu flennen, du hast das Zeug eingesaut, jetzt wäschst du es!« Er hockt weinend auf den feuchtschwarzen Holzbrettern des Banja-Bodens, mein Gebrüll stürzt sich von oben auf sein Geheul: »Mach weiter!«

»Ich will nicht mehr waschen«, schreit er zurück. »Du gemeine Sau! Du Schwein, du bist wie die Nazis, die kleine Kinder in brennende Häuser schmeißen!« Felix hat die Lektion antifaschistischer Aufklärung, die er gestern von mir bekommen hat, sehr schnell zu seinen eigenen Propagandazwecken zurechtgedreht.

»Oooouuuuhh«, schallt es und: »Hör endlich auf hier blöde rumzuwimmern!« Die Banja ist voll Schlachtgeschrei. Ich klinge jetzt wohl wie ein Kasernenhofcholeriker, hässlich, laut, aber schon routiniert, zur Hälfte geheuchelt, so geheuchelt wie Felix' Schmerz, Krieg der falschen, der schlechten Gefühle. Wer kann der anderen Seite heftigere Emotionen um die Ohren hauen?

Dieser elende Schreihals, nach zehn Minuten Arbeit dreht er schon durch; ich hasse ihn, ich hasse mich, warum bin ich nicht so wie Kai, der ohne solches Gebrüll auskommt? Oder wie Markus, der einmal in Felix' Heularie hineinphilosophiert hat: »Dir tut doch komischerweise immer alles weh, wenn es ans Arbeiten geht. Aber beim Scheißebauen beklagst du dich nie.« Aber was soll's, ich bin kein Pädagoge, kein Profi, und ich bin jetzt nicht gelassen. Also schreie ich. Obwohl ich das Gefühl habe, je mehr ich schreie, desto wirkungsloser prallt mein Geschrei an Felix' Heulglocke ab. Aber dann fängt er wieder an zu schrubben. Leise schluchzend, mit nacktem bebendem Rücken, ein lebendiges Denkmal erlittenen Unrechts, gemarterter Wehrlosigkeit.

Irgendwie tut er mir ja Leid. Dieses Rubbeln geht wirklich in die Oberarme, in die Schultern, Arbeit, die wehtut. Sibirien ist grausam, kein fließendes Wasser, kein warmes Wasser, von einer Waschmaschine oder einem Wäschetrockner ganz zu schweigen. Wie viel Waschmittel hat meine Mutter früher über die Torwartklamotten geschüttet, die ich zwei-, dreimal die Woche völlig verdreckt nach Hause gebracht habe! Auch sibirische Jungs waschen ihre Wäsche nicht selbst, das ist hier Sache der Mütter oder der großen Schwestern. ISE-Land aber ist grausamer, hier muss ein Kind wie Felix das Wäschepensum eines Junggesellen absolvieren. Nur ohne Waschmaschine.

Die Tür wird kreischend aufgerissen. Ruslan. »Warum schreit Felix denn so?« Ruslan staunt. Er steckt in einem großen dunkelgrauen Straßenanzug, weiß gestreift, viel zu groß für ihn, die Ärmel sind hochgekrempelt, der Gürtel klemmt unter den Achseln. Ich muss grinsen.

»Was hast du denn da an?«

»Ich bin in den Misthaufen gefallen, da hat Mama mir das hier angezogen.« Auch Ruslan grinst, selbst Felix hört auf zu schnaufen und schielt neugierig zu ihm hinüber.

»Warum schreit er denn so, soll ich beim Waschen helfen?«, erkundigt sich Ruslan. »Arbeit macht doch Spaß!« In ISE-Land klingt so ein Spruch heuchlerisch, aber in Sibirien teilen die meisten Kinder Ruslans Philosophie. Oder wie Lena, eine Nachbarin aus meinem Haus in Partisansk, einmal erzählt hat: »Als Kinder haben wir zugesehen, wie unsere Mutter die Wäsche in einem Eisloch auf dem Sisim gewaschen hat. Und wir standen daneben. Ich erinnere mich noch genau, wie ich meine Mutter bewundert habe und wie ich vor Begierde brannte, auch einmal wie sie mit bloßen Händen im Eiswasser Wäsche zu waschen.«

Aber jetzt arbeitet Felix. Das ist sein Job, er hat seine Klamotten schmutzig gemacht, also wäscht er sie auch. ISE-Spielregeln, Kais Spielregeln, schließlich bin ich ja da, um diese Spielregeln aufrecht zu halten. Auch wenn Felix jetzt wieder seine Standardparolen knurrt: »Na warte, wenn Kai wieder da ist, herrscht hier eine ganz andere Ordnung!«

Ich schicke Ruslan weg, er solle in einer Stunde wiederkommen, falls Felix dann fertig ist …

»Darf Ruslan heute bei uns schlafen?« So bitter seine Lage auch ist, Felix versucht tapfer, taktischen Nutzen aus dieser Bitternis herauszuschlagen.

»Mal sehen, wie das weiter mit dem Waschen läuft.«

Großkampftag in der Banja, könnte man melden oder: »Das Kind lieferte auch dem Ersatzerwachsenen in der 127. Runde einen heftigen Schlagabtausch«. Aber nach allem Gebrüll arbeitet Felix wieder, die durchgewalkten Unterhosen und T-Shirts steckt er in frisches heißes Wasser. Einige Stücke bekäme auch keine Waschmaschine der Welt mehr sauber, vor allem die lackierten Fetzen seiner Brightjeans. Aber Felix arbeitet, er arbeitet mit einer gewissen Routine.

»Stefan, ob das Wasser gut ist?« Felix trinkt aus einem der Zuber direkt mit dem Mund Brunnenwasser, weicht auch den riesigen Schlafsack ein.

»Lass den Schlafsack einweichen, wasch dich, danach machen wir den zusammen.«

Er zieht sich doch noch nackt aus, ein kurzbeiniges, gedrungenes, aber doch ein mageres Kind. Es gießt sich warmes, dann auch eine Kelle kaltes Wasser über den Kopf. »Kalt tu ich nie über den Rücken, weil ich ja schon mal einen Schock hatte«, erklärt er, doch noch einmal den potenziellen Infarkt andeutend.

Sein Schlafsack wiegt nass mindestens 40 Kilo, ist schwerer als Felix selbst. Ich schicke ihn raus, sich anziehen, und mache mich selbst daran, das Monster zu scheuern. Banja – irgendwie habe ich heute auch keine Lust mehr auf großen Dampf, die Luft ist raus; wenn ich jetzt noch zwei Stunden Wonneschwitzen veranstalte, weiß Gott, was Felix in der Zeit anstellt. Ich wasche mich.

Wieder eine Schlacht. Nichts Blutiges, nichts Lebensgefährliches – gelitten haben nur Stimmbänder, Trommelfelle, Nerven. In mir wallen gemischte Gefühle: Müdigkeit, Ärger darüber, dass der Knilch es sich, mir und dem Rest der Welt so schwer macht. Aber auch Erleichterung. Ich ahne jetzt zumindest, wie sich Kai nach jener Wäscheschlacht gefühlt haben muss, als er Felix eine Kelle mit kochend heißem Wasser aus der Hand schlagen musste – Felix hatte gedroht, sie ihm ins Gesicht zu kippen.

Doch da ist auch ein Gefühl, das nicht gerade angenehm ist, an sich zu verspüren – das Gefühl der Macht: Eineinhalb Stunden habe ich Felix herumkommandiert, ihn gezwungen, mir zu gehorchen. Jetzt kann ich die Betreuer verstehen, die dieses Gefühl selbst bemerkt haben. Wie Markus sagt: »Du sitzt hier mit deinem Zögling in der Taiga, am Ende der Welt, du bist in einer Situation, wo du mit ihm machen kannst, was du willst.« Du bist stärker, du hast das Geld, die Leute hier glauben dir im Zweifelsfall mehr als dem Kind. Ungut, dass dieser Job derartige Gefühle weckt. Wie schnell kann aus Machtbewusstsein Lust an der Macht werden, der böse Wunsch, auch einmal nach den Spielregeln der Kleinen zu spielen, also nach gar keinen. Du brauchst ja gar nicht pädophil oder Sadist zu sein, kleine Gemeinheiten reichen doch schon: Morgens, wenn der Kleine noch schläft, die Musik laut drehen, dir Saft, dem Kind aber nur Wasser einschenken … Klaus erzählt, auf dem Betreuermarkt liefen alle möglichen Typen herum, er bekomme oft genug Anrufe von Erziehern mit dem Tenor: »Haste mal ein Kind für mich?«

Aber hinter diesem kalten Kitzel spüre ich ein anderes, wärmeres, auch stärkeres Gefühl. Es wäre Pathos, es Liebe zu nennen, aber vielleicht ist Nähe das richtige Wort, Nähe zu Felix. Wir haben uns bekriegt, aber wir haben die Waschaktion zusammen durchgezogen. Jede Schlacht schafft doch ein Stück Gemeinsamkeit, Weggefährtentum. Und es war ein kleines Stück Weg in die richtige Richtung. Dieses Gefühl der Nähe, der Gemeinsamkeit geht wieder in ein anderes über: Ich spüre, das, was ich hier versuche, das, was Kai, Markus und die anderen Monate und Jahre durchhalten, ist etwas Nützliches, Sinnvolles. Felix mag von der schiefen Bahn runterkommen oder auch draufbleiben, aber er hat hier gelernt, länger als zehn Minuten an einem Stück zu arbeiten. Und wenn er sich an Sibirien, an Kai erinnert, es wird eine gute Erinnerung sein. Daran, dass es Menschen gegeben hat, die ihnen helfen wollten. Vielleicht ist es ja dieses Gefühl, das den Betreuern überhaupt die Kraft gibt, sich beschimpfen, treten, verleumden zu lassen. Oder wie Kai aus Platzgründen fünf Wochen lang mit Felix ein Bett zu teilen und jeden zweiten Morgen voll gepinkelt aufzuwachen. Wenn es doch Liebe ist, dann christliche Nächstenliebe, der Wille, in die Herz- und Hirnströme dieser Kinder doch noch Samenkörner der Güte, der Geduld, des Fleißes zu säen. Der Weg ist das Ziel, auch in ISE-Land.

Als Felix wiederkommt, wringen wir den Schlafsack gemeinsam aus. »Ja, mein Junge, das Leben ist Arbeit«, belehre ich ihn und grinse selbst über diese platte Halbwahrheit. Auch Felix kichert: »Aber nicht für den kleinen Felix.«

Ich erwische Ruslan und Felix noch, wie sie rausrennen, wieder mit Kais blauem Bergsteigerseil. Es geht also wieder den Kühen an den Kragen. Ich kassiere das Seil ein: »Lasst die Kühe in Ruhe. Dann darf Ruslan bei uns schlafen.« Ich gehe zu Mischa hinüber, von dort habe ich die Dorfstraße im Blick.

»Na«, Mischa grinst, »hundert Gramm?«

100 Gramm, das heißt 100 Gramm Wodka oder Samogon.

Das Gute bei Mischa ist, wenn er 100 Gramm sagt, dann meint er auch 100 Gramm, und nicht eineinhalb Liter.

»Na gut, ein Gläschen«, warum nicht, nach dem Stress in der Banja? Alkohol ist auch so eine Sache. Inoffiziell hat Klaus Alkohol im Projekt verboten. Weniger aus Sorge um die Leber seiner Betreuer, sondern vielmehr wegen des schlechten Beispiels für die Kids. Die achten darauf, was ihre Betreuer trinken, ständig auf der Lauer nach Schwachpunkten. »Na, Kai, bist du schon wieder besoffen?«, lautet Felix' Standardfrechheit, wenn Kai nur an einem Tisch sitzt, auf dem eine Flasche steht. Obwohl Kai Wodka nicht ausstehen kann – das erste Glas trinkt er mit, das ist Ehrensache, dann nippt er nur noch. Ich dagegen zehre selbst bei Felix von meinem Image als Halbrusse: Wer russisch spricht, darf auch russisch saufen.

Ich sitze mit Mischa in der Küche am Tisch, zwei kleine Gläser und eine Wodkaflasche *Standard*, halb voll mit Samogon, stehen auf der Plastiktischdecke. Mischa hat mir einen Teller mit *borschtsch* hingestellt, dazu grauweißes Brot und *bliny*, kleine Pfannkuchen, die goldgelb in der Spätnachmittagssonne glänzen. Die Küchenwände, die Küchenmöbel, alles weiß gestrichen, alles ist blitzblank, auch in Oni gibt es Momente, da alle Arbeit getan ist. Sibirisches Wochenende. Mischa trägt eine Strickweste über seinem karierten Hemd, rümpft genießerisch die Nase und hebt sein Glas mit den ersten 50 Gramm drin: »Na, auf uns!«

Der Rest der Familie sitzt drüben im Zimmer, Mutter und Tochter schauen Fernsehen: »Wie werde ich Millionär?« Kostja löst Kreuzworträtsel. Alle sind heute in der Banja gewesen, zuerst der Vater, dann der Sohn, dann die Frauen. In Sibirien sind die Frauen oft zuletzt an der Reihe, wenn es um die Banja geht, aber grundsätzlich. Wohl, damit sie hinterher direkt sauber machen können.

»Gibt es was Neues von der Armee?«, frage ich.

»Nein, es heißt, die Einberufung kommt Anfang Dezember«, antwortet Mischa. Kostja sitzt seit Monaten zu Hause, wartet auf den Wehrdienst. Er hatte schon einen Einberufungsbescheid für die Raketentruppen, im Mai. Aber der wurde aufgehoben, genauer, aufgeschoben. Seitdem wartet er; zwecklos, jetzt Arbeit zu suchen, ein verlorenes halbes Jahr. Amtliche russische Wehrgerechtigkeit.

Im Frühjahr studierte Kostja noch am Automobilinstitut in Krasnojarsk. Aber dann wurde Mischas Frau Valentina krank, der Magen. Mischa verdient zwar beim »Projekt Grünlicht« 3000 Rubel im Monat, mehr als die meisten im Dorf. Trotzdem stand er im Sommer vor der Wahl, 15 000 Rubel zu zahlen, um seine Frau kurieren zu lassen, oder 18 000 Rubel Gebühren für das nächste Studienjahr seines Sohnes. Eine Schicksalswahl. Mischa nahm Kostja vom Institut. Der wurde prompt gemustert und für tauglich befunden. Jetzt heißt es, er solle zu den Truppen des Innenministeriums – Truppen, die oft in Tschetschenien landen.

Aber was tun? Wenigstens geht es Valentina nach einer Operation und zwei Kuren besser, auch wenn sie jetzt Probleme mit den Beinen hat. Immerhin, sie lacht wieder mehr als im Sommer, aber ihre früher so roten Wangen sind weiter blass. »Ich liege oft die ganze Nacht wach«, klagt sie, »das Leben ist traurig geworden.«

Mischa und Valentina sind gleich groß oder, besser, gleich klein; beide haben dunkle Haare und schwarze Augen. »Die Leute halten uns für Geschwister«, sagt Mischa, »nur dass Valentina bessere Zähne hat.« Valentina lacht dazu. Sie ist Russischlehrerin, eine Studierte. Als die beiden sich verliebten, wehrte sich Valentinas Mutter deshalb zuerst heftig gegen eine Heirat.

»Hast du mit Kai telefoniert?«, ruft Valentina jetzt aus dem Wohnzimmer. »Nein, der wird froh sein, wenn er mal ein Wochenende nichts von Felix hört«, rufe ich zurück.

»Ja, es ist erstaunlich, wie viel Geduld Kai bei Felix aufbringt«, Mischa tunkt ein Stück Graubrot in die Suppe. »Und Russisch spricht er inzwischen auch schon ganz gut.«

Eine Schlacht hat Kai in Oni auf jeden Fall gewonnen: die um den Respekt des Dorfes. Damals, als er mit Jan scheiterte, redete Mischa noch anders: »Mit dem Jungen hätte man arbeiten können, Kai hat zu schnell aufgegeben.« Und Valentina schimpfte: »Was ist das denn für ein Betreuer, der den ganzen Tag nicht aus dem Haus herauskommt?« Jetzt hält Kai seit acht Monaten die Stellung gegen Felix, der längst im ganzen Dorf als Nervensäge bekannt ist.

Auch wenn Valentina und Mischa mehr mitbekommen als alle anderen in Oni, sie betrachten das ISE-Spiel doch mit russischen Augen: mit den Kindern arbeiten, sie beschäftigen, sich um sie kümmern, ihnen, wenn nötig, auch eine scheuern. Mischa erzählt gern die Geschichte von dem deutschen Betreuer, der vor ein paar Jahren einen gewalttätigen Zögling, der ihn mit einer Axt beworfen hatte, ins Loch des Kartoffelkellers stopfte, ein Fass darauf stellte und mehrere Stunden darauf saß. »Wäre das kein Job für dich?«, fragt Mischa plötzlich. Was für eine Frage, benehme ich mich schon wie ein Sozialpädagoge?

»Nee, Mischa«, sage ich, »ich brauche meine Freiheit. Auch hier in Sibirien. Mit so einem Knilch sitzt du doch fest, Tag und Nacht wie in der Verbannung, wie im Gefängnis.« Und denke, ohne es zu sagen: für deutsche Verhältnisse eine ziemlich mies bezahlte Verbannung. 2000 Euro Monatshonorar.

Wir trinken unsere zweiten 50 Gramm, ich frage Mischa, ob das mit den Brettern für Achmed okay sei. Der hatte gefragt, ob er sich ein paar in Reserve liegende Palisadenbretter von Kai zum Abdecken seiner noch nicht fertigen Garage ausleihen könne.

»Gebt Achmed bloß keine Bretter. Die seht ihr nie mehr wieder! Diese Tschetschenen sind gerissen«, Mischa entrüstet sich. »Ich weiß ja, du bist oft bei ihnen, aber glaub mir, das ist ein hinterlistiges Volk.« Und Mischa schimpft los. Achmed lasse seine Schafe überall weiden, Achmed verkaufe in Krasnojarsk das Fleisch von Kühen, die verreckt seien und früher, zu Sowjetzeiten, in vier Meter tiefen Gruben verbrannt worden wären. »Glaub mir«, sagt Mischa, »das hat nicht mal was mit Politik zu tun.« Wie oft habe ich das schon gehört: Die Tschetschenen sind Gauner, panschen den Samogon, und für ein Huhn, das Tschulpan frisst, kassieren sie 200 statt 50 Rubel. Tschulpan hat einige Hühner gekillt, auch tschetschenische, für ein Huhn wollte Sofia 100 Rubel, während der russische Kolchosveterinär für seine gesteinigte Ente 500 Rubel verlangte …

Ich kann Mischa verstehen, auch wenn ich nicht glaube, dass er Recht hat. Als Achmed im ersten Tschetschenienkrieg mit den Seinen hierher flüchtete, empfing das Dorf ihn noch freundlich. Dann schloss man 1996 Frieden, Tschetschenien wurde praktisch unabhängig, Achmed fuhr wieder nach Hause. Aber die tschetschenischen Islamisten gaben damals keine Ruhe, überfielen reihenweise russische Grenzposten, kidnappten und ermordeten russische Bürger. Kein Wunder, dass Wladimir Putin die Masse der Russen hinter sich hatte, als er 1999 den zweiten Tschetschenienkrieg mit der Parole ausrief, man müsse »die tschetschenischen Banditen in ihren Latrinen ersäufen«.

Dass Putins Truppen danach in Tschetschenien mehr Zivilisten als Partisanen in ihrem Blut ersäuften, welcher Sibirier hat das noch mitbekommen? Zwar haben auch in Oni fast alle Fernseher, aber zu empfangen sind hier nur die Nachrichten der staatlichen Kanäle. Ihre Tschetschenien-Berichterstattung ist immer einseitig, meist verlogen, meldet entweder siegreiche Antiterroraktionen oder friedliche Aufbauleistungen des russischen Besatzungsregimes. Noch mehr Hass schüren TV-Serien wie »Spezialeinheit«, wo russische Rambo-Verschnitte blauäugige slawische Frauen vor sadistischen Tschetschenen mit stechendem Blick retten. Nein, Achmed mochte schuften oder faulenzen, ehrlich sein oder ein Gauner, Mischa und die anderen im Dorf würden ihn nicht lieben.

Felix reißt die Tür auf, ohne zu klopfen. »Schuhe aus«, kommandiere ich schon automatisch, aber er bleibt auf der Schwelle stehen: »Stefan, draußen ist es so kalt. Dürfen wir die Schlüssel haben?«

»Sag zuerst einmal Guten Tag.«

»*Priwjet Mischa*«, seufzt Felix mit einem flüchtigen Seitenblick. Die Schlüssel, auch die sind tabu für Felix. So wie das ganze Haus, wenn kein Erwachsener da ist. Erhöhte Diebstahlgefahr. Andererseits kommt draußen mit der Dämmerung der Frost. Zu den Tschetschenen will ich die beiden auch nicht schicken. Die haben heute Abend das Haus voll Besuch, Landsleute aus Krasnojarsk, und sind schon aus Platzgründen froh, dass Ruslan bei uns übernachtet.

»Na gut«, ich gebe Felix den Schlüssel. »Aber untersteh dich, in Kais Zimmer zu gehen! Ich komme in zehn Minuten.« Felix stürzt grußlos davon.

»Weißt du, Mischa, ich bin gerade mal wieder dabei, dem Jungen das Rauchen abzugewöhnen. Oder das Fluchen.« Ich nutze Felix' Erscheinen, um das Thema zu wechseln. »Felix bekommt für jedes Schimpfwort eine Zigarette abgezogen – gestern drei, heute eine.«

»Ach ja?«, erwidert Mischa. »Heute Mittag ist er bei mir rumgeturnt, hat mit zwei vollen Schachteln gefuchtelt.«

»Ja«, ruft Valentina, »er hat behauptet, eine Schachtel hätte Sofia ihm geschenkt.«

»Was waren denn das für Zigaretten?«

»Eine Schachtel war rot, Kostja, du hast sie doch auch gesehen!«

»Das waren keine billigen, vielleicht Marlboro.« Kostja ist zu uns in die Küche geschlendert, gelassen wie immer, leicht amüsiert über Felix' letzten Streich.

»Und ihr habt die Zigaretten heute gesehen.«

»Ja, heute«, sagt Mischa.

»Ich weiß nicht, war das nicht gestern?«, überlegt Kostja. »Oder vorgestern?«

Draußen dunkelt es, mit der Nacht ziehen Wolken auf. Der Tag, auch die Banja, ist geschafft und dann, quasi in der 93. Spielminute – Eigentor. Da habe ich meine Quittung: Vier Zigaretten habe ich Felix abgezogen, dafür hat er zwei Packungen erbeutet. Ich muss kontern, etwas unternehmen, ihn eigentlich bestrafen. Oder soll ich warten, bis Kai morgen Abend wieder auftaucht?

Aber Felix hat bei mir gesündigt, der Kippenkrieg war mein Ding, warum soll ich Kai mit dem Abstrafen behelligen? Andererseits, was hat Felix nicht schon alles angestellt: Hühner und Enten gemordet, Kindergeld und Hunde gestohlen, mit geklautem Samogon gehandelt, Fensterscheiben eingeschlagen, gelogen und verleumdet. Und der Himmel weiß, wie viel hundert verbotene Zigaretten – geklaut, geschnorrt, von geklautem Geld gekauft – hatte er schon inhaliert. Er hat auch schon Packungen gestohlen, um sie, bevor es überhaupt jemand merkte, grinsend wieder herauszurücken. Bevor ich mich für irgendeine Strafe entscheide, verhöre ich den Täter.

Migo
Partisansk, Februar 2002

Migo war 16 Jahre alt und hieß eigentlich Miguel. Sein kurzes Haar war dunkel, aber nicht ganz schwarz, seine Haut noch blass vom deutschen Winter, aber im kalten sibirischen Licht schien in seinen großen schwarzen Augen schon der Sommer zu leuchten. Migo stammte aus La Paz, der größten Stadt Boliviens, das erste deutsche Problemkind südamerikanischer Abstammung in Sibirien. Migo trug seine wattierte russische Armeehose extrem niedrig, als wäre es eine Brightjeans, der Schritt hing fast bis zu den Knien herab. Er wirkte trotzdem elegant, ein makellos gewachsener Jungfußballer, das Weiß seines noch etwas schüchternen Lächelns war blendend.

Sein Betreuer hieß Peter, war 27 Jahre alt, sein Gesicht ebenfalls blass, sein braunäugiger Blick zupackend, sein Vollbart brünett, seine Schultern breit, der Apostel Paulus im Schnee. Allerdings ein martialischer Apostel: Er und Migo hatten sich in Krasnojarsk neu eingekleidet – riesige Gummisackleinenstiefel, gepolsterte Tarnjacken und Tarnhosen, russische Winteruniformen. Dazu trugen sie eng anliegende Strickmützen aus grauer Wolle. Ich musste lachen. Ich gebe zu, mein Lachen war schon etwas russisch, ich hatte zu viel russisches Fernsehen, zu viel russisches Kino gesehen. »Was lachst du denn?«, erkundigte sich Peter. Seine Stimme war dunkel, voll, eine Radiostimme mit ganz leichtem thüringischem Dialekt.

»Ihr seht aus, als kämt ihr frisch aus Tschetschenien«, grinste ich. Peters Aufzug entsprach perfekt der postsowjetischen Kriegstracht, in der russische Fallschirmjäger und tschetschenische Partisanen in den kaukasischen Bergen Jagd aufeinander machten. Bis hin zu dem blauweiß geringelten Matrosenhemd, das aus Peters offenem Kunstfellkragen hervorschaute. Dazu sein Vollbart – solche Bärte trugen die Russen in Tschetschenien natürlich nicht. Peter sah aus wie der kleine Bruder jener tschetschenischen Feldkommandeure, deren bärtige Konterfeis in ganz Russland verbreitet waren – auf Fahndungsfotos. Und daneben der dunkeläugige Migo. Auch er wäre als Tschetschene, wenn nicht sogar als Araber durchgegangen, laut russischer Propaganda wimmelte es in Tschetschenien von arabischen Söldnern. Zum Glück war die sibirische Provinz nicht Moskau oder Neubrandenburg, Skinheads gab es hier nicht, sonst hätte ich wohl kaum gelacht. Aber auch Peter grinste: »Die haben uns schon am Busbahnhof in Krasnojarsk kontrolliert.«

Migos vorsichtiges Lächeln ließ ahnen, dass er sich gern mit amüsiert hätte, aber noch nicht verstand, worüber. Da standen die beiden – Migo aus La Paz und Peter aus der ehemaligen DDR – und wollten in Sibirien kaukasischen Karneval feiern. Nach all den Dramen in der ISE-Kolonie schöpfte ich Hoffnung, dass es hier auch richtig lustig werden könnte.

Als Migo und Peter im Februar kamen, waren Felix, Freddy und auch Nina schon da. Aber Nina hielt sich noch ruhig, Freddy schien langweilig, Felix auf anstrengende Art harmlos. Migo wirkte auf den ersten Blick tausendmal spannender. Außerdem würden er und Peter direkt vor meiner Nase wohnen, in Partisansk, in der Uliza Pobedy, der Straße des Sieges, fünf Autominuten von mir entfernt. Vorher hatten sie gemeinsam einen Monat in Rostock verbracht. Migo hatte dort ein Praktikum in einer Backstube absolviert. In Sibirien sollten sie vier Monate leben, dann gemeinsam nach Deutschland zurückkehren, Klaus hatte für Migo eine Lehrstelle als Bäcker in Aussicht, obwohl der Junge ohne Schulabschluss war.

Partisansk war das Kreiszentrum, größer als Oni, größer als

Frolowo, hier lebten 5000 Menschen, es gab zwei Mittelschulen, eine Zeitungsredaktion, sogar Lokalfernsehen. Im Haus der Kultur wurden manchmal echte Leinwandfilme gezeigt, russische Filme, die allerdings schon ein oder zwei oder zwanzig Jahre vorher in Moskau gelaufen waren. Ansonsten aber lebte Partisansk das gleiche hölzerne Leben wie alle anderen Dörfer im Kreis. Die Menschen schaufelten Schnee, fütterten ihr Vieh, schleppten Wasser von den Brunnen, guckten abends Fernsehen. »Verkaufe Kohle, Heu und eine gute Kuh. Wenden Sie sich in Frolowo an Grenjenko N. I.«, »Kaufe trockenes Brennholz«, »Verkaufe Monatsferkel«, lauteten die Kleinanzeigen im »Sibirischen Werktätigen«, wie die zweimal wöchentlich erscheinende Kreiszeitung hieß.

Junge Frauen schoben mit Sperrholz verkleidete Kinderschlitten vor sich her, die Autos ließen ihnen den Vortritt. Partisansk wirkte auf provinzielle Art europäischer als das rüpelhafte Moskau. Und doch war auch Partisansk eingekreist von der nordasiatischen Taiga, auch hier belagerten sich Wildnis und Zivilisation gegenseitig.

In Grischa Grigorjenkos Stall lag eine kräftige Wölfin, tot, mit leicht geblecktem Gebiss und halb eingezogenen Läufen, als wäre sie im Galopp festgefroren. Keine Kugel hatte sie erwischt, sondern die Stoßstange des Kamas-Lasters, mit dem Grischas Sohn Kolja auf dem *simnik*, der Winterstraße, durch die festgefrorenen Sümpfe gefahren war, um 700 Kilometer weiter nördlich Kartoffeln aufzukaufen. Die Wölfin war plötzlich auf die Piste gesprungen, ins Scheinwerferlicht, sie geriet in Panik, suchte ihren Fluchtweg im Lichtkegel der Scheinwerfer. Kolja, der auch Jäger war, drückte das Gaspedal durch, nach etwa acht Kilometern wurde die Wölfin müde, langsamer, der Wagen holte sie ein, seine Stoßstange zerschlug ihr das Rückgrat. Dumme Wölfin – tote Wölfin. Eine simple, grausame sibirische Gleichung. Dabei gelten die Wölfe als die klügsten und vorsichtigsten Bewohner der Taiga. Solange sie im Wald bleiben, gilt die Jagd auf sie als mühselig bis zwecklos.

Aber es kam keine Jagd in Gang, Grischa wartete mal wieder. »Ist kein Wind da«, klagte er. »Sinnlos, in die Taiga zu fahren.«

In der dröhnenden Stille der Taiga hatten die Menschen kaum eine Chance, sich an einen Elch heranzuschleichen. Die Tiere witterten sie frühzeitig und suchten das Weite.

Ich war eigentlich froh, dass kein Wind da war. Denn der hätte nur wieder die Skatingloipe auf der anderen Seite des Sisim verweht, auf der ich nun endlich Ski laufen konnte. Andererseits hatte Grischa mir versprochen, mich mit in die Taiga zu nehmen. Ich erzählte Peter davon, der sofort Feuer und Flamme war. »Mann, Taiga, das wäre das Größte.« Grischa hatte nichts dagegen, auch Peter und Migo mitzunehmen. Nur Migo sträubte sich. »Nein, in die Taiga will ich nicht, da habe ich einfach Schiss.« Noch herrschte sowieso Flaute.

Das Haus an der Straße des Sieges war kleiner als die Häuser in Oni und Frolowo. Aber es hatte zwei richtige Zimmer, wenn auch eins nur ein Durchgangszimmer war. Migos Zimmer. Auf der Tür dazwischen hatte sich ein ISE-Krieger verewigt: »FICK DICH DU ARSCHLOCH DENN DU BIST DER GRÖSSTE HURENSOHN DER WELD.« Das galt wohl einem Betreuer. Der hatte auch seine Graffiti hinterlassen: »Manchmal muss man verstummen, um gehört zu werden. St. Jerzy Lec.«

Migo saß in einer Armeehose und einem blendend weißen Skipulli am Küchentisch. Vor sich hatte er ein DIN-A4-Schulheft, das er in Schönschrift voll schrieb. »Das ist mein Erinnerungsbuch.« Migo sprach ein sauberes Nordhochdeutsch. »Nein, mein Tagebuch.« Daneben lag ein Stapel mit Fotos. »Das ist mein Vater, ein Deutscher, meine Mutter, eine Deutsche.« Die Gesichter auf den Fotos waren blass und blond, erübrigten seine Erläuterungen, »mein großer Bruder, ein Deutscher, meine Schwester, die ist aus Bolivien.« Ansonsten waren auf den meisten Fotos Mädchen zu sehen, hübsche Mädchen. »An Mädchen«, lächelte Migo bescheiden, »habe ich keinen Mangel.«

Migos Geschichte war nicht so hübsch wie die Fotos, mit denen er sie illustrierte: ein Straßenkind, eigentlich ein Straßenbaby aus La Paz, der größten Stadt Boliviens, adoptiert von einem deutschen Großkaufmann und seiner Frau. Aber Migo kam in seiner neuen deutschen Familie nicht klar, um es vorsichtig zu formulieren. Mit 13 Jahren lief er weg, lebte zwei Jahre auf der Straße, übernachtete in Müllcontainern, handelte mit Drogen, prügelte sich, wurde eingefangen, lief wieder weg, man schickte ihn in eine Jugendpsychiatrie, dann auf eine Reise nach Bolivien, in die Ghettos von La Paz zu seinen Wurzeln. Nach der Rückkehr aus Bolivien erklärte Migo, er wolle sein Leben ändern. Aber er wollte nicht mehr zurück zu seiner Familie. Also ein Fall für Klaus, für das »Projekt Grünlicht«. Das Praktikum als Hilfsbäcker in Rostock war gut verlaufen. Vier Monate in Sibirien, fern dem deutschen Drogenmarkt, sollten Migos Weichen endgültig in Richtung Normalität stellen.

Peter, der Pädagoge, war Drogenspezialist, in Berlin hatte er Junkies, die aussteigen wollten, betreut. Wie Kai hatte er erst im Herbst zuvor sein Pädagogikstudium abgeschlossen, allerdings war seine Diplomarbeit nicht ausgezeichnet, sondern von den Professoren verrissen worden: Er hatte darin für die Freigabe weicher Drogen plädiert. »Wenn das hier vorbei ist, fahre ich mit Migo zuerst mal nach Amsterdam«, sagte Peter. »Denn in Deutschland wird er sein Leben lang mit Drogen konfrontiert sein.« Aber nach dem, was ich über Migo gehört hatte, galt es weniger, ihn vor der Drogenszene zu retten als vor seiner gutbürgerlichen deutschen Familie. Eine preußisch-protestantische Familie aus Lübeck, in der Stadt hoch angesehen. Peter sagte, die bolivianischen Adoptivkinder seien für sie nur Vorzeigeaffen gewesen. Neben Migo hatten sie noch ein Mädchen aus La Paz zu sich genommen, »meine kleine Schwester«, wie Migo immer sagte.

Peter, der Migo bei seinen Eltern abgeholt hatte, erzählte, die Fotos der südamerikanischen Kinder hätten an der Wand unter denen ihrer deutschen Geschwister gehangen. Migo sagte, die deutschen Kinder seien bevorzugt worden, ihn hätte die Mutter oft im Kleiderschrank eingesperrt. Und nach dem, was Migo erzählte, hatte sein großer Bruder seine bolivianische Schwester angeblich vergewaltigt. Das hörte ich auch von den Betreuern. Die Familie aber habe die Vergewaltigung unter den Teppich gekehrt. Eine hässliche Geschichte. Trotzdem benahm Migo sich anders als die anderen Kinder im Projekt. Er redete wenig, hörte zu und lächelte dabei oft. Er war auf andere Art aufmerksam als Jan, Felix oder Nina. Er lauerte nicht auf taktische Fehler der Erwachsenen, Migo schien einfach neugierig zu sein. »Stefan«, fragte er mich, »was machst du für komische Sachen? Wenn du glaubst, dass keiner auf dich achtet, schaust du aus dem Fenster und kneifst ein Auge zusammen.« Der Tick war mir selbst nie aufgefallen.

Migo lächelte viel, aber still. Er verbreitete Sonnenschein, aber eher sibirischen als südamerikanischen, hell, angenehm, aber nicht grell. Vielleicht weil seine Heim- und Klapsenkarriere nur ein paar Monate und kein halbes Leben gedauert hatte. Vielleicht hatte er in seiner Adoptivfamilie auch gute Zeiten erlebt. Wenn Migo sich über Peter ärgerte, beschimpfte oder verfluchte er ihn nicht, sondern stellte eine Frage: »Hej, Alter, was geht?« Wenn jemand redete, fiel er ihm nicht ins Wort, um auf *sich* aufmerksam zu machen; er hörte zu, lachte über die Scherze der anderen.

Vor allem Peter bot Anlass zum Lachen. Er zeigte grinsend die Zähne, zog eine heftige Grimasse, grinste wieder, und plötzlich fehlte ihm der linke Eckzahn. Mit dieser Zahnlücke sah er endgültig aus wie ein tschetschenischer Rebell. »Den Zahn hab ich als Paketzusteller nach einem Sturz im Treppenhaus verloren. Er flog raus, mit der Wurzel, es blutete wie wild, mein Postauto war nachher richtig schwarzrotgold. Der Zahnarzt hat zu mir gesagt, ich solle sofort den Zahn suchen, man könne ihn noch einpflanzen. Ich fuhr zurück, da rannte eine Frau mit Hund rum, mein Gott, wenn der meinen Zahn voll pinkelt, habe ich gedacht; aber ich habe den Zahn gefunden, der Zahnarzt hat ihn mir noch einmal eingesetzt. Aber der Zahn wollte doch wieder raus. Jetzt habe ich ein Provisorium drin, das kann ich im Mund mit der Zunge rausziehen. Aber ich will mir ein Implantat einsetzen lassen, eine aufwändige Operation. Die kann ich mir erst leisten, wenn ich zurück bin aus Sibirien.«

Peter war ein Kind des DDR-Sozialismus, ein ziemlich überzeugtes, seine Mutter war Russischlehrerin, sein Vater Schlosser. Als Junge wollte er MiG-Pilot werden, um im Dritten Weltkrieg den Luftraum über Berlin von Nato-Kampffliegern freizuschießen. Die Wende war eine Enttäuschung für ihn: »Bananen! Alles schrie: ›Wir sind ein Volk!‹ Aber denen ging es nicht um Einheit oder Freiheit, sondern um Bananen!«

Bei der Bundeswehr handelte er sich zwei Disziplinarverfahren ein: »Ich erkenne nur Autorität an, wenn wirklich Leistung dahinter steckt.« Er versuchte es als Scharfschütze bei der Brandenburger Polizei, auch da stieg er wieder aus, begann Pädagogik zu studieren. »Weil es keinen Numerus clausus hat und eine Frauenrate von fünfundneunzig Prozent.« Peter brachte coole Sprüche, Che Guevara im Pelz: Hört mal, Leute, wir müssen die Welt verändern, aber dabei sollten wir unseren Spaß haben!

Bei aller Lässigkeit hatte Peter seine eigene Vorstellung von Pädagogik. »ISE ist so eine ›Ich-hab-für-alles-Verständnis-Pädagogik‹, da wird einem Kind so viel Geld in den Arsch geblasen, da werden so viele Betreuer verheizt, ich halte Erziehung im Kollektiv für besser.« Peter träumte davon, in Russland ein Dorf für deutsche Problemkids zu eröffnen. Nach dem Vorbild des sowjetischen Pädagogen Makarenko: Der hatte vor siebzig Jahren aus Straßenkindern Gemeinschaften gemacht, die sich selbst erzogen. Und Peter wollte seine 2000 Euro Monatshonorar nicht nur in einen neuen Zahn investieren, er wollte auch Geld sparen, als Grundstock für sein eigenes Projekt, sein Makarenko-Dorf.

Aber noch war er Einzelbetreuer. Obwohl er sich nicht als solcher sah. »Ich bin Migos Begleiter. Ein Betreuer ist ein Vorgesetzter, ein Begleiter ein Freund.« Sie richteten sich ein, schleppten fünf Tonnen Birkenholzscheite von der Straße in den Hof – gemeinsam, Migo ging das Bündeln, Schleppen und Stapeln leichter von der Hand als mir. Sie besuchten gemeinsam die Mittelschule, saßen nebeneinander im Deutschunterricht. Sie gingen auch gemeinsam in den Kraftraum, im Keller unter der großen Sporthalle von Partisansk. Hanteln und Gewichte waren aus Gusseisen, an den unlackierten Stangen der Geräte sah man noch die Lötgrade, 15 Jahre alte sowjetische Wertarbeit. Darüber spreizte sich Arnold Schwarzenegger auf fünf verschiedenen Postern. Es roch nach Schweiß, nach jahre-, wochen-, minutenaltem Schweiß, nach Männer- und nach Kinderschweiß. Die russischen Jungs, die hier unter Kilos und Zentnern die Zähne zusammenbissen, trugen meist Unterhemden und Straßenschuhe. Migo hing an einer Reckstange, schlenkerte mit den Beinen, er schaffte drei Klimmzüge, Jan hatte keinen einzigen zustande gebracht. Migo trug ein glänzendes grünes Fußballtrikot, kurzärmelig, mit der Nummer 10. »Das ist das Trikot der bolivianischen Nationalmannschaft«, erklärte er.

Auch Peter schwitzte, ein Athlet in weißer Baumwollhose und dunkelblauem Shirt: »Polizei Land Brandenburg«. Sein marmorweißer Bizeps war beachtlich, sein Händedruck heute leicht schmerzhaft. Er trug dreigestreifte Sportschuhe – chinesische Adidas, auf dem Marktplatz hatten sie 250 Rubel, keine acht Euro, gekostet. Peter hatte nur 200 Rubel dabeigehabt, »macht nichts«, hatte der Verkäufer erklärt, »die übrigen fünfzig können Sie morgen vorbeibringen.«

Nikolaj, der goldbezahnte Cheftrainer der Gewichtheber, ging gegen sieben nach Hause. Er hatte uns vorher eingeladen, immer zum Training zu kommen, »montags, mittwochs, donnerstags«. Peter nickte eifrig, sein Schulrussisch war ziemlich gut, er übersetzte für Migo. Der drückte sich schon an der Treppe zum Ausgang herum. »Ich geh denn mal hoch.«

Oben befand sich die Sporthalle, ein Saal mit Holzparkett, das vor Alter glänzte, mit Basketballkörben und einem Volleyballnetz. Kein Wunder, dass Migo hochwollte, hier spielte die weibliche B-Jugend Volleyball. Auch Anastasja, Stepan Iwanowitschs schöne Tochter. Eigentlich spielte Anastasja in ihrem adretten dunkelgrünen Trainingsanzug nicht besonders engagiert mit. Sie lächelte den Bällen hinterher, die an ihr vorbeipfiffen, und hob die Arme eher aus Sicherheitsgründen. Aber ihr Lächeln hatte Strahlkraft, ihr engelsgoldblondes Haar, ihr lagunenblauer Blick, ihre ungeschickte Anmut – Anastasja war vielleicht das hübscheste Mädchen von Partisansk. Und das hieß einiges. Migo stand beeindruckt an der Eingangstür herum, über der ein Plakat Sowjetexistenzialismus predigte: »Man kann nie endgültig siegen, man muss jeden Tag aufs Neue siegen.«

»Mensch, hat die einen Arsch!«, Migo war wenig umständlich, aber begeistert.

Nachher warteten wir im Flur vor dem Ausgang. Migo und Peter trugen wieder ihre tschetschenische Kriegstracht. Anastasja kam heraus, Migo schubste Peter leicht mit dem Ellbogen: »Frag sie doch, ob wir sie nach Hause bringen können.« Aber Anastasja lächelte schon blassgolden: »Darf ich mit euch gehen? Alleine habe ich Angst im Dunkeln.« Peter grinste, auf Migos Gesicht ging wieder mal die Sonne auf.

Februar, der Himmel blieb blau, aber mit jedem Tag schien er noch heller zu leuchten, sibirischer Vorfrühling. Die Jugend des Dorfes stiefelte wie jeden Samstag zur Disco. Migo und Peter und ich auch. Die Disco fand im Foyer des Kulturhauses statt, eines der Betonbauten am Hauptplatz von Partisansk, neben der Sporthalle. Um zehn Uhr abends war der Saal noch halb leer, das Licht war schlecht wie in jeder Diskothek, ein Teil des Publikums lehnte an der Wand, ein Teil an den breiten Fensterbänken, dazwischen kreisten die ersten Tänzerinnen. Migo hatte sich gestylt: echte Adidas, schwarze Brightjeans, weißes T-Shirt, silbergraue Snowboardjacke und schwarze Baseballmütze. Stutzerhaft-lässig, ein Nachwuchsrapper vor seinem ersten Auftritt als DJ. Peter hatte seine Tarnpolsterhose gegen eine enge schwarze deutsche Zimmermannshose eingetauscht.

Das Volk wurde fröhlicher. Ein Knäuel junger Männer mit Fell- und Ledermützen auf dem Kopf tanzte eine Art Indianertanz. Anastasja begrüßte uns mit einem Lächeln, sie trug ein blütenweißes Hemd mit schwarzem Schlips. Dann war da noch eine giraffenschöne Studentin aus Krasnojarsk, früher einer der Stars der Jugendtanzgruppe *Ogonjok*. Sie drehte ihren atemberaubend langen Torso heute um den rothaarigen Serjoscha, dessen Vater sich letzten Herbst aufgehängt hatte. Insgesamt mochten gut hundert Leute im Saal sein, vor allem Teenager.

Wir standen an der Wand. Migo war trotz seines glanzvollen Aufzuges unsicher. »Na los, geh zu Anastasja und fordere sie zum Tanzen auf«, trieb Peter ihn an. »Nee, Mann, ich guck erst mal.« Peter und ich hatten es einfacher. Jeder von uns hatte eine

Büchse Bier in den Saal geschmuggelt, er *Baltika*, ich *Sibirskaja Korona*, sie steckten offen in unseren Jackentaschen; der bullige Milizionär, der einmal im Saal die Runde machte, übersah das. Wir waren ja Erwachsene und Deutsche. Wir süffelten Bier, erteilten Migo altbrüderliche bis onkelhafte Ratschläge und schauten zu.

Wer je in einer Russendisco gewesen ist, vergisst Dostojewskijs Nationalmär, die Russen seien schwermütig. Fast alle Mädchen tanzten, als hätten sie südamerikanisches Blut in den Adern, lächelten Migo zu, winkten. Besonders wild trieben es drei laufstegschlanke Grazien, zwei kupferblond, eine brünett. Ihre Augen waren schmal geschnitten, aber groß, die Farbe konnte man nur erraten. Katzenbabyaugen. Die drei liefen, einander an den Händen haltend, an uns vorbei und lachten Migo an. Als Migo sich aber ein Herz fasste und hinging, verpasste ihm das brünette, das frechste der Katzenbabys plötzlich eine Ohrfeige. Die drei rannten aus dem Saal, kamen zurück, kicherten, kauten Kaugummi. Und die Brünette winkte wieder. Migo rieb sich mit ratlosem Grinsen die Wange. »Mann, was geht denn hier ab?« Aber schon stellten ihm zwei andere Mädchen Äuglein, wie die Russen das nennen. Schließlich verfing sich sein Blick in den langen Wimpern eines kleinen, ebenfalls hübschgesichtigen Mädchens, während die Brünette Peter erste beschwörende Blicke zuwarf. Migo tanzte mit der Kleinen, jetzt ohrfeigte ihn eine der Kupferblonden im Vorbeigehen. Aber als Punkt elf die Musik abbrach, DJ Kostja per Lautsprecher allen eine gute Nacht wünschte und das Publikum erstaunlich diszipliniert den Saal verließ, hielt Migo sein erstes russisches Mädchen an der Hand. »Sie heißt Jana«, erklärte er. »Jana fragt, ob ich sie noch nach Hause bringen darf.«

Peter und ich schauten noch bei Kostja rein, dem DJ, der mit ein paar Freunden in seiner Kammer hocken blieb. Sie tranken kratzigen Samogon und Wasser, die Wände waren mit Postern tapeziert, russische Popstars, aber auch Freddy Mercury und die Spice Girls, dazwischen räkelten sich slawische *Playboy*-Häschen. Kostja hatte seine Gitarre hervorgeholt, fing an zu singen, mit schöner tiefer Stimme: »Wer den Gesang der Maschinenpistole nicht gehört hat …« Ein Lied über Tschetschenien, das er selbst geschrieben hatte, nachdem er sich als Soldat freiwillig für Tschetschenien gemeldet hatte, aber abgelehnt worden war. Es gebe sowieso zu wenig Musiker beim Militär, hieß die Begründung.

Wenig später beschaffte Stepan Iwanowitsch Migo einen Hund. Ein kurzbeiniger, weißer Hund mit albinoblauen Augen, der im Hof auf einem Stück Pappkarton saß und furchtsam zu Migo hinaufschaute. »Der Hund heißt Jana«, erklärte Migo, »weil er so klein ist wie die Kleine aus der Disco.« Der Hund winselte, seine Beine waren so erbärmlich kurz wie die vieler eurasischer Promenadenmischungen. Eigentlich war er himmelschreiend hässlich mit seinem spitzen Maul und seinen kurzen Beinen, hässlich wie eine Laborratte, dachte ich, aber Migo sagte ich das nicht.

Es kam noch immer kein Wind auf. Grischa Grigorjenko wollte trotzdem in die Taiga. »Ich will wenigstens die Fallen kontrollieren. Morgen geht es los.« Peter überredete Migo, doch mitzufahren, es würden ja nur zwei, drei Tage sein. Am nächsten Morgen holten Grischa Grigorjenko und ich noch Sascha ab, den Förster mit der Rekordkaries. Statt Zähnen schienen in seinem Mund abgebrannte Zigarettenstummel zu stecken – ohne Filter. Sascha hatte nachts heftig gebechert, er kletterte mit matten Augen und leuchtender Nase in meinen Niwa, in dem wir uns jetzt zu fünft quetschten. Nach fünf Minuten Fahrt fasste er sich an den Kopf. »*Pesdez!* Ich habe mein Gewehr vergessen.« Ich nahm das Gas weg: »Fahren wir zurück!« Sascha sah Grischa an. Grischa sah Sascha an. »Nee, lass uns weiterfahren«, sagte Sascha. Grischa nickte ernst: »Umkehren bringt Unglück.«

In der Taiga lief alles sehr friedlich ab, und doch gab es ein Schlachtfest. Am zweiten Tag kam endlich Wind auf, der Wind fing sich in Millionen Zweigen, Ästen, Nadelwipfeln, über uns schaukelten die Birken und Zirbelkiefern. Aber der Wind schien weit weg zu sein, ein Rauschen wie der Lärm einer Kilometer entfernten Autobahn. Wir gingen zu Fuß in den Spuren der Motorschlitten Fallen ab, Grischa, Migo und ich machten eine Elf-Kilometer-Runde, Sascha und Peter sogar 24 Kilometer. Ich achtete nicht darauf, dass Peter nicht mit Migo zusammen loszog. Die Spuren im Schnee, die Grischa uns zeigte, waren spannender: Vor uns hatte sich ein Vielfraß herumgetrieben, drei Fallen geräubert, das heißt die Rebhuhnflügel, die dort hingen, gefressen, vielleicht auch schon einen Zobel. Ein Zobel war in die Falle geraten, hatte sich den Lauf abgebissen und das Weite gesucht. Drei Zobel hingen mit geschlossenen Augen, traurig und tot in der Falle. Ein anderer Zobel hatte sich ebenfalls die eigene Pfote amputiert und lag doch erfroren in einem Loch, das er vier Meter weiter in den Schnee gewühlt hatte. Blutige Taiga.

Abends tranken wir zu fünft einen Liter Samogon. Wir belauschten die Flüche, Witze und Anfragen der Taigajägerschaft, die aus dem mit einer Autobatterie betriebenen Funkgerät rauschten und knisterten. Das stählerne Gehäuse des Gerätes war zweifach eingedellt, ein plündernder Bär hatte hineingebissen, er hatte das Funkgerät wohl mit einer großen Konservendose verwechselt. Sascha rezitierte Gedichte, die nur aus Flüchen bestanden, Migo rappte auf Spanisch.

Es gab kleine Reibereien, natürlich zwischen den Deutschen. Sascha, der Förster, legte sich auf die Pritsche, die er mit Grischa teilte, schloss die Augen und fing an zu schnarchen, als rücke jemand mit einer Kettensäge der Hütte zu Leibe. In der ersten Nacht lachten Peter und Migo noch gemeinsam darüber, aber in der zweiten Nacht begann Migo zu schimpfen, er habe zu wenig Platz auf der Pritsche zwischen Peter und der Wand, beschwerte sich, Peter habe ihm den Ellbogen ins Gesicht gestoßen, der knurrte: »Nerv mich nicht, Alter!«

Kleine nächtliche Reibereien, kein Wunder in einer zehn Quadratmeter kleinen Hütte, wenn man sich zu dritt eine Pritsche teilte und die Russen um die Wette schnarchten. Ich hatte nicht das Gefühl, dass das etwas mit dem Lauern, Sticheln und Zutreten des ISE-Kriegsalltags zu tun hatte.

In Grischas Revier wuchsen mehr Zedern und weniger Birken als in Toljas. Aber auch hier gleißte oben der Himmel, unten der Schnee, das silberne Zwielicht dazwischen dämpfte der

Urwald. Ein endloser Dom, der lebte und Andacht stiftete. Aber eigentlich gab es niemanden, der hier bekehrt werden musste. Migo war nicht Jan. Andere Betreuer wären glücklich gewesen, wenn sich ihr Jugendlicher *nach* Sibirien so benommen hätte wie Migo schon jetzt. Er und Peter, dachte ich, könnten eigentlich schon wieder nach Hause fahren.

Am nächsten Samstagabend hatten wir uns wieder zur Disco verabredet. Peter und Migo verspäteten sich. Ich stellte mich allein an die Fensterwand und schaute zu, wie sich der Saal langsam füllte. Auch hier galt es offenbar als schick, spät zu kommen, vor allem die über 18-Jährigen tauchten erst gegen zehn auf. Eine Stunde Tanzvergnügen zwischen zehn und elf, das Nachtleben uferte nicht gerade aus, zumindest nicht öffentlich. Wieder tanzten erst die Mädchen. Dazwischen drehte ein Mittvierziger in Fellmütze und Armeejacke seine großnasige Frau durch den Saal. Wenig Bekannte heute, die ohrfeigenden drei Grazien brachten mir ohne Migo und Peter respektvolles Desinteresse entgegen.

»Ich liebe jedes Wort, das ich im Bett von dir höre«, piepste ein russischer Girlgroup-Chor aus dem Lautsprecher. Ein junges, rotwangiges Mädchen saß auf der Fensterbank, hatte den Kopf gegen den Pelzkragen ihrer Jacke gedrückt und schlief, wohl eine Nachwuchsmelkerin, die noch müde von ihrer Fünf-Uhr-Frühschicht war. Neben mir stand Tatjana, die zierliche Klavierlehrerin der Musikschule. Sie hatte ihren hübschen kastanienroten Haarschopf unter eine unsägliche Ballonmütze gesteckt, grauschwarzes Kunstleder aus China. »Tanzt du heute nicht?«, fragte sie.

»Nee. Und du?«

»Ich auch nicht.« Tatjana steckte ihr Bier in meine Jackentasche, immerhin. Sie ging hinaus und kam nach zehn Minuten mit schwarzäugigem Lächeln zurück. »Ich war rauchen.« Sie trank einen Schluck Dosenbier. »Wo sind denn deine Kollegen?«, fragte sie.

»Keine Ahnung, die kommen wohl später. Dafür ist ja die Musikschule da, deren Vertreterinnen sind doch viel schöner.«

Tatjana lächelte wieder, mein verklausuliertes Kompliment war wohl angekommen. Ich ging in den Laden schräg gegenüber, um noch zwei Bier zu kaufen. Draußen, auf der eisglatten Freitreppe vor dem Eingang, knäuelten sich die Raucher, ein paar Jungs eilten um die Ecke hinters Kulturhaus. »Hast du einen Becher mit?«, rief einer vergnügt; klar, die würden keine Limonade trinken, sondern Samogon. Auch hinter dieser Dorfdisco soff die Jugend, trotz des Milizautos, das davor parkte.

Als ich wiederkam, war es im Saal voller geworden. Ich stellte mich neben Tatjana, wir tranken weiter Bier. Jetzt spielten sie Semfira, keine Popsängerin, sondern eine Liedermacherin. Die Musik war gar nicht schlecht, und tatsächlich waren ein paar Mädchen über 20 da. Eine der beiden hübschen Zwillingsschwestern aus meinem Haus, blass geschminkt, trug wie immer eine runde Biberpelzmütze, an der zwei pflaumige braunschwarze Bommel pendelten. Ich war mir nicht sicher, ob ich sie oder ihre Schwester beim Neujahrsball zum Tanzen aufgefordert hatte, sie war lächelnd mit mir gegangen, aber der erste junge Mann rief ihr schon im Vorbeigehen zu: »Verrat das Vaterland nicht!« Und nach eineinhalb Minuten lief sie mir davon, lächelnd: »Oh, mein Freund kommt.«

Auf einen zweiten Korb hatte ich keine Lust. Egal, von welcher der Schwestern, zumal jetzt ein paar junge Männer, alle in schwarzen Leder- oder Felljacken, alle glatt rasiert, um sie herumstanden. Na gut, ich würde mich also stillschweigend bis zum Frühling gedulden, bis auch in Partisansk die Frauen ihre Pelzmützen absetzten, um zu erfahren, welche Haarfarbe die Zwillinge nun hatten.

Da war noch eine magerschlanke Blondine, vielleicht schon 30, sie sah ein bisschen aus wie Sharon Stone, mangels älterer Tanzpartner hatte sie sich jetzt Serjoscha von der Jugendtanzgruppe geschnappt. Nur von Peter und Migo war nichts zu sehen.

Schließlich zog Tatjana auch mich aufs Parkett, zwei Bier, aber den Rhythmus erwischte ich trotzdem nicht. Um fünf vor elf wurde der letzte Dreher gespielt, ich schaffte es, Tatjana dabei nicht auf die Füße zu treten. Punkt elf drängte wieder alles ohne Murren in den Frost, die Kleineren nach Hause, die Gößeren weiß Gott wohin. Peter und Migo waren nicht gekommen.

Tatjana suchte ihren kleinen Bruder. »Wir haben uns hier verabredet, ich habe Angst, dass er sich prügelt.« Tatjanas kleiner Bruder blieb verschwunden, ein grinsender Teenager griff noch Tatjanas Arm und versuchte sie davonzuziehen, aber sie war mir offenbar gnädiger gesinnt als die Zwillinge. Dann saß sie in meinem Auto, wir fuhren 300 Meter weit, bis zum Nachtgeschäft *Medwed*, »Bär«. Hier, sagte sie, würde ihr Bruder bestimmt auftauchen. Ich holte Bier und Krabbenchips, wir setzten uns ins Auto.

Tatjana erzählte, sie habe während des Studiums vier Jahre in Krasnojarsk gelebt, was das für eine schnelle Stadt sei. Sinnlos, ihr zu erklären, wie gemütlich mir Krasnojarsk im Vergleich zu Moskau oder Berlin vorkam. Hier in Partisansk sei alles langweilig, sagte Tatjana, überhaupt, es gebe nur fünfundzwanzig junge Frauen über zwanzig Jahre. Sie schaute wieder suchend nach ihrem kleinen Bruder.

Tatjana war über zwanzig und hübsch, und ich entschloss mich zu Klugheiten: »Weißt du, alle russischen Frauen sind irgendwie große Schwestern und alle russischen Männer kleine Brüder.«

Tatjana hörte aufmerksam zu, trank noch einen Schluck, blickte in den Rückspiegel: »Oh, da ist ja Wanja.« Sie riss die Tür auf, und Wanja, ein kräftiger Jüngling mit rotem Gesicht, lehnte sich herein: »Ja, deinen Bruder haben sie nach Hause gebracht, alles ist in Ordnung.«

Tatjana stieg aus, lächelte: »Entschuldigung, ich muss mal kurz mit ihm reden.« Sie stieg wieder ein, auch Wanja kletterte ins Auto. Ich machte ihm ein Bier auf, er fing an zu erzählen. Er sei Kampfsportler, habe zehn Jahre wegen Mordes im Gefängnis gesessen, arbeite jetzt als Fahrer, verdiene in zehn Tagen immerhin 1000 Rubel, das waren über 30 Euro. »Ich möchte Tatjana heiraten«, verkündete er strahlend, »ich achte sie als Frau und Menschen, aber ich will nicht, dass sie arbeitet, sie verdient ja mehr als ich, besser sperre ich sie zu Hause ein.« Tatjana lächelte. »Uj, morgen muss ich früh aufstehen«, schwadronierte

Wanja weiter, »zum Arbeiten, aber ich wache nur neben dir auf, Tatjana!« Wanja, der Mörder, war angetrunken, aber er grinste ohne jeden Funken Aggression. Jetzt erzählte er von deutschen Jungs, die früher in Partisansk ISE veranstaltet hatten. Das seien alles ganz phantastische Kerle gewesen und er ihr bester Freund, eine Story, die ich hier ständig hörte.

Dann sprang Wanja wieder aus dem Auto, um zu schauen, ob er mit einem jungen pickeligen Passanten eine Prügelei anfangen könnte. Tatjana stieg auch aus, um zu schlichten, aber Wanja und der Pickelige umarmten sich nur wie zwei müde Preisringer nach dem Kampf. Tatjana verschwand wieder im Geschäft – ich würde diese Nacht kaum noch in Ruhe mit ihr die Bedeutung des Klavierunterrichts für die Entwicklung der menschlichen Seele diskutieren können. Ich reichte Wanja Tatjanas Ballonmütze. »Tschüs, Wanja, ich hau ab!«

»Komm mich doch mal besuchen, ich wohn doch um die Ecke!«, Wanja grinste ein Siegerlächeln. »Und sei bitte nicht beleidigt.«

Ich fuhr nach Hause. Zumindest hatte ich ein paar Bier intus, etwas erlebt, sogar meine Chance gehabt. Kai oder Markus dagegen hüteten jetzt den Schlaf ihrer Zöglinge. Und Peter?

Am nächsten Tag stellte sich heraus, dass er sich mit Migo gestritten hatte. Jana hatte im Vorraum den Boden voll gekotzt, und Migo weigerte sich, die Hundekotze zu beseitigen, so dass sie festfror. Außerdem hatten sich beide gegenseitig die Laune so verdorben, dass keiner mehr zur Disco wollte. Keine große Angelegenheit, aber ich war unangenehm überrascht. »Du hast ja gar keine Ahnung, was bei uns wirklich abgeht«, sagte Peter. »Migo ist faul und arrogant. Ändern will der sich kein bisschen. Er sei stolz auf seine Dummheit, hat er gesagt.«

Ich war ratlos. Ich mochte beide, hoffte, sie würden endlich die blödsinnigen Regeln des ISE-Spieles außer Kraft setzen. Betreuer und Jugendlicher nicht gegeneinander, sondern miteinander.

»Der glaubt, ihm scheint die Sonne aus dem Arsch!«, schimpfte jetzt Peter. Aber Migo wiederholte ihn: »Peter glaubt, ihm scheint die Sonne aus dem Arsch.«

Ein paar Tage später fuhr ich nach Jenisejsk, 60 Kilometer westlich. Ich lud beide ein mitzufahren. Peter sagte Ja, Migo hatte keine Lust. In Jenisejsk kam uns die Idee, den Frauen von Partisansk mit einem Spruchband zum 8. März, dem Internationalen Frauentag, zu gratulieren. Der 8. März wurde in Russland groß gefeiert. Wir kauften ein paar Sprühdosen mit Autolack und ein 25 Meter langes Tuchband. Das wollten wir über dem Hauptplatz aufspannen.

Wir kamen erst gegen Abend zurück. Als ich Peter vor seinem Haus absetzte, stieg dichter, weißgrauer Rauch aus dem Banja-Schornstein himmelwärts. Migo hatte die Banja angeheizt, er liebte die Banja. Alles schien in Ordnung zu sein, ich fuhr nach Hause.

Ich verpasste einiges. Peter hatte eine Liste mit Arbeiten und Erledigungen auf dem Küchentisch hinterlassen, aber Migo hatte sie ignoriert – weder seine Wäsche gewaschen noch den Abwasch gemacht, noch sein Zimmer aufgeräumt oder Brot eingekauft. Peter erzählte mir, er habe Migo in der Küche angetroffen, er saß dort, aß *pelmeni*.

Als Migo Peter sah, bekam er einen Wutanfall. »Er baute sich mit gesenktem Kopf vor mir auf und brüllte mir Drohungen entgegen«, sagte Peter später. Migos Blick taufte er den »Sylvester-Stallone-Blick«: Migo habe gesagt, er wolle einen neuen Betreuer, Peter solle aufpassen, dass er morgen noch aufwache. Peters Versuche, mit ihm zu reden, brüllte er nieder. »Halt die Fresse, mach besser ein Beerdigungsinstitut auf!« Und dann schob er noch eine Standarddrohung aus der polemischen Waffenkammer der ISE-Kids nach: »Wenn hier einer geht, dann bist du das!«

War das Migos wahres Gesicht? Die wutverzerrte ISE-Kriegsmaske? Aber etwas war anders. Ich kann mich noch an Migos traurige Miene erinnern, als Peter morgens zu mir ins Auto kletterte. Mir schien, dass er gern mitgefahren wäre, wenn Peter ihn auch eingeladen hätte. Bei Peter und Migo hatte ich zum ersten Mal das Gefühl, es wäre umgekehrt: Nicht der Betreuer versuchte, bei seinem Jugendlichen anzukommen, sondern der Jugendliche bei seinem Betreuer.

Aber danach gab es nur noch mehr Streit. »Der hat zu Anastasja gesagt, ich wäre gestern nicht in die Schule gekommen, weil ich schlafen wollte«, beklagte sich Migo bei mir.

»Hätte ich denn sagen sollen, wir hätten uns geprügelt?« Wieder war Peters Konter gelassen, fast fröhlich. Migos bolivianisches Lächeln aber schien grauer Verzweiflung gewichen zu sein: Er saß in einer roten Skiunterhose auf der Ofenbank, und ich wusste nicht, worauf er mehr wartete: darauf, dass sein Teewasser heiß würde, oder auf ein gutes Wort von Peter.

Das Spruchband bemalten wir noch zu dritt: 20 Meter dunkelblaue Buchstaben auf rotem Tuch: »Ruhm den schönen Frauen von Partisansk!« Aber dann ging alles sehr schnell.

Als es passierte, hing ich mit meinem Jeep fest, in einer Schneewehe auf einem Feldweg bei Frolowo. Peter erzählte hinterher, sie hätten sich wieder über eine Alltäglichkeit gestritten.

Migo, der gerade Holz nachlegte, bekam einen Wutanfall, schrie, griff nach dem Schürhaken, den er erst auf den Tisch schlug, dann gegen die Kühlschrankwand. »Dreißig Zentimeter an meinem Gesicht vorbei«, sagte Peter. »Danach hat er den Schürhaken weggeworfen und ist rausgerannt.«

Als Johannes, ein Betreuer, der gerade bei Stepan zu Besuch war, und ich eine Stunde später eintrafen, hatte Migo sich in die Banja zurückgezogen. Peter zeigte uns die Dellen auf dem Tisch, am Kühlschrank, seine Radiostimme summte tief und sicher wie immer. Aber er hatte einen Puls von 130. Der Puls eines Boxers in der Ringecke.

Migo stürzte herein, starrte mit bösem Blick an uns vorbei, rannte wortlos in sein Zimmer. »Migo, lass uns reden«, meinte Johannes noch, »wir haben uns doch gestern gut unterhalten.« Migo schwieg, machte wieder sein Sylvester-Stallone-Gesicht. Er zog sich seine Tarnjacke an, setzte seine Mütze auf und rannte an uns vorbei. »Wo willst du denn hin?«, rief Peter ihm nach.

»Ich mach euch alle drei kalt!«, brüllte Migo. Er riss die Tür auf und warf sie im Herausspringen so heftig zu, dass er dahinter davonzufliegen schien.

Mein Traumpaar war geplatzt. Migo, ein Haudrauf wie Jan, ich konnte es nicht glauben. Aber ich hatte auch Jan nie wütender erlebt als heute Migo. Der fleißige, fröhliche, friedliche Migo, der sich nach einem Streit mit Peter einmal abreagierte, indem er Wäsche machen ging.

Wieder klingelten die Telefone. Peter telefonierte mit Kai, telefonierte nach Deutschland. Klaus selbst war nicht zu erreichen, war gerade irgendwo im Gebiet Kemerowo unterwegs. Erst jetzt erfuhr Peter, dass Migo schon früher gewalttätig war. Hatte das Jugendamt das verschwiegen? Oder Klaus? Bis jetzt hatten alle Betreuer das Projekt ohne ernsthafte Gesundheitsschäden überlebt. Einer war einmal von einem 14-Jährigen mit einem Nagel am Rücken verletzt worden, hatte trotzdem mit dem Jungen weitergemacht. Jetzt stand Peter vor der gleichen Frage. Vor der Frage, die auch Kai sich mit Jan dreimal hatte stellen müssen: Weitermachen, riskieren, auf Besserung hoffen? Migo erst einmal zu Tolja in die Taiga schicken? Das hätte Klaus vorgeschlagen. Und er hätte Peter zugeredet weiterzumachen. Wenn Peter abgelehnt hätte, wäre Klaus wohl wieder auf Betreuersuche gegangen. Aber zuerst musste Peter sich selbst entscheiden. Abbrechen, den Job schmeißen?

Migo lief im Dorf herum, begegnete Anastasja, die ihn mit nach Hause nahm. Dort, bei Stepan Iwanowitsch, übernachtete Migo auch. In einem der freundlichsten Haushalte in ganz Sibirien, hier hatten sich viele wütende Kids beruhigt.

Am nächsten Tag ließ Peter Migo erst ins Haus, nachdem Kai aus Oni eingetroffen war, als Verstärkung. Bis dahin saß Migo in der Banja, Peter hatte ihm zum Anheizen Streichhölzer aus dem Fenster gereicht. Migo hatte einen Hammer und eine Eisenstange in der Banja, schmiedete daran herum. Ein 80 Zentimeter langes Eisen, die Vorderkante platt gehämmert, gespitzt, eine Stichwaffe offenbar. »Ja, das hat scheiße ausgesehen mit der Schmiederei«, sagte Migo später. »Aber ich wollte ja nur eine Eisenstange biegen, als Gerüst für die Hundehütte, die ich bauen möchte.« Aber er gab selbst zu, dass er schon früher Waffen gebastelt hatte, um sie gegen seine Betreuer einzusetzen. »Einmal, in der Klapse, habe ich mit einem Schraubenzieher ein Fenster ausmontiert. Aber ich habe damit danebengehauen.«

Migo stürzte ab, in tiefe Depressionen. Mehrere Tage saß er auf seinem Bett, hörte Eminem-Musik, starrte vor sich hin, schwieg. Er zeichnete James-Bond-Mädchen ab, nackt, aus einem alten *FHM*, wo sie zumindest noch Unterwäsche trugen. Und er schrieb wieder große Buchstaben in sein Heft. Peter und Kai sagten mir, er habe auch ein Kreuz hineingemalt mit der Unterschrift: »Hier ruht Miguel Dahlweg. Gestorben im März 2002 in Partisansk. Er wurde verraten.«

Es fehlte in diesem Moment nicht an Fachkompetenz in Partisansk. Im Gegensatz zu vielen anderen Trägern leistete sich das »Projekt Grünlicht« eine Supervisorin, Irene, eine erfahrene Pädagogin, die die Betreuer beriet. Irene war gerade in Sibirien, eilte herbei. Und Kai, der einschlägige Erfahrungen als Betreuer in der Psychiatrie hatte, übernachtete ein paar Tage bei Peter und Migo, schon aus Sicherheitsgründen. Sie alle gewannen den Eindruck, Migo habe psychische Probleme. »Das stundenlange Schweigen, nicht ansprechbar sein«, sagte Kai, »das deutet alles darauf hin, dass Migo präpsychotisch ist, wenn nicht psychotisch.« Man beschloss, Migo in einer Psychiatrie durchchecken zu lassen, ihn also zurück nach Deutschland zu bringen.

Ich war mir nicht sicher. Migo wirkte tatsächlich depressiv. Und ich verstand Peter, der sagte, er habe einfach Angst vor Migo. Aber was war psychisch krank? Mit dem Schürhaken um sich zu schlagen und danach Depressionen zu bekommen? Oder mit einem Messer auf seinen Betreuer loszugehen und am nächsten Morgen vergnügt zum Deutschunterricht zu laufen? Und war Migo zu helfen, indem man ihn in die Klapse sperrte? Was wirklich los war mit Migo, warum er nicht mit Peter klarkam – letztlich wusste es keiner von uns.

Am Morgen des 8. März kletterten Peter und ich auf die Tanzschule am Hauptplatz. Wir entfalteten unser Spruchband »Ruhm den schönen Frauen von Partisansk« und banden es mit Hilfe zweier Skistöcke an die bröckelige Betonbalustrade. Es prangte rot über dem Dorf, peinlich war nur, dass wir den Balken des kyrillischen »и« verkehrt herum aufgemalt hatten.

Migo stand unten, zusammen mit Irene. Es ging ihm wieder besser, er lächelte. Aber er stand unten, wir machten das ohne ihn, Migo und Peter waren kein Traumpaar mehr.

»Alles, aber in die Klapse geh ich nicht zurück«, sagte Migo. Doch zu einer ambulanten Behandlung erklärte er sich bereit. Er sollte also mit Peter in einer Wohnung leben und täglich in die Psychiatrie gehen. Aber nach vielem Hin-und-her-Telefonieren stellte sich heraus, dass nur eine stationäre Untersuchung möglich war, Klapse rund um die Uhr. Migo das zu sagen, wagte niemand. »Wenn er das erfährt, rastet er völlig aus, dann hat er nichts mehr zu verlieren«, befürchtete Peter. Wir schwiegen alle. Erst kurz vor dem Abflug nahm ich Migo zur Seite, um ihm Mut zu machen: »Hör mal, Migo, bleib cool. Die werden dich testen wollen in Deutschland. Bleib cool, was auch immer passiert. Dann sehen wir uns hier in ein paar Wochen wieder.« Ich wusste nicht, ob ich schon zu viel oder zu wenig gesagt hatte. Migo gegenüber kam ich mir auf jeden Fall wie ein Verräter vor.

Wir waren zu dritt nach Krasnojarsk gefahren: Peter, Migo und ich. Um die Zeit bis zum Abflug in Bewegung zu verbringen und um Migo keine Gelegenheit zu geben, wieder auszurasten, ließen wir uns Zeit, machten in Jenisejsk Zwischenstation, besichtigten die Kirche, eines der ältesten Steingebäude im ganzen Gebiet Krasnojarsk, unternahmen einen Abstecher über den zugefrorenen Jenisej. Dasselbe Programm hatte ich drei Monate zuvor schon einmal mit Jan und Kai veranstaltet, auch damals befürchteten wir, Jan würde durchdrehen, auch damals wollten wir ihn in Bewegung halten. Als wir damals über das Eis des Jenisej fuhren, bat mich Jan mit traurig-theatralischer Stimme, er wolle aussteigen, ich solle ihn totfahren, sein Leben habe keinen Sinn mehr. Jetzt stand Migo am Ufer und filmte mit meiner Videokamera, wie Peter und ich uns anschickten, den Niwa über das Eis zu fahren. »Werden sie es schaffen?«, kommentierte Migo scherzhaft. »Oder wird hier ein Schild stehen: Hier ruhen Peter und Stefan. Das Eis hat sie nicht getragen.« Migo hatte seinen Humor wieder. Auch wenn es schwarzer Humor war.

Als ich nach Partisansk zurückkam, war unser Spruchband

weg. Es war schon nach einem Tag abgehängt worden. Später hieß es, die Kreisverwaltung sei erbost gewesen über die rote Farbe des Stoffes, die Farbe des Kommunismus. Damit gratuliere man keinen Frauen. Allerdings hatte es außer rotem nur schwarzen Stoff zu kaufen gegeben. Außerdem hing das Band zwischen der Leninstatue und dem Denkmal für die bolschewistischen Bürgerkrieger. Die hätten nichts gegen die Farbe Rot zum Internationalen Frauentag gehabt – zumal der mit der russischen Fastnacht zusammenfiel.

Felix
Oni, Oktober 2002, 20.30 Uhr

Felix und Ruslan haben das Hoftor verriegelt. Ich klettere über den Gartenzaun, schleiche ums Haus durch die Hinterpforte in den Hof, Tschulpan bellt, als wäre ich ein Einbrecher. Die Haustür steht offen, im Haus ist es jetzt dunkel. »Felix!«, schreie ich, durchquere die Küche, »Felix, komm her!« Bemüht schlaftrunkenes Gemurmel antwortet mir, wie albern, jetzt tut Felix, als würde er schon schlafen, sein Bett aber ist leer, das Gemurmel kommt aus der Koje, in der Ruslan übernachten soll, da haben sich beide versteckt. Ich ziehe die Decke weg, sie sind natürlich angezogen. »Felix, was hast du in Kais Zimmer zu suchen?«

»Markus hat doch angerufen«, behauptet Felix, »da sind wir in Kais Zimmer rein, zum Walkie-Talkie, um zu antworten.«

»Ich glaub dir kein Wort, morgen gibt es Hausarrest.«

»Oh Mann, dann ruf doch Markus selbst an.« Felix macht tatsächlich einen Vorschlag zur Wahrheitsfindung. Aber ich glaube ihm noch immer nicht. Ich nehme das Funkgerät, drücke auf ein paar Knöpfe, hoffentlich die richtigen: »Hallo, Markus, melde dich!« Klappt es? Es klappt nicht, Markus schweigt, ich versuche es drei-, viermal, endlich höre ich Markus' sanft-ironischen Tenor: »Guten Abend, lieber Stefan … Ja, ich hab gerade angerufen, wollte hören, ob bei euch alles okay ist.«

»Na siehst du!« Felix' Stimme ist jetzt voll beleidigter Unschuld. »Ich hab doch versprochen, dass ich in Kais Zimmer nicht reingehe, außer wenn Markus anruft.« Versprochen hat Felix natürlich gar nichts.

»Na, mit dir habe ich noch ganz andere Hühnchen zu rupfen.«

»Was denn?« Felix weiß nicht, ob er mehr unschuldige Ahnungslosigkeit oder spöttische Skepsis in seine Miene legen soll: Ich bin klein, mein Herz ist rein, und beweisen kannst du mir nichts!

»Darüber reden wir morgen.« Den Zigarettenkrieg werde ich heute Abend auch nicht mehr gewinnen. »Jetzt schneidest du erst mal Zwiebeln.«

Diesmal habe ich mich selbst ausgetrickst: Ich habe Felix ja erlaubt, mit Ruslan ins Haus zu gehen. Und ich habe versäumt, mit ihm zu klären, ob er in Kais Zimmer etwas zu suchen hat, wenn Markus anruft. Wieder so ein Grenzfall, wie ihn die Kids gern schaffen. Wenn ich auf die letzten 25 Gramm Wodka bei Mischa verzichtet hätte und sofort mit Felix nach Hause gegangen wäre, wäre Felix erst gar nicht in Versuchung geraten. Aber ich bin froh, dass zumindest diese Missetat keine gewesen ist, es sei denn, er hat das Walkie-Talkie als Vorwand genutzt, um Kai doch irgendwas zu klauen. Bloß was?

Auch in Kais Zimmer herrscht nicht eben preußische Ordnung. Auf den Regalen ein Diercke-Weltatlas, Schulbücher, ein alter *Spiegel*, *Erste Liebe* von Iwan Bunin, das Buch muss auch Kai sich bei Sabine ausgeliehen haben, eine Shampoo-Flasche, Filmdosen, eine Dose Nikwas-Waterproofing-Wax für Leder, auf dem Boden eine gerollte Isomatte, ein leeres Nutellaglas mit Altbatterien, ein Memory-Spiel für Vier- bis Zwölfjährige, ein paar verblichene Antimückenplättchen … Weiß der Kuckuck, ob hier etwas verschwunden ist, das kann nur Kai selbst sagen. Bleiben also die Zigaretten, aber das Verhör kommt erst morgen. Heute ist es zu spät für Großoffensiven. Insgeheim bin ich froh darüber.

Felix schneidet Zwiebeln. Ruslan sitzt auf dem Sofa und schaut zu. Auf dem Küchentisch liegen Hühnereier in einem blauen Handtuch, ein Handtuch der Tschetschenen. Aber wenn Felix Eier klaut, dann legt er sie in kein Handtuch. Meine Hirnfunktionen bearbeiten Felix jetzt nur noch als Verdächtigen.

Wir machen *pelmeni* germanisch. Das heißt, wir schneiden Zwiebeln klein, Knoblauchzehen, werfen sie in die Pfanne mit heißem Öl und 500 Gramm *pelmeni* aus dem Tiefkühlfach gleich hinterher. Es brät, es schmort und zischt in der Pfanne, die ersten Zwiebeln sind schnell schwarz. Die *pelmeni* aber bleiben vorerst blass, statt goldbraun zu werden wie die frittierten *pelmeni*, die ich mal in Krasnojarsk im Restaurant gegessen haben. *Pelmeni* sind kleine, runde Teigtaschen, mit Fleisch gefüllt, russische Ravioli sozusagen, Nationalgericht. Im Laden sind sie oft nicht zu haben, weil in Oni die Frauen den Teig dafür selbst rollen. Aber hausgemacht oder aus der Fabrik, seit Jahrhunderten werfen die Russen ihre *pelmeni* in kochendes Wasser und servieren sie danach mit *smetana*, saurer Sahne. Sehr nahrhaft, aber der Gaumen langweilt sich. Ich brate *pelmeni* lieber, selbst wenn sie danach vor Fett triefen. Und raspele noch Edamer drauf, das habe ich von Kai.

Auch Felix liebt *pelmeni*, bei *pelmeni* hört jede Feindschaft auf. Ich fange an, die Teigkügelchen auf die Teller zu verteilen. Die Jungs schauen mit Andacht zu, Felix, Geschmacksbanause wie alle Kinder, schüttet sich natürlich Ketchup drüber. Kauen, Schweigen, Frieden.

Eigentlich könnte ich auch mal Ruslan ein bisschen erziehen: »Warum ärgert ihr die Kühe, Ruslan?«

»Weil es interessant ist.« Ruslan antwortet schmatzend, mit vollem Mund.

»Und was ist daran interessant?«

»Sie rennen weg, stellen sich blöd an, das macht Spaß.«

»Woher hast du denn die Schramme auf der Nase? Hat dich da eine Kuh gebissen?«

»Nee«, Ruslan grinst, »die Katze hat mir die Nase aufgekratzt. Weil ich sie geärgert habe.« Auch »normale« Kinder sind keine Engel. Alle sind hungrig, ich schmeiße noch eine zweite Packung in die Pfanne. Ein gutes Gericht, idiotensicher und sehr schnell zubereitet.

Wieder Schweigen, Kauen, Frieden. Ruslan leert seinen dritten Teller, rümpft genüsslich die Nase. »Sag mal«, fängt er an, »ist da Schweinefleisch drin?«

Ich greife zur Plastikverpackung. »50 % Rindfleisch, 50 % Schweinefleisch« steht darauf. Oh Gott, das lese ich besser nicht vor, ich habe ganz vergessen, dass der Junge Moslem ist. Was Schweine angeht, verstehen auch die kaukasischen Moslems keinen Spaß. Aber soll ich, um den religiösen Gebräuchen Genüge zu tun, den Jungen zwingen, die *pelmeni* wieder auszukotzen? »Nee, Ruslan«, lüge ich, »die sind mit Rindfleischfüllung.« Ich hoffe, Allah verzeiht Notlügen.

Nachher raucht Felix seine Gutenachtzigarette, Ruslan schaut zu. Teufel, auch wenn der Islam Zigaretten erlaubt, Felix gibt mal wieder ein sehr schlechtes Beispiel. Aber weiß Gott, ob Felix Ruslan nicht schon längst mit ganz anderen Zigaretten zum ersten Lungenzug verführt hat. Ich biete Ruslan einen Apfel an, er grinst, beißt hinein.

Danach polieren sie ihre Kindergebisse, beide halbwegs gründlich. Ich schicke sie ins Bett. Felix in seine Ecke, Ruslan in die Koje für die Praktikanten, die Mischa und Kai gezimmert haben. Felix lese ich noch ein paar Seiten Harry Potter vor, Harry bekommt Besuch von einer befreundeten Zaubererfamilie, die seine spießigen Stiefeltern in Angst und Schrecken versetzt. Derweil hört Ruslan mit Kais Kopfhörern Musik, dreht sie so laut, dass es selbst Felix stört: »*Stop, Ruslan!*« Der gutmütige Ruslan gehorcht.

Ich kommandiere Nachtruhe, mache das Licht aus, gehe noch kurz vor die Tür. Es ist dunkel geworden, dunkler als in anderen Nächten. Keine Sterne, kein Mond, Finsternis in Sibirien ist selten, aber gründlich. Oder wie Felix einmal gesagt hat: »So dunkel, als säße ein Bär auf einer Fliege.« Man hört nichts außer fernen betrunkenen Rufen. Es ist kälter geworden, aber die Kälte berührt einen sanft. Erst jetzt merke ich, dass es schneit, die Schneeflocken sind wie kleine, zarte, halb feuchte Küsse, die kühl auf der Haut zerschmelzen. Der Winter ist da.

Wieder im Haus, setze ich mich auf Kais Bett, klappe meinen Laptop auf, fange an zu schreiben, als ich von gegenüber aus der Praktikantenkoje unterdrücktes Wispern höre. Ich ziehe den Vorhang auf, Ruslans grinsendes Gesicht liegt harmlos auf dem Kopfkissen, aber unten am Fußende – hat sich Felix unter der Steppdecke versteckt, zusammengerollt wie ein Hund im Schneesturm.

»Das hätte noch gefehlt, mach, dass du in dein Bett kommst!«

»Mann, Stefan, Kai lässt uns auch in einem Bett schlafen.« Felix' tausendste Lüge, seit ich mit ihm zu tun habe, »und bei den Tschetschenen schlafen wir auch immer in einem Bett.« Das mag eher stimmen, schon aus Platzgründen.

»Kannst du knicken. Und jetzt gebt Ruhe, Sendepause bis morgen Früh.«

Ich komme mir verklemmt vor. Zwei kleine Jungen, die zusammen in einem Bett schlafen, eine sibirische Alltäglichkeit. So wie wir uns in der Taiga auch zu zweit oder dritt auf eine Hüttenpritsche gequetscht haben. Aber Kai hat mich dringend gewarnt: Felix und Ruslan nicht allein in der Banja, Felix und Ruslan nicht zusammen in einem Bett. Da sind die Geschichten, von denen auch Kai nicht genau weiß, wann, wo und mit wem sie passiert sind, in seinem Elternhaus, einer Pflegefamilie, einem Kinderheim. Doch wie die Erzieher berichten, ist Felix von größeren Kindern vergewaltigt worden, soll später aber auch selbst aktiv bei sehr aggressiven Sexspielen mitgemacht haben. Und angeblich hatte er einschlägige Kontakte zu einem Pädophilen.

Aber Kai sagte auch, Felix habe in Sibirien sexuell bisher noch keine Auffälligkeiten gezeigt. Seitdem ich ihn kenne, war da von solchen Gelüsten nichts zu spüren. Irgendwie sind wir alle verklemmt in ISE-Land, auch Verhindern kann die Phantasie verderben. Ich komme mir blöd vor, aber ich lasse Kais Bettvorhang offen.

»Ruslan!« Felix versucht flüsternd zu schreien.

»Sei endlich still!«, kommandiere ich.

Ein Furz antwortet mir, heftiges Gelächter aus beiden Betten.

»Ruhe jetzt!« Kein appetitliches Nachtkonzert, aber harmlos.

Es Felix auszutreiben, das wäre der Feinschliff, dem sich Kai vielleicht in sieben, acht Monaten in Deutschland widmen kann. Hoffentlich.

»Oh, mein Arsch«, Felix stöhnt gespielt, »hab ich da schon wieder gefurzt?«

Ich antworte nicht mehr. Felix imitiert mit seiner Stimme weitere Fürze. Sie kichern noch ein paarmal, dann endlich rettet die Müdigkeit der Knilche den Abendfrieden, sie verstummen.

Auch ich bin müde, die Dunkelheit draußen scheint den Mond geschluckt zu haben, heute Nacht schlafe ich gut. Auch Felix' Träume scheinen heute glücklicher, zumindest ruhiger zu sein. Er schreit nicht im Schlaf, er flieht nicht, er schweigt.

SONNTAG

Felix
Oni, Oktober 2002, 7.30 Uhr

Ich wache auf. Wieder kichert es drüben bei Ruslan. »Verflucht, Felix, ich habe doch gesagt …«, müde schimpfend ziehe ich den Vorhang zu Ruslans Koje auf. Aber Ruslan ist allein, er sitzt auf dem Bett, malt eifrig mit Filzstift in einem Schulheft. Ruslan entblößt lächelnd seine Junghamsterzähne, zeigt mir das offene Heft: Er hat ein hässliches Mondgesicht hineingemalt: »Das ist Stefan.« Ruslan gluckst vor Vergnügen.

Ich erkläre Ruslan, dass es acht Uhr morgens ist und Sonntag und dass Deutsche sonntags ausschlafen. Aber das kümmert ihn wenig. »Felix schläft auch noch«, erklärt er, »Mann, wenn Felix ein normales Kind wäre und hier zur Schule gehen würde, der käme doch nie aus dem Bett um acht.« Ruslan amüsiert sich, ich ärgere mich, dass das normale Kind Ruslan heute nicht um acht zur Schule muss.

»Trinkst du Tee, Ruslan?«

»Ja.« Ruslan steht in der Küche und gürtet seine viel zu große Hose, das heißt, er zieht einen riesigen Gürtel mehrfach durch die Schlaufen, der ihm vermutlich noch in vierzig Jahren passen wird. Draußen schimmert weiß der Winter. Schnee bedeckt die Dächer, das Gras und den Asphalt mit den Kreidestrichen, zwischen denen Ruslans kleine Schwester noch gestern mit einem Nachbarmädchen um die Wette hüpfte.

Drinnen rennt Ruslan hinüber zu Felix, Felix ärgern: »*Felix, jeschtschjo spisch?*«, schreit er – »Felix, schläfst du noch?« Felix wälzt sich im Bett, klimpert mit den Lidern, grinst schlaftrunken, zieht die Decke über den Kopf. Für jemanden, der ins Bett gepinkelt hat, hat er wenig Lust, es zu verlassen.

Ich setze Teewasser auf und gehe Holz holen, Tschulpan freut sich, als säße sie heute nicht im ersten, sondern im letzten Schnee der Saison. Aber sibirische Dorfhunde sind wohl eingefleischte Wintertiere.

»Willst du Spiegeleier, Ruslan?«

»Nee.«

»Ein Käsebrot?«

»Gut, ein Käsebrot.« Ruslan und ich fangen an zu frühstücken, Felix liegt noch immer im Bett. Es ist angenehm, mit einem Kind zu frühstücken, ohne Angst haben zu müssen, dass sich die Tischdecke zwischen uns jeden Moment wieder in ein Schlachtfeld verwandeln kann.

Das Telefon klingelt. Ich nehme ab, eine Frau fragt auf Russisch nach Chassan, Achmeds Schwiegersohn. Ich gebe den Hörer an Ruslan weiter, der mit ihr auf Tschetschenisch palavert und ihr vorschlägt, in zwanzig Minuten noch einmal anzurufen. Dann flitzt er los, um Chassan zu holen.

Beim Nachbarn zu telefonieren ist üblich, nicht nur in Oni, wo auf 402 Haushalte 49 Telefonanschlüsse kommen. Ruslan kommt mit Chassan, seiner Frau und Sofia zurück. Die Erwachsenen setzen sich in ihren Wintermänteln und Halbpelzen auf die Bank und warten leicht beklommen; ich biete ihnen Tee an, nur Sofia nimmt an. »Na, da hat also der Winter angefangen …« Small Talk auf Sibirisch … »Ach, der Schnee ist heute Mittag wieder weg.«

Der Anruf kommt nach vierzig Minuten. Erst spricht Sofia, dann Chassan, dann seine hübsche Frau. Alle freuen sich auf Tschetschenisch, lachen, sind gerührt. »Die Mutter«, erklärt mir Sofia, »weint jetzt.«

Felix erscheint; barfuß, wirrhaarig, Pumuckl am Morgen. Die Augen noch halb verklebt, die Gäste beachtet er nicht. »Krieg ich meine Ziggi?«

»Nicht jetzt. Warte, bis die Leute weg sind und bis es zehn Uhr ist.«

»Na, darf ich jetzt raus?«, erkundet Felix.

»Erzähl mir zuerst mal, was das für Zigaretten waren, die Mischa gestern bei dir gesehen hat.«

»Was für Zigaretten? Ich hatte keine Zigaretten.«

»Ach, Mischa lügt also. Und Kostja, der hat die Zigaretten auch bei dir gesehen. Was sind das für Zigaretten?«

»Das klär ich später mit Kai. Das ist nicht dein Problem!« Felix zieht die Augenbrauen himmelwärts, nicht ohne Arroganz: Meine Missetaten haben Ersatzleute nicht zu interessieren!

»Richtig, das ist nicht mein Problem, das ist dein Problem. Du kommst hier erst raus, wenn ich weiß, woher die Zigaretten sind.« Gestern habe ich überlegt, wie ich die Sache mit den Zigaretten angehen soll. Ein richtiger Schlachtplan ist dabei nicht zustande gekommen. Ich will herauskriegen, woher Felix sie hat, um ihn dann dafür zu bestrafen. Falls nötig. Und falls möglich, denn um fünf Uhr wird Kai am Busbahnhof in Partisansk darauf warten, abgeholt zu werden. Jetzt aber fliegen die Wahrheiten und Lügen schon wieder hin und her. Verhör in ISE-Land, parallel zu einer Direktschaltung ins tschetschenische Kriegsgebiet.

»Die Zigaretten habe ich gekauft … äh, ich habe einen Jungen geschickt, damit er sie im Laden kauft«, Felix lügt heute Morgen nicht gerade brillant.

Die Verbindung nach Tschetschenien ist abgebrochen. Sofia nimmt ihrer Tochter den Hörer aus der Hand, lauscht hinein, dann gibt sie ihn Chassan. Aber der Hörer schweigt weiter. Ich rate ihnen aufzulegen. Sie tun es, diskutieren das Gespräch, freuen sich, hoffen, dass das Telefon noch einmal klingelt. Sofia sagt, in Tschetschenien sei alles in Ordnung, und fragt, ob ihr Schwiegersohn seinen Bruder in Moskau anrufen könne, um ihm zu sagen, dass es der Mutter in Tschetschenien gut gehe. Ich habe nichts dagegen.

»Also gut«, offenbar hat Felix die Denkpause genutzt, »ich habe das Geld bei Kai gezockt, zehn Rubel.«

»Ach, zehn Rubel? Mischa hat aber gesagt, das seien teure Zigaretten gewesen.«

»Ja, also, ich habe Kai vierzig Rubel geklaut.«

»Ach, und woher?«

Wieder Denkpause. »Na, aus seinem Schrank.«

»Aus welchem Schrank?« Felix ist wirklich schlecht in Form. Außer dem Küchenbüfett, in dem nur Geschirr steht, gibt es im Haus nichts Schrankähnliches.

»Mann, aus dem Schrank, was geht dich das an? Das klär ich mit Kai.«

»Aus welchem Schrank? Das klärst du jetzt mit mir! Sonst kriegst du gleich Hausarrest.«

»Na, aus seinem Regal, ganz oben.«

»Aus seinem Zimmer?«

»Ja …« Zum ersten Mal klingt Felix' Stimme leicht zerknirscht.

»Wo sind die Zigaretten jetzt?«

»Die sind weg. Wanjas Vater habe ich auch welche gegeben.«

»Dann gehen wir gleich zu Wanjas Vater und fragen ihn.«

»Mann, da habe ich hier mal jemand ein paar gegeben und da.«

Die Tschetschenen kriegen keine Verbindung nach Moskau. Sie wählen, reden, wählen, freuen sich noch immer.

»Aha, du versorgst die Leute hier also mit Zigaretten.« Ich bearbeite Felix weiter. »Kannst du dem Weihnachtsmann erzählen.«

»Mann, das stimmt.« Jetzt zittert Felix' Stimme wieder vor Empörung. »Du kannst ja Chassan fragen. Dem habe ich auch eine halbe Schachtel gegeben …«

Jetzt, denke ich, habe ich dich, Felix! Chassan sitzt ja direkt neben uns. Mein Gehirn rattert wie das eines Kriminalkommissars beim Verhör. Vermutlich mache ich auch so ein Gesicht. »Sag mal, Chassan«, frage ich, »hat dir Felix wirklich eine halbe Schachtel Zigaretten gegeben?«

»Ja. Er hat mir eine Schachtel *Sojus Appolon* über den Zaun geworfen.« Chassans Kopf ist feuerrot geworden. »Da waren nur noch vier oder fünf Zigaretten drin. Dabei habe ich zu Hause eine ganze Stange.« Er lächelt hilflos, voller Scham, er schämt sich, dass seine Schwiegermutter zuhört, dabei wählt die gerade wieder eifrig. Chassans Lächeln ist gleichzeitig voll Gutmütigkeit und verletztem Stolz. Auch wenn Felix, das Kind, ihm die Zigaretten nicht nachgeworfen hätte, sondern einfach angeboten, es wäre eine Beleidigung für Chassan als erwachsenen Mann gewesen. Aber Felix ist nun mal die große Ausnahme, selbst vor den Ehrgesetzen der Tschetschenen. Die Demütigung treibt Chassan trotzdem das Rot auf die Wangen.

»Chassan, hast du sonst noch Zigaretten bei ihm gesehen?«

»Er hatte noch eine Packung Winston.«

Aha, denke ich, noch immer ganz Kripo, das war die rote Packung, die Kostja und Mischa auch gesehen haben.

»Na, siehst du?« Felix hat aufgeschnappt, dass Chassans Aussage ihn entlastet. »Dass ihr mir auch nie glauben wollt! So, darf ich jetzt raus?«

»Das sehen wir später.« Die Verbindung nach Moskau kommt nicht zustande. Die Tschetschenen geben es auf, danken, erheben sich. Chassan wendet sich noch einmal mit unglücklichem Lächeln an mich: »Sag Achmed bitte nichts davon.«

Natürlich werde ich Achmed nichts davon erzählen. Die Tschetschenen gehen, nur Ruslan ist geblieben. Er hört gespannt zu, obwohl er nichts versteht, aber vielleicht sagt unser Tonfall ja schon alles.

»Was hat Chassan da gesagt?«, will Felix wissen.

»Nichts für dich.«

Felix hat sich neben Ruslan gesetzt und wühlt mit beiden Händen in dessen dunkelblondem Haar herum: »Hier siehst du die Flöhe!«

»Quatsch, das sind keine Flöhe.« Tatsächlich sind – weiß Gott wo und wie – kleine grüne Samenkörner in Ruslans Haare geraten.

»Woher hast du die Winston?« Die Angelegenheit ist nicht damit erledigt, dass Felix die Reste seiner Beute anderen Leuten vor die Füße geworfen hat.

»Die habe ich aus Partisansk, das ist doch schon ewig her.« Das Verhör nimmt eine neue Wendung.

»Ich denke, die hast du gekauft von dem Geld, das du Kai geklaut hast? Du willst mich wohl für blöd verkaufen.«

»Mann, ich habe Kai doch gar kein Geld geklaut. Die Winston hat mir ein Mann in Partisansk geschenkt, als ich mit Kai einkaufen war. Der hat mir auch ein Eis ausgegeben, der war nämlich betrunken. Danach hat er gefragt, ob ich rauche, und da hat er mir eine Schachtel geschenkt.«

»Ich werde Kai fragen.«

»Frag ihn. Der hat mir die Winston doch abgenommen, aber

da habe ich sie hier unten« – er springt zum Praktikantenbett und zerrt eine dunkelblaue Tasche hervor – »wieder rausgeholt.«

»Und die *Sojus Apollon*?«

»MANN, AUCH AUS DER TASCHE!«, Felix brüllt jetzt.

»Und warum hast du gesagt, du hättest Kai Geld geklaut?«

»Damit es mir einer glaubt.«

Da hat sich Felix wieder selbst verleugnet: Für Geld, das er Kai gestohlen hat, erwartet ihn eine härtere Strafe als für geklaute Zigaretten. Felix hat vor allem gelogen, um die Wahrheit zu vermeiden. Und was ist die Wahrheit? Wahr ist, dass er die Zigaretten gestohlen hat, vielleicht wirklich aus der blauen Tasche unter dem Praktikantenbett. Vielleicht aber auch aus Kais Zimmer. Das kann mir erst Kai sagen. Mit Bestrafen ist also nichts, zumal Kai auch am besten weiß, welches Strafmaß angebracht ist.

»Kann ich jetzt raus?« Felix nervt.

»Du machst zuerst mal den Abwasch.« Eigentlich hätte Felix sofort eine Strafe verdient. Er hat gestohlen und er hat gelogen. Aber womit soll ich Felix bestrafen? Mit Hausarrest, der in fünf, sechs Stunden sowieso vorbei sein wird, weil wir Kai abholen müssen? Mit Zigarettenentzug? Meine Strafaktion »Zigaretten gegen Flüche« ist völlig gescheitert: Wo ich Zigaretten einzeln gestrichen habe, wirft Felix mit Schachteln um sich.

Ich fühle mich wie ein Anfänger, der sich mit einem routinierten Falschspieler an einen Kartentisch gesetzt hat. ISE-Spiel – Idiotenspiel: Felix schnorrt bei einem Betrunkenen in Partisansk Zigaretten. Kai konfisziert sie. Aber Felix klaut sie wieder, dazu noch eine Packung, die Kai gehört. Er versteckt oder raucht sie nicht nur. Viel raffinierter: Einerseits prahlt er damit vor Mischa, also vor uns allen. Andererseits verteilt er einen Teil seiner Beute im Dorf, verschafft ihr so ein Alibi. Ob ich ihm nun heute Hausarrest gebe oder Kai morgen, Felix wird kaum gestehen, wie viele Zigaretten er schon geraucht hat und wie viele er noch versteckt hält. Und keine einzige herausrücken. Beim nächsten Mal wird er wieder leugnen, noch gerissener und skrupelloser. Ich bin mit meinem Latein am Ende.

Vielleicht haben ja jene Russen Recht, die sich sicher sind, den Kids ihre Flausen in zwei Wochen austreiben zu können. Oder die deutschen Stammtische: sich Ruslans Gürtel ausleihen, Felix übers Knie legen und seine Gerissenheit aus ihm herausdreschen. Ihn züchtigen, wie Wilhelm Busch einst Max und Moritz züchtigte. Aber das hat damals auch nicht geholfen.

Migo
Partisansk, April 2002

Es dauerte einen Monat, da war Migo wieder da. Der Winter war einem nassschmutzigen Frühling gewichen. Die Straße des Sieges hatte sich in eine bodenlose Schlammbahn verwandelt, aufgewühlt zu schwarzen, schmatzenden, alles verschlingenden Traktorspuren. Auf den Feldern jenseits des Sisim, dort, wo ich Ski gelaufen war, wuchsen Pfützen.

Migos schwarzes Haar war länger und lockiger geworden, auf seiner Stirn klebten ein paar Mitesser, aber er lächelte. Migo hatte einen neuen Betreuer mitgebracht: Heinz, 26 Jahre alt, auch sein Gesicht war offen und froh: »Im Bus aus Krasnojarsk saßen ein paar Jungs, die waren eigentlich ziemlich nett, wir haben die Telefonnummern ausgetauscht, aber die haben uns schon zum Kiffen eingeladen. Migo fand das total cool, da muss ich bei ihm wohl aufpassen, was?« Heinz schien, was Migos Probleme anging, ziemlich ahnungslos.

Migo freute sich, mich zu sehen. Aber etwas drückte seine lächelnden Mundwinkel schnell hinunter, eine Anklage: »Warum habt ihr mir nicht gesagt, dass es zurück in die Klapse ging?« Er sei sauer auf Peter, auf Kai, auf Irene, auch auf mich. Sauer, weil wir, die Erwachsenen, in seinem Tagebuch gelesen hatten. Aber vor allem, weil wir ihn so tückisch nach Deutschland, zurück in die Psychiatrie gelockt hätten.

»Ich habe ja auch nicht genau gewusst«, redete ich mich feige heraus, »dass du stationär untersucht werden solltest.« Migo schaute zweifelnd.

Heinz trug einen dunkelgrünen Kapuzenpulli und Jeans. Im Gegensatz zu Peter schien ihm egal zu sein, was er anzog. Ein magerer Jüngling mit langen, strähnigen, dunkelblonden Haaren und einem Gesicht, das vor Friedfertigkeit leuchtete. Heinz erinnerte mich irgendwie an die Hobbits aus *Der Herr der Ringe*, nur war er sehr viel länger als die. Wir verabredeten uns für die Banja. Im Winter hatte Migo die Banja immer mit großem Vergnügen angeheizt.

Als ich kam, brummte der Ofen schon, den Stepan Iwanowitsch persönlich gesetzt hatte. Es war heiß; zum Schwitzen fehlten nur ein paar Güsse Wasser auf die Ziegelsteine, die auf dem Ofen lagen. Aber Migo arbeitete noch draußen an der Einfahrt. Er versuchte, die Tauwasserpfütze, in der mein Niwa fast stecken geblieben wäre, mit Erde zu füllen, damit sie schneller austrocknete. Migo arbeitete wie früher, als er auch beim Holzstapeln der Letzte war, der aufhörte. Wir riefen ihn, er solle kommen, irgendwann wird jede Banja wieder kalt.

Er kam, zog sich aus, aber als er schon nackt war, hatte er plötzlich eine Zigarettenpackung *Trojka* in der Hand und nahm eine Zigarette heraus. Ich traute meinen Augen nicht. »He, Migo, du willst doch nicht etwa rauchen?«

»Mann, was geht?«, wollte Migo wissen, sein üblicher, meist gutmütiger Einwand. »Natürlich will ich rauchen, habe ich mit Peter auch immer gemacht.«

Migo log nicht. Kai habe ich auch einmal mit einer Zigarette in der Banja erwischt und heftig beschimpft. Für mich und meine russifizierten Atemwege war es Todsünde, Banja-Dampf mit Nikotin zu vergiften. Dem murrenden Migo musste ich erst androhen, zu gehen, um ihn von seinem Frevel abzuhalten.

Migo redete nicht mehr viel, ein 16-Jähriger, der sauer war, weil er im Dampfbad nicht rauchen durfte. Heinz und ich nahmen das nicht weiter ernst. Migo aber verließ die Banja, und als wir ebenfalls hinauskamen, um uns abzukühlen, ging er wieder hinein, um zu schwitzen. Heinz und ich unterhielten uns, wir redeten über Migo, ich erzählte Heinz über Peter und wunderte mich, wie wenig er von dem wusste, was hier abgelaufen war.

Dann wollte ich Migo um sein Shampoo bitten, leitete die Bitte scherzhaft ein: »Also, Migo, eigentlich hältst du mich doch für einen echt guten Typen …«

Migo schaute mich an: »Willst du die Wahrheit wissen? Ab und zu bist du ein ganz schönes Arschloch …« Er machte noch eine Pause, »eigentlich warst du mir von Anfang an unsympathisch.«

Danach sprach keiner mehr. Migo ging hinaus, ich saß da, seine Worte hallten in meinen Ohren wider, rissen wieder und wieder ein Loch in mein Hirn, das gerade eben noch voll harmloser Gedanken war. Kein großes Loch, aber ein Loch voll Schwärze, Bosheit, Schmerz. Ich hatte eine der Grundregeln des ISE-Spiels vergessen: »Engagiere dich nie emotional, lass SIE nie an deine Seele ran. Mach dich nicht verwundbar.« Jan hatte mich mit Schimpfwörtern und Fäusten attackiert, Felix traktierte mal meine Trommelfelle, mal meine Nerven. Aber bei allen hatte ich die Deckung immer oben gehabt, Kickboxer oder Rugbyspieler sind ja auch nicht persönlich beleidigt, wenn der Gegner sie rempelt. Richtig getroffen hat mich eigentlich nur Migo, dieses eine Mal. Migo, von dem ich auch jetzt noch hoffte, dass er anders war, dass er nicht ausgezogen war nach Sibirien, um hier Betreuerseelen zu fressen.

Migo hatte mich beleidigt, Migo war ungerecht. Mir lief der Banja-Schweiß aus allen Poren, aber ich merkte, wie ich innerlich erkaltete: Wenn dich jemand verraten hat, Migo, dann ich am allerwenigsten. Als einziger Deutscher vor Ort bin ich – zumindest schüchtern, weil fachlich am wenigsten kompetent – dafür eingetreten, dass du hier bleibst. Also wann war ich dir gegenüber ein richtiges Arschloch? Außer Traurigkeit ergoss sich auch Wut in das kleine schwarze Loch in meinem Hinterkopf.

Nachher saßen Heinz und ich am Küchentisch. Heinz erzählte von sich, von seinem Vater, einem Tierarzt aus Cottbus. Migo schwieg böse vor sich hin, faltete seine Klamotten; auf seinem

Bett türmten sich einige rechteckige Stapel: Handtücher, T-Shirts, Trainingsanzüge. Er räumte auf, fegte zwischen unseren Beinen herum, schwieg weiter.

»Willst du ein halbes Bier?« Heinz bot Migo ein alkoholfreies *Baltika Nulowka* an. »Damit du wieder mit uns sprichst.« Migo schwieg verbissen.

Heinz war auch ein Kind der DDR, aber wie der Wessi Kai hatte er nach dem Abitur Zivildienst in der Psychiatrie gemacht. »Da war ich Mädchen für alles. Eine geschlossene Frauenanstalt, da lief alles Mögliche herum, Drogenjunkies, die wegen des Essens kamen, Depressive, Nutten, die sich ausschlafen wollten. Sie wurden mit Schwachsinnigen und völlig Durchgeknallten zusammengesteckt, die glaubten, sie seien der Teufel. Es war wirklich wie in *Einer flog über das Kuckucksnest*. Die Leute wurden angeschrien, mit Medikamenten voll gestopft.« Auch Heinz meinte, Sibirien sei für Migo ein besserer Ort als die Klapse.

Die Psychiatrie, später hat Migo mir viel davon erzählt. Die Psychiatrie war nur Episode gewesen für Migo. Aber eine heftige.

»Wieso wollt ihr denn nach Kiel?«, habe er Irene und Peter gefragt, als sie an der Autobahnabfahrt abbogen, die zu der Psychiatrischen Klinik führte, in der er schon einmal gesessen hatte. Er erblickte den Turm, den er aus seinem Zimmerfenster gesehen hatte. »Wieso fahren wir denn zu meiner alten Klapse?«

»Weil da das Hilfeplangespräch ist«, antwortete ihm Peter. Was wirklich abgelaufen sei, habe er erst bei diesem Gespräch erfahren, erzählte Migo mir in Partisansk: Peter und Irene, auch Migos Adoptivmutter und der Mann vom Jugendamt waren da. Und ein Oberarzt, den Migo nie hatte leiden können und der ihn fragte: »Du weißt schon, Miguel, dass du hier bleiben musst?«

»He, was geht hier ab? Irene, du hast mir doch versprochen, ich komme hier wieder raus!«

»Es kann nicht immer alles nach deinem Kopf gehen.«

Migo stand auf, sah zur Tür, überlegte, ob er hinlaufen sollte und versuchen, sie aufzureißen.

»Setz dich wieder hin!«, sagte Peter.

»Du bleibst hier, bis geklärt ist, was in Sibirien passiert ist«, sagte der Oberarzt, »das kann ein paar Wochen dauern.«

Peter legte Migo noch die Hand auf die Schulter: »He, Migo, das packen wir schon.« Das seien die letzten Worte gewesen, sagt Migo, die er von Peter gehört habe.

»Verpiss dich«, habe er geantwortet.

Migo blieb allein zurück. Allerdings sagt Peter, er habe ihn nicht allein lassen wollen, wollte ihn weiter betreuen, täglich besuchen. Aber Klaus habe ihm die Betreuung entzogen, man habe ihn nicht mehr in die Klinik hineingelassen.

Migo sagte später, vermutlich habe ihn seine Klapsenerfahrung gerettet. »Ich wusste, welches Spiel gespielt wurde: Je ruhiger, je besser du dich benimmst, desto schneller bist du wieder draußen.« Er sei cool geblieben, auch als die Ärzte ihm erklärten, er gelte als suizidgefährdet. Er verhandelte zuerst einmal die Frage, wie viele Kippen am Tag er bekomme. Medikamente und Beruhigungsmittel lehnte er ab, nach einer Woche bekam er schon Ausgang. Migo war in seiner Gruppe allein unter Mädchen: »Die waren natürlich froh, dass ich auftauchte. Die meisten waren total mager, hatten Essstörungen, auch Silvia, obwohl die sonst ziemlich gut ausgesehen hat.«

Nach Migos Worten sei er mit dem Psychiater übereingekommen, dass Peter ihn provoziert habe. Und wie, wollte der Arzt wissen, solle es weitergehen?

»Ich will wieder nach Sibirien.«

Ein Mädchen, Silvia, schrieb ihm Liebesbriefe: »Bitte lass mich Deine Hand halten und Dich auch einmal umarmen. Ich habe mich heute auch nicht erwürgt, ich habe es schon vielen Menschen versprochen, aber nur bei Dir konnte ich mich daran halten. Es war irgendwie wie eine durchsichtige Mauer. Denk nicht, ich drehe jetzt total durch, ich bin nur verliebt. Und Du hast echt Recht, es ist feige, sich selbst umzubringen.« Migo machte den Mädchen um ihn herum offensichtlich Mut. Und er schien wieder etwas Positives auszustrahlen.

Nach eineinhalb Wochen war Migo draußen. Klaus holte ihn persönlich ab und brachte ihn bei einer befreundeten Betreuerfamilie unter. In aller Eile, der üblichen ISE-Eile, organisierte er einen neuen Pädagogen.

Kein Psychiater hatte Migo die Diagnose »psychotisch« verpasst. Aber war Migo dort überhaupt richtig gecheckt worden? »Der Arzt in der Klapse hat gesagt, er hätte ähnlich reagiert, wenn ihn jemand so provoziert hätte wie Peter«, sagte Migo. Wir in Sibirien, Heinz und ich, wollten gerne glauben, dass es ein Ausrutscher gewesen war. Auch wenn wir dafür einen Rest von Todfeindschaft ignorieren mussten, die weiter bei Migo nachklang: »Ich wollte mir ja gar keine Waffe schmieden, ich hatte ja eine in der Tasche. Was für eine, das sage ich nicht.«

Aber mir gegenüber benahm er sich wieder freundlicher, wieder zogen wir zu dritt in die Diskothek. Er warf sich wieder in Schale, trug diesmal eine weiße Jacke, traute sich aber immer noch nicht, Anastasja zum Tanzen aufzufordern. Wieder winkte das wilde Trio Migo zu, die zwei Blondinen und die Brünette. Migo winkte zurück. Aber auch mit ihnen wollte er nicht tanzen, er erwartete wohl die nächste Ohrfeige. Wieder rannten sie mit viel Gekicher an uns vorbei.

Plötzlich stand die Brünette vor uns, wippte mit den Hüften, grinste. Sie trug einen schwarzen knielangen Rock und eine hellblaue Bluse, ein Outfit mit dem Charme der Ärmlichkeit. Sie schwieg, Migo schwieg, Heinz schwieg, ich fragte: »Na, was?« Sie lachte auf und rannte wieder davon, ließ sich von einem russischen Jungen umarmen.

Dann, ich schaute gerade zum Fenster hinaus, griff mir plötzlich eine Hand an die Rippen. Wieder die Brünette. »Lass mich von deinem Bier trinken!« Das war heute allerdings *Nulowka*, alkoholfreies Bier.

»Da, nimm«, grinste ich, »Kinderbier.« Sie verdrehte enttäuscht ihre Augen, trank aber an der Flasche. »Wie heißt du?«, fragte sie.

»Stefan«, sagte ich, »und das ist Migo.«

Sie ignorierte ihn vorerst. »Ich bin Mascha, und das ist Mila, und dann gibt es noch Marussja.« Neben ihr stand jetzt eine ihrer blonden Freundinnen. »Ach, wir haben gerade zu dritt beschlossen, ihr seid die Hübschesten in der Disco.« Mascha quietschte vor Vergnügen, tuschelte mit Mila. Warum ich so selten in der Disco sei, fragte sie. Ob ich nicht tanzen wolle?

Das Fohlen galoppierte in die falsche Richtung. Ich musste wohl doch Generationsunterschiede klären: »In welche Klasse gehst du denn?«

»Ich gehe nicht mehr zur Schule«, Mascha schob sich näher, »ich studiere in Krasnojarsk Management«, log sie. »Und Mascha lernt dort Krankenschwester.«

Tatsächlich hatte Migo sie und Mila schon mehrfach in der Schule gesehen, sie gingen in die elfte Klasse. Wie alt sie denn sei, fragte ich.

»Achtzehn.« Sie log energisch, tatsächlich war sie 16, »und wie alt bist du?«

»Achtundvierzig«, log auch ich, sie nahm unverdrossen noch einen Schluck Alkoholfreies.

»Wann fährst du denn weg?«, fragte sie.

»Das dauert noch.«

»Tanz mit mir.«

»Nee, du bist noch etwas zu klein. Und fürs Tanzen sind bei uns die Südamerikaner zuständig. Oder tanzt du nicht mit Südamerikanern?«

»Doch. Aber nicht mit jedem.« Jetzt taxierte sie wieder Migo. »Warum schaut der mich so an?«

»Migo, warum schaust du sie so an?«, übersetzte ich.

»Ich? Warum, was soll ich denn jetzt sagen?«, meinte Migo. »Einfach so schau ich sie an.«

»Er schaut dich einfach so an«, teilte ich Mascha mit.

»Na, dann soll er das gefälligst bleiben lassen«, verkündete meine neue Bekannte. »Komm, lass uns tanzen!« Ob Mascha was getrunken hatte? So dreist, wie sie baggerte … Aber der Atem ihres Lachens roch nach Pfefferminz.

Erst später bekam ich mit, dass auch die Mädels vor der Disco zum großen Teil heftigen Trinksport betrieben: Die 60 Rubel (also knapp zwei Euro), die sie wöchentlich von ihren Eltern für die Schulspeisung bekamen, behielten sie, hungerten ein bisschen, kauften dafür vor der Disco eine Flasche Wodka, Limonade zum Nachtrinken und eine Packung extrafrischen Orbit, um den Alkoholgeruch zu bekämpfen.

»Ich tanze nicht. Ich bin hier Beobachter.«

»Ach so. Und der ist euer Zögling«, sagte sie mit einem verächtlichen Seitenblick auf Migo. »Wann fährst du wieder weg? Hast du eine Frau in Deutschland?«

»Warum, suchst du einen Bräutigam?« Ich musste grinsen.

»Nee«, sie verzog das Gesicht. »Tanzt du gar nicht?«

»Erst nach zwölf Uhr.«

»Aber um zwölf ist die Disco zu Ende. Bist du nächste Woche auch hier?«

Sie war immer näher gekommen, lehnte sich an mich, drückte ihren kleinen Busen zutraulich an meinen Oberarm. *Djewuschka bjes kompleksow* – »Mädchen ohne Komplexe« – hieß so etwas in Moskau. Aber selbst die Edelnutten in den Moskauer Discos setzten ihre Reize sparsamer ein.

Migo war zwischendurch draußen gewesen, hatte sich hinter dem Kulturhaus umgesehen. »Mann, Alter, da macht die eine blonde Verkäuferin mit vier Männern gleichzeitig rum. Ich dachte zuerst, sie wird vergewaltigt.«

»Kommst du nach der Disco auf den Basar?«, fragte Mascha. Der Basar, das war der Asphaltplatz mit den hölzernen Marktbuden neben dem Kaufhaus, in dieser frostigen Aprilnacht allerdings kein lockender Ort.

»Nee.«

Mascha aber drängte sich weiter an mich. »Mir ist kalt«, klagte sie. »Wärm mich!«

Ich zog meine Lederjacke aus, legte sie ihr um die Schulter.

Sie machte ein verdrießliches Gesicht, gab mir die Jacke zurück, trank noch einmal an meinem Bier. »Ich komm gleich wieder.« Wieder sauste sie mit ihren Freundinnen Richtung Ausgang.

»Mann, die hat es ja voll auf dich abgesehen«, staunte Heinz.

»Quatsch, in Wirklichkeit will die nur Migo.« Aber so sicher war ich mir nicht mehr. Das nächste Mal, als sie wieder vorbeirannte, warf sie mir einen ungnädigen Blick zu, dafür schlug sie Migo auf den Hintern.

In der Disco lief nichts mehr, aber auf dem Rückweg von der Disco. Zwei andere Mädchen hatten Migo und Heinz draußen angesprochen. Heinz ging nach ein bisschen Palaver müde nach Hause, Migo blieb mit den beiden Russinnen allein. »Mann, die eine hat mir einen geblasen«, verkündete er hinterher, »schlecht ausgesehen hat die nicht, aber richtig ranlassen wollte die mich auch nicht.«

Aber der Sommer versprach nicht nur nachts heiß zu werden. Die Mittagssonne brannte schon heftig, die letzten Schneeflecken auf den Feldern hinter dem Sisim verschwanden, dafür spiegelte sich der blaue Himmel in immer größeren Schmelzwasserteichen, der Sisim wurde immer breiter. Der Coach der Kreisauswahl hatte Migo zum Fußballtraining eingeladen. Der Sommer hätte wunderbar werden können.

Doch Migo benahm sich anders als im Spätwinter. Er war lauter und rechthaberischer, vor allem gegenüber Heinz. Der wollte zu Hause Unterricht mit ihm machen, Migo hatte gerade in Mathe Defizite. Doch er zierte sich, nach der Enttäuschung mit Peter sei seine Motivation weg. Heinz redete ihm zu: »Mann, Alter, es geht darum, dass du deine Lehre schaffst.«

Aber Migo bockte. Morgens wollte er nicht aus dem Bett, nach zwanzig Minuten Bitten stellte Heinz das Radio laut, ein anderes Mal drohte er ihm scherzhaft mit einem Eimer Wasser. Migo antwortete ohne Humor, beschimpfte Heinz als Arschloch, drehte seinerseits abends seine Eminem-Musik auf volle Lautstärke, seine Blicke wurden immer böser. »Ganz ehrlich, ich kann jetzt verstehen, warum Peter und die anderen dich für einen Psychopathen hielten«, erklärte ihm Heinz einmal. »Du bist wirklich krass drauf, redest stundenlang nicht mit mir.«

»Mann, Alter, ich habe doch gesagt, dass ich einen anderen Umgangston einlege«, verkündete Migo. Bei mir beschwerte er sich, Heinz verspotte ihn, dass er nicht drei mit sechs multiplizieren könne, drohe ihm an, ihn vierzehn Tage lang nur noch Arschloch zu nennen. Auch Migo führte jetzt Propagandakrieg.

Einmal stand er im Hof, während Heinz auf der Holztreppe

saß; sie stritten sich. Jana, der Hund, bellte dazwischen. Sie stritten, wer Schuld hatte am letzten Streit. »Du hast mir wehgetan«, schimpfte Migo. Heinz habe ihm heftig und überraschend die Hand auf die Schulter geknallt.

»Mir war doch nicht klar, dass dir so was wehtut«, verteidigte sich Heinz.

Migo wurde lauter: »Du bist immer aggressiv!«

Heinz hielt dagegen, aber noch immer ruhig, Migo werde in Deutschland arbeiten müssen, acht Stunden jeden Tag. Und in der Lehre, in der Berufsschule werde er auch auf Leute hören müssen.

Migo wurde immer wütender, baute sich vor ihm auf, spreizte die Arme, schob den Kopf vor, »deine Mutter ist gefickt«, ein junger Gockel vor dem Hahnenkampf. Heinz blieb sitzen, seine Körpersprache predigte Frieden, aber immerhin, er nannte Migo jetzt »Dreikäsehoch«.

Migo explodierte, rammte die Faust gegen die Stallwand, aus der Haut über seinen Handknöcheln floss Blut. »Du Hurensohn«, brüllte er und spuckte Heinz ins Gesicht. Heinz saß noch immer da, so friedfertig wie Christus vor Pilatus.

Ich aber wurde wütend, fing selbst an zu brüllen. »Migo, du Mistkerl, was fällt dir ein, du bist kein Dreikäsehoch, du bist die Hälfte von einem Dreikäsehoch …« Auch meine Stimme überschlug sich; ihn halb nachäffend, aber ebenfalls mit Zorn schlug ich meine Faust gegen die Holzwand. Dabei ging die Verandalampe zu Bruch.

Migo ließ die Arme sinken, ein böses Schweigen trat ein. »Der magerste Frieden ist besser als der schönste Krieg«, sagen die Russen. Aber das war kein Frieden, nicht einmal Waffenstillstand, das war einfach nur Feuerpause. Heinz und ich gingen, wir wollten zu Stepan Iwanowitsch. »Gut, dass mal jemand dabei war, der das mitgekriegt hat. Und von dem er auch eine Meinung dazu zu hören bekommt. So etwas gibt Sicherheit für das nächste Mal«, sagte Heinz.

Tatsächlich habe ich viel miterlebt im Archipel ISE. Aber noch viel mehr auch nicht. Das Innenleben des Konfliktes zwischen Migo und Peter, Ninas Attacken gegen Piet und Sabine,

Freddys Wutanfälle, aber auch die meisten Momente wirklicher Nähe und Zärtlichkeit zwischen Kids und Betreuern. ISE-Land war grausam, aber intim. Die Betreuer waren meist allein, sie mühten sich, kämpften und litten einsam, unter Ausschluss der Öffentlichkeit, Einzelkämpfer, die eigentlich nur ihren eigenen Menschenverstand, ihr Gewissen und Selbstwertgefühl zu Rate ziehen konnten.

Danach saßen wir bei Stepan Iwanowitsch. Und wieder war guter Rat teuer. Wenn es Schwierigkeiten gebe, könne Migo immer zu ihm kommen, auch übernachten, sagte Stepan Iwanowitsch. Ein Problem sei ja, dass die deutschen Kinder keinen Respekt mehr vor den Älteren hätten. »Unsere würden es nie wagen, einen Pädagogen anzuschreien. Mich nennt jedes Kind in Dorf Stepan Iwanowitsch, mit Vor- und Vatersnamen. Sie reden uns mit Vatersnamen an, das heißt, sie erinnern sich jedes Mal, wenn sie uns ansprechen, an unseren Vater. Das ist schon ein kleines Ritual des Respekts. Aber eure nennen euch sofort Stefan oder Heinz. Eure bestehen von Anfang an darauf, erwachsen zu sein.«

Vor Stepan Iwanowitsch, der auch als Schuldirektor Vertrauen statt Angst verbreitete, standen jeden Morgen 150 Schulkinder stramm, mucksmäuschenstill. Unsere Kids aber duzten ihn jovial mit der Verkleinerungsform seines Vornamens: Stjopka.

Der Frühling überschwemmte Sibirien. Aus dem Sisim war ein See geworden, der sich zwischen dem Steilufer auf der Dorfseite und den Birkengipfeln der Taiga ausbreitete. Graue Schlauchboote mit Anglern trieben darauf. Es roch nach frischem Gras und in der Sonne trocknender Erde, nach Sommer.

Migo führte sich immer schlechter auf, aber mir gegenüber benahm er sich wie früher. Vielleicht wollte er mich ja auf seine Seite ziehen. Trotzdem war er der einzige der Jugendlichen, der ernsthaft, auch ehrlich, über die Situation sprach. Und ich versuchte, ihm Moral zu predigen.

»Mit Peter habe ich mich doch auch angeschrien, wenn wir

allein waren«, sagte Migo. »Wir haben uns beide anders benommen, wenn andere Leute dabei waren ... Wen habe ich denn noch, ich habe doch niemand im Leben. Meine Schwester, die habe ich doch auch verloren ...« Er beklagte sich über Heinz, zeigte mir andererseits stolz ein Silberkettchen, ein Geschenk von Mila, Maschas Freundin, die sich in ihn verknallt hatte. »Aber was würdest du denn an meiner Stelle tun?«

Ich sagte ihm, dass er den Streit auf miese Tour angeheizt habe, Heinz sei viel friedfertiger.

Migo antwortete, die anderen müssten auf seine Stimmung, seine Gefühle, seinen Zustand, seine Reizbarkeit Rücksicht nehmen. »Ich vertraue niemandem mehr, auch dir nicht, Alter, nach dem, was hier abgegangen ist, und ich lasse mir von niemandem noch mal so viel bieten wie von Peter.« Und außerdem habe man ihm in Deutschland einen älteren Betreuer versprochen.

Ich wollte ihm sein Primadonnentum ausreden. »Ob du nun Jugendlicher bist oder Erwachsener, würdest *du* so ein Projekt weitermachen wollen mit einem, der dir ins Gesicht gespuckt hat? Ich an deiner Stelle würde mich für das Spucken entschuldigen.« Migo schwieg.

Als wir wieder nach Hause kamen, saß Heinz am Küchentisch. Es roch nach Kohlsuppe mit Kümmel. »Na, Migo, willst du 'ne Suppe?«

»Nee«, sagte der friedlich, und Heinz bemerkte abends erstaunt, dass Migo sogar Kopfhörer für seinen CD-Player dabeihatte. Aber für das Spucken entschuldigte sich Migo nicht.

Es gab wieder friedliche Momente. Der Abend in der Disco, als Migo das erste Mal mit Anastasja tanzte. Und sofort ganz eng. Hinterher fragte er mich, was *nakonjez* heißt. »Endlich«, sagte ich. Er freute sich; das hatte Anastasja gesagt, als er sie zum Tanzen aufgefordert hatte. Anastasja, die so schön, so klug, so wohlerzogen war. Ihr gegenüber wurde er seine Schüchternheit nicht los.

Es gab friedliche Momente. Momente, da schien es sogar, als wäre Migo eigentlich auf unserer Seite. Einmal, als Kai mit Felix in Partisansk war, fuhren sie bei Heinz und Migo vorbei.

Und Migo verhaftete Felix regelrecht, als der mit einem neuen Fluchtversuch Eindruck bei ihm schinden wollte.

Ein paarmal kamen Heinz und Migo zu den Proben der Tanzgruppe *Ogonjok* mit. Auch das waren friedliche Momente. *Ogonjok* – »Feuerchen«, so hieß die Kinder- und Jugendvolkstanzgruppe von Partisansk. Sie probten fünfmal die Woche in der Tanzschule, dem früheren Kino. Den Tanzsaal schienen wohlgesinnte Zauberkräfte aus Petersburg oder Paris in die Taiga getragen zu haben: 150 Quadratmeter federnder Parkettboden, eingerahmt von Ballettstangen. Dahinter blitzten Spiegelwände, die die Tänzer und ihre Bewegungen vervielfältigten. Tatsächlich steckte auch in diesem Wunder viel ehrenamtliche sibirische Handarbeit.

Die Kinder übten an der Ballettstange. Wieder und wieder stampften sie Schrittkombinationen, drehten Rümpfe, Hälse und Arme im Rhythmus der Ziehharmonika. »Eins, zwei, drei«, skandierte Tatjana Strelnikowa, ihre Lehrerin – gymnastischer Drill, auch Volkstanzkunst hat ihr Schwarzbrot. Tatjana Strelnikowa und ihr Mann Alexander hatten gemeinsam in den besten Truppen Russlands getanzt, im Moskauer Berjoska-Ensemble, bei den Kuban-Kosaken, in einer Volkstanzgruppe der Sowjetstreitkräfte in der DDR. Als Tänzer waren sie längst pensioniert, jetzt legten sie ihren ganzen Ehrgeiz in ihr *Ogonjok*.

Und die Gruppe tanzte auf Leistung, sie war der Stolz des ganzen Kreises. Zwei Dutzend Dorfkinder, die bei den Gebietsmeisterschaften in der Millionenstadt Krasnojarsk regelmäßig gewannen. Bei einem allrussischen Festival in Wladiwostok hatten sie einen zweiten Platz belegt und durften Sibirien bei den »Tagen der russischen Kultur« in Kasachstan vertreten. Im August wollte der Krasnojarsker Gouverneur seine Wahlkampftournee mit ihnen verschönern. Und vor drei Jahren hatte das »Projekt Grünlicht« eine Konzertreise der Truppe nach Deutschland organisiert. Für insgesamt 83 000 Euro, größtenteils aus Landeszuschüssen finanziert. »Wir können hier doch nicht nur unsere Problemkids abladen«, sagte Klaus, »ohne dass wir den Sibiriern zeigen, dass sie auch etwas von uns haben.«

Jetzt sahen wir der ersten Kostümprobe zu. Zwei Jungs, zwei Mädchen und ein klassisches Thema: sich abends hinter den Holzstößen am Dorfrand treffen und flirten. Mit Humor. Die jungen Tänzer mühten sich, sie mühten sich begeistert. Ira, ein zierliches brünettes Mädchen, 13 Jahre alt, tanzte mit halb geschlossenen Augen, ganz darin versunken, sich um sich selbst zu drehen, als wäre sie Natascha Rostowa und träumte von ihrem ersten großen Ball. Die storchenschlanke Vika neben ihr, auch sie war 13, bewegte sich mit noch holpriger Grazie, aber schon mit fürstlicher Selbstironie. Sie zog Grimassen des Bemühens, des Ärgers über sich selbst, aber auch des Vergnügens: Hoppla, wieder ein falscher Schritt, aber – hihi – seid mir nicht böse, es soll ja komisch aussehen!

Der große Serjoscha, mit 16 der Älteste, war der Star des Ensembles, rotblond und athletisch, so muss Oliver Kahn als Teenager ausgesehen haben. Nur guckte Serjoscha weniger grimmig. Er riss zwischendurch Witze, schauspielerte überzeugend, warf nicht nur die Beine, sondern auch die Augenbrauen und Mundwinkel im richtigen Moment hoch. Obwohl es für ihn eigentlich wenig Anlass zur Fröhlichkeit gab. Sein Vater hatte sich im Herbst aufgehängt. Warum genau, wusste niemand im Dorf. Er war Lastwagenfahrer gewesen, hatte kurz zuvor einen Firmenlaster zu Schrott gefahren. Das soll er sich zu Herzen genommen haben.

Und da tanzte der kleine 14-jährige Serjoscha, ein hübscher knopfäugiger Knirps, Tom Cruise als Teenager. Seine Beinarbeit wirkte mühelos, der Tanzlehrer sagte, er habe das Zeug zum Berufstänzer. Aber mitunter wirkte Serjoschas Blick unter seiner verwegen über den Scheitel gezogenen Deckelmütze sehr müde. Die Freude, die die Mädchen beim Tanzen in den Augen trugen, flackerte bei ihm nur selten auf. Sein Vater, Viehhirt auf der Kolchose, hatte sich im Herbst zu Tode getrunken. Im Dorf ging das Gerücht, er habe einen Kater mit Frostschutzmittel bekämpft und sei in der Futterkrippe seiner Pferde verreckt.

Es war Zufall, dass die beiden gerade verwaisten Serjoschas zusammen tanzten. Die Väter der anderen Kinder lebten alle noch. Aber das Leben draußen war ärmlich und hart, Menschen und Familien fielen der wirtschaftlichen Not zum Opfer.

Die Tanzproben zogen sich hin. Die zwei Burschen warben um die Mädchen, pfiffen, spreizten die Schenkel, klapperten mit Holzlöffeln. Die Mädchen zierten sich und wedelten mit ihren Röcken. Alexander Strelnikow, der Trainer, brach immer wieder ab, sprang auf, schimpfte, tanzte vor, trotz aller Meniskusrisse, sein Schnauzbart und sein Kosakenohrring wippten im Takt.

Ich war oft bei den Strelnikows, redete mit ihnen auch viel über Erziehung. »Demokratie gibt es auf der Straße« – beide gaben sich gern streng – »bei uns herrscht Diktatur.« Und Alexander ereiferte sich: »Ich habe Klaus gesagt, ihr dürft euch nicht alles gefallen lassen. Ihr seid die Erzieher! Nicht die Kinder müssen euch kommandieren, sondern ihr sie. Aber Klaus sagt, deutsche Pädagogen hätten kein Recht, körperliche Gewalt anzuwenden. Ich würde den Gürtel nehmen. Und wenn sie kein Wasser holen, sollen sie auch nicht trinken, wenn sie kein Holz holen, sollen sie frieren.« – Die üblichen sibirischen Sprüche. Einfach, logisch, Volkes Stimme. Ein Teil der Leute hier hielt die deutschen Erzieher für zu streng, ein anderer für zu lasch, aber fast alle Sibirier verstanden uns und unsere Ausnahmepädagogik nicht. Oder wie Alexander Strelnikow einmal über einen widerborstigen deutschen Teenager geschimpft hatte: »Aus dem macht ihr keinen Menschen mehr!«, wobei er »aus dem« ebenso betonte wie »ihr«. Strelnikow ließ offen, ob er eher das Objekt unserer Erziehung oder unsere Methoden für aussichtslos hielt. Oder beides. Aber wie alle Sibirier hatte Strelnikow gut reden. Seine Kinder bockten nicht, ließen sich nur zu gern begeistern.

»Mehr Ausdruck, stärker! Serjoscha, du musst ihr den Kopf richtig auf den Busen drücken. Beim Tanzen schämt man sich nicht. Schämen könnt ihr euch woanders!«

Alle lachten, auch wir. Migo wollte selbst nicht mittanzen. Aber auch er sah den Proben gern zu, ein lautes, fröhliches Spektakel. Strelnikow schrie, gestikulierte, aber die russischen Kinder hatten keine Angst, in diesem Saal fühlten sich alle zu

Hause. Auch die beiden Jungs, deren Väter gestorben waren, schienen im Tanz Zuflucht zu finden. Zuflucht vor der Armut draußen, vor der Aussichtslosigkeit und Trunksucht, der sich viele Erwachsene hingaben.

Jetzt grinste auch der kleine Serjoscha; er war rot geworden, genauso wie die lange Vika. Als sie die Passage wiederholten, drückte Serjoscha gehorsam den Kopf gegen Vikas Brust, wo von einem Busen nur ansatzweise die Rede sein konnte. Er lächelte beklommen. Auch der fürstlichen Vika war es peinlich, sie rollte mit den Augäpfeln, ihre Ohren glühten. Aber ein Dutzend Takte weiter kicherte sie schon wieder.

Der Sommer war da – die Maifeiertage, die Moskau für eineinhalb Wochen lahm legten, hier in den sibirischen Dörfern fielen sie fast ganz aus, zumindest bei den Malochern. Die buckelten jetzt auf ihren Äckern, ihren Beeten, pflügten, harkten, säten, jäteten. »Jetzt zählt jeder Tag für drei«, erklärten sie. Kartoffelfelder, Kürbisbeete und Himbeersträucher grünten, blühten auf, blassviolette Abende zogen sich immer später in die Nacht, dunkel wurde es erst gegen zwölf, hell schon wieder um drei.

Und die Mücken kamen. Die berühmten sibirischen Stechmücken, deren erstaunlich leise summende Millionenschwärme das Land bis Ende Juli tyrannisierten. *Raptor*-Giftplättchen verkauften sich jetzt wie warme Semmeln, aber sie halfen nur in der Wohnung. Auf der Straße wappnete sich das Volk mit jungen Birkenzweigen, abends wippten Birkenprozessionen durchs Dorf. Doch die Mücken scherten sich nicht darum. Sibiriens Mücken sind von mörderischer Gutmütigkeit, gieren ganz ohne Arg nach Blut. Sie tragen schicke, schwarzgrau gestreifte Pelze, kreisen träge, wenn auch zu tausenden, um dich, landen sanft auf deinen Arm- und Beinknöcheln, auf deinem Gesicht, deinen Schultern, deinen Schenkeln, bohren sich auch durch deine Jeans, begleiten dich aufs Klo. »Teufel«, schimpfte Kai, »hier kriegst du Stiche an Stellen, wo es gleich doppelt juckt.«

Die Mücken fliegen langsam, landen sanft, saugen sich ohne Hast fest, sie zu töten ist kein Problem, jeder Schlag ein Treffer, auch jeder Griff in die schwarze Wolke über dir. Du zerquetschst sie, ob sie satt und voll sind oder noch durstig, sie sterben gelassen, voll stillem Erstaunen: Warum, Freund, wehrst du dich? Auch wenn du heute tausend von uns totschlägst, wir suchen dich morgen doch wieder als Million heim!

Migo lebte zwei Gesichter. Mir erzählte er von seiner Zukunft, von Bolivien. Da wollte er wieder hin, dort Feinbäcker werden, eine Konditorei eröffnen, seine Schwester mitnehmen. Er träumte: »Da gab es einen Jungen, der hat 300 Millionen geerbt, der hat seiner ganzen Stadt Ferraris gekauft. Ich will die Slums abreißen lassen, Suiten hinbauen für die Armen in meinem Viertel und mir selbst ein gutes Leben machen. Meiner Schwester würde ich ein Schloss bauen. Aber ich würde es nicht übertreiben. Und ich würde mit einem Trupp durch Deutschland ziehen und die Nazis verhauen oder umlegen.« Dann grinste er: »Und mein Sohn muss die beste Schulausbildung machen, wenn nicht, fick ich ihn. Sex darf er erst ab zwanzig haben, Mann, das ist Spaß, Alter.« Er lachte.

Er half mir beim Autowaschen, dabei stritten wir uns über seine Intelligenz.

»Ich bin ja nicht dumm, aber ich tue manchmal so«, sagte Migo.

»Aber Mathe, wie hast du als Drogendealer denn dein Geld gemacht, ohne Kopfrechnen zu können?«

»Mann, da hab ich immer voll cool gerechnet.«

»Na, sagen wir, ein Gramm Heroin kostet acht Euro. Und dein Kunde will fünfundvierzig Gramm.«

»Alter, ein Gramm kostet keine acht Euro. Das hängt von der Qualität ab, davon, womit es gestreckt ist, mit LSD gestreckt sind es fünf Euro.«

»Gut, ein Gramm kostet fünf Euro. Wie viel kosten dann fünfundvierzig Gramm?«

»Also«, Migo richtete den Blick zum Himmel, runzelte die Stirn: »Fünf mal vier ist zwanzig, fünf mal fünf ist fünfundzwanzig. Heißt: fünfundvierzig Euro.«

»Mann, rechne noch mal, als Dealer hättest du dich gerade voll selbst gelinkt.«

»Ach … na, na, also fünf mal vier, also wenn fünf mal vier zwanzig ist, dann ist fünf mal vierzig zweihundert, also vierhundertfünfzig.« Migos Rechenschwäche war haarsträubend. Er schaffte es erst im dritten Anlauf. »Also zweihundertfünfundzwanzig. Aber wir haben voll gelinkt, Haschisch heiß gemacht und auf 'nen Golfball geklebt, so dass eine dünne Schicht Haschisch drauf war. Das haben wir dann in eine Tüte gesteckt und an irgendwelche Idioten verkauft. Die haben dran gekratzt, gerochen, gesehen, dass der Stoff gut war. Und weil der Golfball so schwer war, haben wir den für achthundert Euro verscheuert als Schwarzen Afghanen. Pro Tag haben wir so an die zwanzig Bälle verscheuert.« Vielleicht spinnen nicht nur Seeleute, sondern auch jugendliche Drogendealer ihr Garn.

Heinz gegenüber aber blieb Migo gnadenlos. Einmal räumte er die ganze Nacht im Haus herum, klapperte mit der Ofentür, wollte Heinz offensichtlich keinen Schlaf gönnen. »Der Typ ist mir richtig unsympathisch geworden«, sagte Heinz danach. Sie kamen doch wieder ins Gespräch, beschlossen, die alte Banja zu einem Schlafzimmer für Migo umzubauen, damit sie sich im Haus nicht ständig auf die Nerven gingen. Aber das hinderte Migo nicht daran, Heinz weiter zu bekriegen. »Was für ein Lärm«, staunten die russischen Nachbarn, »der Junge brüllt, der Betreuer ist viel leiser.« Migo drohte Heinz Prügel an, »wenn du mich störst, während ich in meinem Zimmer russische Mädchen bumse«. Er weigerte sich schon fast grundsätzlich, Arbeiten zu erledigen, die Heinz ihm aufgetragen hatte. Der fleißige Migo, er boykottierte die Mathematikaufgaben, die Heinz mit ihm lösen wollte, boykottierte auch Heinz' Gurken- und Knoblauchbeete. Einmal rempelte er Heinz an, ein andermal stieß er ihm gegen's Kinn. Heinz duldete, Heinz telefonierte mit Deutschland, konsultierte die Projektmitarbeiter.

Zufällig hörte ich, Klaus plane, Heinz gegen einen älteren Betreuer auszutauschen. Heinz hatte noch niemandem etwas davon gesagt. Aber im ISE-Archipel Partisansk wuchs die Unruhe. »Wenn du ein Problem mit deinem Kind hast, ruf bloß nicht bei Klaus an.« Kai hatte das gesagt oder Markus. Oder beide.

»Sonst fängt Klaus an, sich Gedanken zu machen. Und das endet meist mit Betreuerwechsel.« Misstrauen kam auf.

Es war Ende Mai. Ich kam aus Oni, fuhr bei Heinz und Migo vorbei. Es war still, als ich ankam. Die Hoftür stand offen, in Heinz' Zimmer brannte Licht. Jana, der Hund, dessen weißes Fell inzwischen ziemlich vergilbt war, lag auf der Veranda. Schweigen, sonst war niemand da. Aber in der Banja brannte Licht, sie war noch warm. Die Stille war sonderbar, beunruhigend, es war eine Stille danach. Es hatte wieder einen Kampf gegeben, wieder war ein Streit zu einem Handgemenge im Vorhaus eskaliert. »Er hat gekämpft wie ein Wilder«, erzählte Heinz. »Aber irgendwann hatte ich ihn unten, ich bin doch stärker als er, er wand sich, drohte, mich umzubringen, wenn ich ihn losließe. Ich hielt ihn fest, und irgendwann habe ich dann doch gesagt: Migo, ich lass dich los. Kaum war er aufgestanden, griff er wieder an.«

Heinz hatte sich in den Hof zurückgezogen, Migo griff nach einem Eisenstück und warf es nach ihm. Eine gusseiserne Regalstütze, sie sei in Schulterhöhe an die Stallwand geknallt, sagte Heinz, etwa einen halben Meter neben ihm. Migo versicherte, er habe absichtlich danebengeworfen. Aber mit einem Treffer am Kopf hätte er Heinz lebensgefährlich verletzen können.

Beide sagten später übereinstimmend, Migo sei dann mit Holzbrettern auf Heinz losgegangen. Der wehrte die Schläge mit Knien und Oberarmen ab. »Aber um Migo niederzuringen, hätte ich ihm einen Arm brechen müssen.« Lieber räumte Heinz das Schlachtfeld. Ich traf ihn bei Stepan Iwanowitsch, und wir kehrten zum Haus zurück. Dort war die Tür zur alten Banja verrammelt. »Haut ab, sonst bring ich mich um!«, schrie Migo von drinnen.

Wieder war das Spiel bitterböser Ernst geworden. »Ein Messer an der Kehle habe ich auch schon mal gehabt«, hatte Klaus mir einmal erzählt. »Aber ich kannte da noch einen Griff aus der NVA, den der Jugendliche nicht kannte.« Der Geschwindere, der Gesündere, ein alter Armeegriff als letztes Argument, auch jetzt war wieder alles wie im Krieg.

Wieder hatte alles mit Zeit- und Entscheidungsnot angefangen: Migo kam überraschend schnell aus der Psychiatrie. Wieder hatte Klaus für Migo eilig einen Erzieher gesucht, der wieder ins kalte Wasser springen musste, ohne seine Untiefen zu kennen.

Auch das war ein Mangel im System. Einerseits gehörte das »Projekt Grünlicht« zu den seriösen Trägern, heuerte pädagogische Fachkräfte an statt billiger VWL-Studenten. Andererseits herrschte auf dem ISE-Markt ständig Mangel an qualifizierten Betreuern, erst recht an solchen, die bereit waren, übermorgen für ein Jahr nach Sibirien zu fliegen. Hatte man doch einen gefunden, wollte man ihn nicht vergraulen, sondern schilderte das, was ihm bevorstand, eher in den Farben frühsommerlicher sibirischer Sonnenaufgänge: sanftes Rosarot, und die Mücken stechen noch nicht. Darüber hatte sich auch Kai schon beschwert. Klaus selbst sagte, die Rekrutierung geeigneter Pädagogen sei wirklich sein Hauptproblem. »Wir können gute Betreuer ja nicht im Kühlfach einfrieren.«

Und jetzt? Migo wollte ja einen älteren Erzieher, sagte, er habe als Straßenkind nur mit Leuten in Heinz' Alter rumgehangen. »Vor denen kann ich einfach keinen Respekt haben.«

»Vielleicht ist es wirklich ein Nachteil, dass ich jung bin«, überlegte Heinz. »Aber ich verlange von Migo doch nur einen normalen Umgang mit anderen Menschen, egal, ob die sechzehn oder sechzig sind.« Heinz schwankte: War es zu gefährlich, mit Migo weiterzumachen? Oder sollte er vielleicht Ralf, einen resoluten Praktikanten, hinzuziehen, der gerade mit Kai in Oni ein neues Schuppendach baute, um das »Sicherheitsproblem« zu zweit lösen zu können? Andererseits – wollte er überhaupt weiter gegen Migos aggressive Verweigerungshaltung ankämpfen? »Wenn Migo noch einmal ausrastet«, sagte mir Heinz, »dann breche ich ab.« Ähnliches erklärte er auch Klaus am Telefon.

Klaus mobilisierte Maxim, einen älteren, russischstämmigen Betreuer, der gerade im Kreis war. Maxim sollte Migo übernehmen, vorerst. Er sollte ihn in ein abgelegenes Dorf auf der anderen Seite des Jenisej mitnehmen, das er gerade für das Projekt auskundschaftete. Zuerst mal für eine Woche. Aber die zwei würden drei Wochen wegbleiben und nur wiederkommen, um Migos Sachen zu holen.

Ich brachte Maxim und Migo mit dem Auto bis zur Fähre über den Jenisej. Maxim saß neben mir, auch er wusste noch nicht, dass er Migos neuer Betreuer werden würde. »Aber ich bin zu allem bereit«, sagte er. Wir unterhielten uns auf Russisch. Maxim hatte früher bei den sowjetischen Raketentruppen gedient, dann arbeitete er als Sportlehrer in Kasachstan und war schließlich mit seiner russlanddeutschen Frau nach Rostock gezogen. »Ich habe Klaus vorgeschlagen, sibirische Gastfamilien einzuspannen mit einem gleichaltrigen oder etwas älteren Kind.« Auch Maxim hatte seine eigenen russischen ISE-Ideen. »Man muss ihnen klar machen, die Deutschen nicht zu verwöhnen. Es ist nicht einfach, passende Familien zu finden. Aber es gibt sie. Je jünger, desto besser.«

Migo saß hinten, ich redete kaum mit ihm. Vielleicht war ich deshalb ein schlechter Journalist, aber was wollte ich von ihm noch hören? Dass Heinz ihn genauso provoziert hatte wie Peter? Oder dass Maxim genau sein Wunschalter hatte? Ich war persönlich enttäuscht von Migo: All mein gutes Zureden, sich doch mit Heinz zusammenzuraufen, hatte er ignoriert. Ich weiß nicht, ob er es merkte. Auch er war durcheinander, verließ Hals über Kopf Partisansk, Mila, die in ihn verknallt war, Anastasja, in die er verknallt war. Aber ich hatte damals keine Lust, mich in Migo hineinzuversetzen. Wir gaben uns zum Abschied die Hand, ein kraftloser, kalter Händedruck. Dann trugen sie nebeneinander ihre Rucksäcke auf die Fähre, Maxim, der ehemalige Sowjetfeldwebel, und Migo, das Amok laufende Findelkind aus Bolivien.

Heinz blieb allein zurück, wartete, grübelte. Ohne zu wissen, dass er schon aus dem Rennen war. Manchmal erschienen die Regeln des ISE-Spiels absurd: Der Aggressor erhält eine neue Chance, einen neuen Betreuer. Das Opfer, gerade noch mit heilen Knochen davongekommen, landet auf der Auswechselbank. Und die erzieherische Botschaft für Migo klang verheerend:

Wenn dir ein Betreuer nicht passt, schnapp dir den nächsten Schürhaken und hau drauf. Auch wenn du ihn nicht erwischst, bist du ihn los.

»Das Jugendamt hat schon von Anfang an gefordert, dass Migo einen älteren Betreuer bekommt«, sagte mir Klaus am Telefon. Das war kein schlechtes Argument. Aber es war auch Migos Argument.

Die Betreuer im Kreis waren sauer. Die Kids schienen zu wissen, dass Klaus im Zweifelsfall ihnen die Stange halten würde. Außer Freddy drohten alle Jugendlichen, die ich erlebte, ihrem Erzieher, sie würden einen neuen Betreuer verlangen. Oder wie Migo, der Peter erklärt hatte: »Wenn hier einer geht, dann bist du das!« Und die Betreuer beschwerten sich, Klaus lasse seinen Kids gegenüber durchblicken, der eine oder andere Jugendliche habe in Sibirien schon drei oder vier Betreuer verschlissen. Verbales Augenzwinkern sozusagen, das es den Erziehern nicht leichter machte.

Was Klaus seinen Jugendlichen wirklich zu sagen pflegte, ich weiß es nicht. Aber er handelte nach seinem heiligsten Prinzip: »Betreuer haben hinterher noch andere Chancen. Für die Kinder sind wir die letzte Chance.« Klaus hielt seine Kids, auch offenbar aussichtslose Fälle. Eine seiner Klienten hatte er immer wieder losgeschickt, mit insgesamt fünf Betreuern, zweimal nach Sibirien, nach Norwegen, nach Schweden, drei Jahre lang. Jan wollte er noch mit einem Reiseprojekt in der Mongolei weiterhelfen, weder Migo noch Nina mochte er aufgeben.

Klaus versuchte auch Betreuer, von denen er etwas hielt, neu einzusetzen. Er bot Heinz an, mit einem anderen Jungen nach Lettland zu gehen, zum Kennenlernen sollten sie nach Sotschi, einem Seebad an der russischen Schwarzmeerküste, fahren. Und er fand Worte der Anerkennung für Heinz: »Immerhin hat dein Einsatz bestätigt, dass Migo zu Gewalttätigkeiten neigt.« War zu hoffen, dass Maxims Bemühungen diesen Hang zur Gewalt nicht noch einmal bestätigen würden.

»Kann ich jetzt raus?« Felix nervt weiter.

»Nee, du machst den Abwasch. Und danach räumst du dein Zimmer auf. Und ob du die nächsten Tage rauskommst, das entscheidet Kai.«

»Auch noch Zimmer aufräumen, nur noch arbeiten, nee, da mach ich nicht mit.« Felix klingt weinerlich. »Ich hol auch kein Wasser für den Abwasch. Ich mach jetzt nichts mehr. Du lässt mich ja nachher doch nicht raus.«

»Du machst den Abwasch, wie jeden Tag. Dann sehen wir weiter.«

»Nehe«, Felix' Stimme heult wieder, »ich mache gar nichts mehr, ich geh jetzt in mein Zimmer.« Seine Stimme kippt vom Hellen, Kläglichen tief hinab, wird hart, böse, dumpf. »Ich pack jetzt meine Sachen, und dann haue ich hier ab. Ich habe die Nase voll von deinem Scheißdreck.«

Ruslan sitzt noch immer auf dem Diwan und schaut uns zu, ein Überrest staunender Zivilbevölkerung am Rande der Wallstatt.

Felix rennt in sein Zimmer, ich gehe zur Tür und stecke den massiven Haken in den Riegelring, binde ihn dort mit einer Schnur fest. Draußen ist längst heller Tag, aber nicht so hell wie die meisten Tage in Sibirien. Der Himmel ist grau, doch die Sonne kämpft schon wieder um ein Guckloch, die ersten Wagenspuren auf dem Asphalt haben schwarze nasse Streifen in den Schnee gedrückt. Achmeds Gänse promenieren wie an einer Perlenschnur durch den Straßengraben. Die dünne Schneeschicht auf dem Gras wirkt blass gegen das leuchtende Weiß dieser eitlen Sechslinge. Eine Frau überholt die Gänse, sie zieht einen schwankenden Mann hinter sich her.

»Ich hau gleich ab, wenn du nicht aufpasst«, brüllt es aus Felix' Zimmer. »Oder ich schlage einfach eine Scheibe ein. Du siehst mich dann einen ganzen Tag nicht oder die ganze Nacht.«

Blabla. Wer abhauen will, kündigt es vorher nicht mit Geschrei an. Obwohl, bei Felix weiß man nie. Er ist nicht nur aus dutzenden deutschen Heimen getürmt, auch hier ist er mehr-fach geflohen, im Dorf untergetaucht, hat auf Heuböden über-nachtet, aber auch bei ahnungslosen Babuschkas, denen er mit Händen und Füßen weismachte, sein betrunkener Betreuer wolle ihn zusammenschlagen. Einmal klaute er Markus' Hund Pepe und trampte mit ihm bis Partisansk, wo er versuchte, Pepe auf dem Markt zu verkaufen.

Ein anderes Mal holte ich ihn in Partisansk aus dem Bus. Kai hatte angerufen, Felix sei gesehen worden, wie er in den Elf-Uhr-Bus stieg. Aber eigentlich habe ich ihn gar nicht aus dem Bus geholt. An der Haltestelle trippelte ein graublauer Kapu-zenmantel an mir vorbei; den hatte er sich bei den Tschetsche-nen ausgeliehen. Mit gesenktem Kopf, so grau, so unauffällig wie der sommerliche Asphalt von Partisansk. Ich erkannte ihn erst, als mir der Busfahrer zurief: »Da läuft er!« Felix strebte dem zweistöckigen »Kaufhaus« zu, ich holte ihn ein, legte ihm die Hand auf die Schulter. »Hau ab, du Arschloch«, schimpfte er erst, ließ sich dann aber widerstandslos zum Auto abführen, wobei er erzählte, wie wild sein Herz geklopft habe, als er an mir vorbeigeschlichen sei. Fluchtadrenalin.

»Wo will Felix denn hin?«, staunt Ruslan.

»Nach Paris«, witzele ich eher ratlos. »Den Eiffelturm angu-cken und Gauloises rauchen.« Ruslan hat vielleicht schon etwas vom Eiffelturm, aber sicher noch nie etwas von Gauloises ge-hört, stellt jedoch keine weiteren Fragen.

»Was hast du zu Ruslan gesagt?«, ruft Felix aus seinem Zimmer.

»Nichts, komm jetzt gefälligst und fang mit dem Abwasch an.«

»Nein, ich mache deinen Scheißdreck nicht mehr mit.«

Ich beginne, den Tisch abzudecken, bei Felix ist es ruhig ge-worden, Ruslan fängt an, unter der Holzbank zu fegen.

Dann steht Felix in der Küche. Er hat seinen Rucksack ge-schultert, ein gelbschwarzer Beutel, der schlaff und leer wie eine nutzlose Drohung auf seinem Rücken hängt: Außer dem, was Felix am Leibe trägt, trocknen seine Kleider noch in der Banja.

»Ich hau jetzt ab, wenn du einen Moment nicht aufpasst.«

»Quatsch nicht. Wenn du versuchst abzuhauen, sitze ich einfach eine halbe Stunde auf dir rum.« Auch wieder angedrohte körperliche Gewalt, aber keine schmerzhafte, die übliche, beruhigende. Kai hat so einige Wutanfälle von Felix ausgesessen, von Jan ganz zu schweigen. Den Rekord aber hält Markus mit einem Eineinhalb-Stunden-Schultersieg, den er auf dem Autobahnparkplatz bei Barcelona über Freddy feiern durfte.

Felix steht und schweigt. Er scheint nachzudenken. Taktisch gesehen ist er im Nachteil, er kommt nicht zur Tür hinaus, und bis er eins der Doppelfenster eingeschlagen hat, habe ich ihn auch am Kragen. Bleibt nur List. Einwilligen, den Wassereimer nehmen, dann wegrennen. Aber wovor rennt er heute weg? Vor dem Abwasch? Ihm droht Strafe, aber noch ist er weder zu Hof noch Hausarrest verurteilt. Und vor wem rennt er weg? Nicht einmal vor Kai, bloß vor mir, dem Ersatzmann. Flucht ist Felix' Trumpfkarte, die mit Bedacht eingesetzt sein will, sie soll ja auch Spaß machen, da kann es auch nichts schaden, wenn man Geld in der Tasche hat, zumindest Zigaretten. Aber was, wenn sie ihm tatsächlich ausgegangen sind? Heute hat er noch nicht einmal seine Gutenmorgenkippe gehabt.

»Was soll der Mist? Bring deinen Rucksack wieder weg, geh Wasser holen, mach den Abwasch, räum dein Zimmer auf. Die Zigarettengeschichte klären wir heute Abend mit Kai.«

Felix seufzt, ein Seufzen wie das Ausatmen nach dem ersten Zug aus einer Friedenspfeife, auch wenn es nur eine Waffenstillstandspfeife ist. Er geht in sein Zimmer, kehrt ohne Rucksack zurück, ich habe den Türriegel wieder aufgeschnürt, Felix und Ruslan rennen raus, Wasser holen. Felix kommt allein zurück; mit durchnässter Hose und besserer Laune. »Ruslan hat mich nass gespritzt«, ruft er. Vorwinterliche Freuden in ISE-Land. Felix gießt neues Wasser in den Teekessel. Ruslan ist nach Hause gegangen, Felix macht den Abwasch eifrig, selbst der fettige Dreck in der Pfanne wird mit Wut gescheuert, dabei schimpft er: »Euer ganzer Scheißdreck interessiert mich nicht mehr, ich mache gar nichts mehr.«

Aber dann sitzt er auf der Ofenbank, zieht an seiner Zigarette, die Arme verschränkt, die Beine übereinander geschlagen, mit versonnenem Gesicht. Ein kleiner Kai. Er denkt jetzt auch an Kai: »Der wird mich umbringen.« Ja, das bleibt wohl an Kai hängen, er weiß besser, welche Strafe Felix verdient hat. Aber ich habe ein schlechtes Gewissen Kai gegenüber.

Draußen funkelt der schmelzende Schnee. Eintagsschnee. Ganz hoch oben, so hoch, dass einem beim Hinaufschauen fast schwindelt, hat die Sonne die ersten blauen Löcher in das Wolkengrau gerissen. Die Grasränder, gelbgrau wie Winterwolfsfell, werden breiter, auf kahlen, leicht schwankenden Zweigen balancieren unschlüssige Spatzen, bei den Tschetschenen hämmert es. Achmed bedacht seine Garage im Wettlauf mit dem Winter.

»Stewwan, spielen wir Schach?«

Den Abwasch hat Felix gemacht, er hat auch sein Zimmer aufgeräumt, die voll gepinkelte Bettdecke in die Banja, seine getrocknete Wäsche und den Schlafsack in sein Zimmer geschleppt, die Klamotten halbwegs sauber eingeräumt. Sonntagmittag, der Ofen knistert, draußen wird es heller und heller, und das Katastrophenkind schlägt mir vor, mit ihm Schach zu spielen. Manchmal ist ISE-Land genauso schön wie Sibirien.

Nina
Frolowo, Mai 2002

Nina saß in ihrem Zimmer auf dem Diwan, auf dessen Lehne ein Teddybär mit rotweißer Weihnachtsmannmütze hockte. »Morgens früh stehe ich auf, heize, sitze bis Mittag herum, stricke oder mache sonst irgendwas, schreibe Briefe.« Sie erklärte ihren neuen Tagesablauf. Im Spiegel meiner Videokamera wirkte ihr blasses deutsches Wintergesicht aufgeräumt und aufmerksam. Ich hatte die Kamera in der schwachen Hoffnung mitgebracht, etwas zu ändern an unseren steifen, inhaltsleeren Interviews, obwohl ich insgeheim befürchtete, die Kamera würde ihre Antworten nur noch formeller machen. Aber tatsächlich schien die kleine Linse meiner Kamera in ihr die Lust zur Beichte zu wecken. »Und nachmittags gehe ich zu Freunden, da machen wir Party, gehen in die Disco, ganz unterschiedlich.« Highlife in der Taiga.

»Sieht fast so aus, als hättest du jetzt den ganzen Tag Ferien.«

»Könnte man so sagen, ist aber nicht so.«

Nina machte doch Ferien, große Ferien vom Alltag. Sie war zurückgekehrt in die ausgetretene Trostlosigkeit ihres deutschen Teufelskreises.

Immer häufiger hatte sie sich geweigert mitzuarbeiten. Schnee schaufeln, Abwasch machen, Holz stapeln, sie wollte nicht mehr. »Wurde langsam blöde, langweilig, jeden Tag das Gleiche. Jeden Tag aufstehen um sieben.« Arme Nina. Sie wollte so gern ein ganz normales Mädchen sein, aber sobald sich die Normalität wirklich einstellte, streikte sie.

Piet und Sabine antworteten mit Aussperrung. Kein gemeinsames Frühstück mehr, kein gemeinsamer Haushalt, statt Familie nur noch Nachbarschaft. »Meine Betreuer haben gesagt, jetzt macht jeder sein eigenes Ding, isst in seinem Haus, kocht.« Piet und Sabine versuchten es mit Distanz: das Kind nicht zwingen, ihm nicht nachlaufen, es nicht am Wickel packen und auf den Kartoffelacker schleppen. Es wirkte: »Jetzt stört mich am meisten, dass ich hier drüben bin, allein, jeder macht sein eigenes Ding, das finde ich sehr schade.« Nina schielte kurz in die Kamera und lächelte.

Es wirkte, aber nicht genug. Die Distanz war wohl fatal, weil sie im falschem Moment kam: Nina hatte sich mit der 20-jährigen Nelja angefreundet. Nelja arbeitete als Kalbspflegerin auf dem Kolchos, galt als ordentliches Mädchen. Aber die Maifeiertage standen vor der Tür. Vom 1. Mai, dem internationalen Tag der Arbeit, bis zum 9. Mai, dem sowjetpatriotischen Tag des Sieges, wurde gefeiert, getanzt, getrunken. Jeden Abend Disco, Nelja zog schon am Nachmittag mit ihren Freunden los. Und sie nahm Nina mit. Man trank, schenkte auch Nina ein. Unselige russische Gastfreundschaft, die glaubt, Menschen und Völker kämen sich am schnellsten durch den Hals einer Schnapsflasche näher. Auch wenn diese Menschen erst 14 waren und aus Deutschland ein Alkoholproblem mitgebracht hatten.

Nina wusste gar nicht, was da genau gefeiert wurde, aber sie feierte mit. »Die letzten Tage haben wir nur Party gemacht, ich bin nachts um zwei oder halb vier nach Hause gegangen«, erzählte sie vor meiner Kamera. »Ich trinke immer mit, Wodka, Bier, Schnaps.« Mit Schnaps meinte sie Samogon.

Zum 9. Mai, dem »Tag des Sieges«, drohte das nächste Erzbesäufnis. Morgens steckten Sabine und Piet ihr Kind in Mischas Auto und fuhren an einen See, 40 Kilometer entfernt. Aber sie hatten das Zelt noch nicht aufgebaut, als Nina schon verschwunden war. Sie fanden sie am nächsten Tag zu Hause in ihrem Bett: Nina schlief ihren Rausch aus.

»Findest du nicht, dass Samogon ekelhaft schmeckt?«

»Find ich nicht.« Sie faltete ihre Kinderstirn und schüttelte den Kopf. »Wir trinken den pur, einen Schluck Wasser hinterher … Und danach wieder tanzen.«

»Hast du nicht Angst, du kriegst wieder ein Alkoholproblem und fliegst aus dem Projekt?«

»Ich denke nicht, dass ich ein Alkoholproblem kriege, ich trinke ja nur, wenn es was zu feiern gibt.«

Aber behaupten das nicht alle, ob in Sibirien oder in Südfriesland, die auf dem Weg nach unten sind, in den Suff, ins Elend? Sie erzählte stolz, dass sie einen neuen Freund habe. »Wolodja heißt er. Wie alt er ist, weiß ich nicht, das hab ich vergessen, weil wir getrunken haben.«

Aber sie war nicht glücklich. Ich fragte, was ihr Sibirien bisher gebracht habe, sie antwortete: »Eigentlich gar nichts.« Und dass sie bereit sei, wieder mitzuarbeiten. »Weil ich mit meinen Betreuern zusammenleben möchte.«

Hier endete die Wahrheit, die meine Videokamera aus Nina herausholte. Vielleicht weil auch in Ninas zerrissener Seele verschiedene Wahrheiten lebten. Nina wollte ihr Leben ändern. Aber sie wollte, wie es schien, nicht an sich arbeiten dafür. Wenn Piet oder Sabine sie im Hof anhielten, um mit ihr über die Situation zu reden, hörte sie aufmerksam zu. Dann stellte sie eine Zwischenfrage: »Shampoo, das steht mir doch vom Hygienegeld zu, das brauch ich doch nicht vom Taschengeld zu bezahlen, oder?«

Piet und Sabine waren bedrückt. Aber nicht verzweifelt. »Sie sucht hier wieder ihr altes deutsches Pennermilieu. Aber wir hoffen, dass sie den Russen bald auf die Nerven geht. Sie hat kein Geld, und die werden ihr doch nicht ewig Schnaps ausgeben.«

Nina aber zog weiter nachmittags los oder erst abends, kehrte nachts immer später zurück. Einmal begegnete ich ihr kurz vor Mitternacht am Kulturhaus, wo Disco war, sie kam gerade, umgeben von schwarzen Jungmännersilhouetten. Ein kurz geschorener Teenager mit einem dummen Welpengesicht hielt sie umarmt. Aber der hieß schon nicht mehr Wolodja, sondern Witja.

Jaroslaw erzählte, die Dorfjugend wolle immer weniger von ihr wissen. Auch wenn sie ziemlich hübsch sei, habe sich herumgesprochen, wie leicht man sie herumkriegen könne. Das sportliche Interesse der Jungs an ihr sei versiegt. Russisch verstand sie kaum, Wodka brachte sie auch nicht mit. Nina als Mode der Dorfjugend war out.

Sie beklagte sich bei Sabine darüber. Aber sie machte weiter und freundete sich mit einer dorfbekannten Säuferin an. Eine, die ihren Garten verwahrlosen ließ, keine Tiere hielt und nachts fremde Beete plünderte, um an die 25 Rubel zu kommen für die nächste Flasche Samogon.

Eigentlich hätte man das Kapitel Sibirien für Nina schließen können. Vielleicht sogar müssen. »Kinder mit einem Alkoholproblem haben in Sibirien nichts zu suchen«, hatte Klaus gesagt. Auf jeden Fall war klar, dass etwas passieren musste.

Piet und Sabine planten eine Reise. Sie wollten mit Nina nach Tuwa fahren, in den Südosten, in die Steppen nördlich der mongolischen Grenze. Aber sie gaben Frolowo noch nicht auf, hofften, nach der Reise hier mit Nina weitermachen zu können: »Wir trösten uns damit, dass Nina in Deutschland jahrelang so gelebt hat. Und dass immer alle abgebrochen haben in solchen Situationen. Wir bieten ihr weiter an zurückzukommen.«

Piet hatte mir einmal erklärt, er, Sabine – ihre ganze Generation sei von der Wende geprägt: »Der Kommunismus wurde abgeschafft, die DDR-Ideologie galt nicht mehr. Die neue westliche Ideologie, der Kapitalismus aber kam für uns zu spät, wir waren schon halbwegs erwachsen, er ist nicht mehr bis zu unseren Wurzeln durchgedrungen. Deshalb sind wir weniger ideologisiert als ihr Wessis, eher bereit, nach neuen Wegen zu suchen.« Auch sozialpädagogisch versuchten sie etwas Neues. Etwas, was Klaus, schon einmal mit Jan geplant hatte: nicht hinter dem Kind herlaufen, ihm keine Beziehung aufzwingen, sondern es sich austoben lassen, bis es selbst die Nase voll hatte. Auch wenn das Verhältnis zwischen ihm und Ninas Betreuern nicht gut war, sie gehörten doch zur selben DDR-Generation.

Es gab Momente, da wollte Nina wirklich umkehren. Eines Morgens, kurz nach sieben, klopfte sie an die Tür und setzte sich zum Frühstück dazu. Sie machte Small Talk, erzählte von Neljas Geschwistern. Dann holte sie eine Schaufel und fragte: »Wann fangen wir an zu arbeiten?«

Aber nachts verschwand sie wieder. Die Reise nach unten schien weiterzugehen. Piet erzählte mir, eines Morgens hätten zwei Burschen Ninas Häuschen verlassen. Piet erkundigte sich, einer der beiden war schon über achtzehn. Aber was half es, dass Piet zu ihm nach Hause ging und ihm mit einer Anklage wegen Verführung Minderjähriger drohte? Auch in russischen Dörfern zeigen alle Finger auf das Mädchen, nicht auf den Mann.

Die Menschen in Frolowo verstanden das Abwarten der Betreuer nicht. »Es gibt Frauen, die schauen mit bösem Gesicht weg, wenn ich vorbeigehe«, klagte Sabine. Sie und Piet versuchten weiter, mit Nina zu reden. Über Alkohol, über den Umgang mit den jungen Männern im Dorf. Nina hörte zu, »aber man hat das Gefühl, man gibt nur seinen Text bei ihr ab«, sagte Piet. »Dann wechselt sie wieder das Thema, fragt, ob wir zuerst Banja machen möchten, sonst würde sie anfangen.«

Nina wurde dünner, noch blasser, ihr Blond wirkte glanzlos, ihre Augen auch, ein Gespensterkind. Schon war eine der örtlichen Säuferinnen zu Sabine und Piet gerannt gekommen, hatte behauptet, sie habe ihren Mann mit Nina erwischt.

»Nina hat jetzt immer Geld«, sagte Piet, »nicht viel, vierzig oder fünfzig Rubel.« Nicht nur die Betreuer, das ganze Dorf mutmaßte, sie habe dieses Geld von Männern bekommen. Es schien, als sei auch Nina dort angekommen, wo Jan schon nach ein paar Wochen gelandet war: ganz unten, bei den Dorfsäufern. Und weil sie ein Mädchen war, vielleicht noch ein Stück tiefer.

War Nina eine »Mission Impossible« wie Jan? Vielleicht wäre ja ein Dorf der sibirischen »Altgläubigen« als Projektort besser gewesen. Die Altgläubigen waren nach der Kirchenspaltung gegen Ende des 17. Jahrhunderts vor den Verfolgungen der orthodoxen Amtskirche in die entlegenen Winkel des Zarenreiches geflohen, auch in die sibirische Taiga. Dort leben sie ähnlich wie die Quäker in Amerika – zurückgezogen, ohne Alkohol, von ihrer Hände Arbeit, Gott zum Wohlgefallen. Dort hätte es gar keinen Schnaps gegeben, den man gegen Sex hätte tauschen können. Aber dann könnte man Nina, aber auch andere Teenager, ja direkt in ein Nonnenkloster schicken. Irgendwann sollten ja auch sie wieder nach Deutschland mit seinem Büchsenbier, seinen Bahnhofspennern, seinen Babystrichen. Irgendwie mussten sie ja lernen, den schmutzigen Versuchungen zu widerstehen.

Aber für Frolowo war es zu spät, auch für Piet und Sabine. Nicht nur das Dorf, der ganze Kreis redete über die schlimme Nina. Wieder gab es Telefonate mit Deutschland, Diskussionen, Klaus gab den Betreuern die Schuld: »Sie haben nie versucht, dem Kind auch positive Erlebnisse zu bieten, immer nur Arbeit und Alltag«, erklärte er mir am Telefon. »Obwohl ich es ihnen immer wieder gesagt habe. Die beiden sind einfach beratungsresistent.«

Piet lachte nur über diese Kritik: »Das steht doch lang und breit in Klaus' Projektkonzept, dass der Alltag in Sibirien für die Kinder vor allem Arbeit sein soll.« Piet, fand ich, hatte Recht.

Ich weiß nicht, in welchem Moment Sabine und Piet selbst aufgegeben haben. Aber ein gemeinsamer Neuanfang schien immer unmöglicher. »Sie wusste ja, dass wir alles wussten über sie«, meinte Sabine später. »Wenn sie uns sah, sah sie quasi in einen Spiegel. Und davor lief sie nur noch davon.« Sie brachten Nina nach Krasnojarsk, trafen sich dort mit Klaus. Das Ergebnis war ein Betreuerwechsel, gegen den sich Sabine und Piet nicht mehr wehrten. Klaus stellte auch ihnen ein neues Kind in Aussicht. Nina wurde in Krasnojarsk von Sweta übernommen, einer jungen Russin. Klaus schickte die beiden zuerst einmal zum Shopping. Piet und Sabine waren entsetzt: »Du kommst dir natürlich verarscht vor. Das Mädchen hat nur Scheiße gebaut, aber als Belohnung gibt es einen Einkaufsbummel. Und danach kommt sie mit neuem Negligé, kleinem Schwarzen und Stöckelschühchen an. Der passende Dress zu ihrer Lebensweise.«

Wieder hatte sich Klaus hinter das Kind, nicht hinter die Betreuer gestellt, wieder fühlten sich die Betreuer für dumm verkauft. Piet schimpfte, letztlich gehe es Klaus nur um das Geld: Die Kinder brächten die Knete, deshalb schieße Klaus lieber die Betreuer ab.

Tatsächlich finanzierten die Kids, das heißt die Gelder der Jugendämter, das Projekt. Klaus hatte mir erzählt, das »Projekt Grünlicht« brauche ständig mindestens zwölf Betreuungsverhältnisse, um sich über Wasser halten zu können. Und je länger ein Kind im Projekt blieb, desto stabiler finanzierte sich dieses. Aber mir kam Klaus nicht wie ein Abzocker vor. Ein Träger, der abzocken wollte, hätte vermutlich keine Fahrradtouren für sibirische Schulkinder am Mittelrhein organisiert.

»Mein Ehrgeiz ist pädagogisch«, sagte Klaus einmal zu mir, »der Ehrgeiz, die Kinder zu retten.« Klaus schien in jedem einzelnen Fall seine eigenen Vorstellungen zu haben, wie er zu lösen sei. »Mich überkommt ein Gefühl der Ohnmacht, wenn ich sehe, dass die Betreuer etwas nicht so machen, wie ich es machen würde.« Ich glaubte, Klaus wäre eifersüchtig auf seine Betreuer, ein Cheftrainer, der eigentlich jeden Freistoß selbst treten wollte. Und seine Auswechseltaktik schien mir nur noch Glücksspiel zu sein.

Nina aber fuhr mit neuem Negligé und »kleinem Schwarzen«

im Gepäck nach Suworowskij. Dorthin, wohin Maxim gerade erst Migo gebracht hatte. Das neueste, geographisch gesehen aber das letzte aller Projektdörfer, 30 Kilometer von der nächsten Teerstraße entfernt. All das kam mir konzeptlos vor, ein neuer Ort, aber keine neue Situation. Auch in Suworowskij würde es Schnaps geben, Zigarettenläden, Männer. Ich war sicher, dass Nina dort schnell die gleiche Richtung einschlagen würde wie in Frolowo: steil nach unten.

Felix
Oni, Oktober 2002, 12 Uhr

Felix ist ein Kind des Augenblicks. Eigentlich sind alle Kinder Augenblickskinder, lachen wieder, wenn die Tränen noch nicht trocken sind. Vor einer halben Stunde war Felix drauf und dran, mir zeternd den Partisanenkrieg zu erklären, jetzt will er mit mir spielen. Hauptsache, die nächste halbe Stunde macht Spaß. Und Felix macht auch Schachspielen Spaß.

Felix spielt gern: Autoquartett, »Siedler« oder Volleyball. Und jetzt auch noch Schach. Kai, aber vor allem Ralf, ein Psychologiestudent, der zwei Monate als Praktikant hier war, haben Felix die Züge beigebracht. Er spielt eifrig, ausdauernd, für Schach besitzt er mehr Ausdauer als für andere sitzende Tätigkeiten. Vielleicht auch, weil er sich am Schachbrett immer der ungeteilten Aufmerksamkeit seines Gegenspielers sicher sein kann.

Schach ist die bequemste Art, Krieg gegen Felix zu führen. Wie Läufer und Türme marschieren, weiß er. Er schiebt sie wacker, aber völlig planlos voran, opfert Figuren ohne Sinn, stellt sich selbst ins Schach, die Züge seines Gegners ignoriert er.

Felix hat den Kopf auf den Ellbogen gestützt, betrachtet, wie ich den nächsten Schäferzug vorbereite, er merkt nicht, was da auf dem Brett vonstatten geht, und ist doch mit Feuereifer bei der Sache. Als brauchte er zum Glücklichsein nichts als ein Schachbrett und einen Gegenspieler.

Alle sagen, Felix sei ein Selbstmordkandidat. Kai, aber auch Ralf, der Psychologiestudent, oder der Mann vom Jugendamt, der für Felix zuständig ist. Kai und Ralf erzählten mir einmal von einem Zusammenbruch, bei dem Felix bitterlich geweint habe. Ihm sei in diesem Augenblick sein ganzes Elend klar geworden. »Die ganze Nacht hatte er Weinkrämpfe«, hat Kai gesagt. »Er hatte festgestellt, dass er kein Zuhause hat, keine Familie, niemanden, der ihn will, niemanden, zu dem er kann, außer zu mir.« Felix lebe so heftig, weil er so nicht über seine Lage nachdenken müsse.

Aber solche Zusammenbrüche sind in Sibirien selten geworden. Hier weint er meist nicht mehr aus Verzweiflung, sondern im Eifer des Gefechtes, wenn er sich gegen Strafen oder Arbeiten wehrt, mit denen ihm die Erwachsenen zusetzen. Ich glaube, auch sein Gerenne, seine Helden- und Missetaten dienen immer weniger dazu, qualvolle Momente der Selbsterkenntnis in Aktion zu ersticken. All das macht ihm jetzt vor allem Spaß: »Er fühlt sich pudelwohl hier, ich bin mir sicher, auch mit mir«, hat Kai selbst gesagt. »Aber er kann es nicht wahrhaben.«

Einmal, es war im Sommer, grillten wir bei Markus eines von Achmeds Lämmern. Ich lieh Felix meine Videokamera aus, er lief damit weg, war eine halbe Stunde unterwegs. Später sah ich mir zusammen mit Mischa Felix' Aufnahmen an. Wir haben viel gelacht.

Felix schwieg beim Filmen, aber er war ständig in Bewegung. Er warf sich unter Mischas Wasik-Bus, filmte ihn von unten, kletterte hinein, nahm Mischas Schaltknüppel unter seine Linse, dann kichernd ein Notizbuch, griff schon danach, ließ es dann aber liegen, filmte stattdessen den eigenen ausgestreckten Zeigefinger, lachte. Er versteckte sich hinter einem Baum, filmte so einen Passanten, stürzte einem vorbeilaufenden Huhn hinterher, erwischte es aber nicht. Felix dribbelte mit einem Volleyball durchs Gras, drosch ihn haarscharf an Markus' Fenster vorbei, lachte über sein eigenes Gesicht, das er auf dem Klappbildschirmchen zu sehen bekam. Felix, wie er die Welt sah, Unsinn anstellte, ihn bleiben ließ, bester Laune mit sich allein war, ein seltenes Talent. Hätte man mich in dem Alter mit einer Videokamera allein gelassen, ich hätte mich schon nach fünf Minuten zu Tode gelangweilt.

»Überleg doch mal«, schimpfe ich, »wenn ich mit meiner Dame dahin ziehe, habe ich damit was vor!«

»Dann poppt der König die Dame«, kichert Felix; er irrt sich, einen Zug später ist er wieder matt. »Komm, noch einmal«, beim Schach ist Felix ein glänzender Verlierer. Nach acht Partien habe ich Felix achtmal matt gesetzt. Aber er spielt unverdrossen weiter. »Och, Stewwan, noch eins«, er rollt mit den Augen, »irgendwann schlage ich dich ja doch mal.«

Draußen scheint jetzt endgültig die Sonne, hat die Wolken an den Horizont vertrieben, zwischen den Scheiben des Küchenfensters summt sogar noch einmal der Sommer, eine jener schon tot geglaubten Schmeißfliegen. Felix ist hinausgerannt, ich sitze auf der Ofenbank, meinen Laptop auf den Knien, und tippe mein Zigarettenverhör mit Felix hinein. Die Zigaretten; wenn die nicht wären, könnte ich auf das Wochenende stolz sein. Fast schade, dass es schon zu Ende ist. Ich schaue durchs Fenster, Ruslan rennt über die Straße und Felix, er hat Sonja aus Ruslans Klasse am Ärmel ihres himmelblauen Anoraks gepackt, zerrt sie hinter sich her. Aber sie lacht. Das ist die kleine Sonja, von der Felix schon einmal behauptet hat, er habe sie im Teich ertränkt. Freddy sagt, Felix sei in Sonja verknallt, Felix hat zu diesem Gerücht nur souverän geschwiegen. Hinterher läuft Nastja, Sonjas große Schwester.

Es trampelt vor der Tür, sie wird aufgerissen, hastiger Kinderatem, Felix und Ruslan mit Damenbesuch. Die Mädchen lächeln ein sehr unängstliches »Guten Tag«, lassen sich auf der Kante des Diwans nieder, falten die Hände und schauen grinsend in die Runde: Na, was habt ihr uns zu bieten? Ruslan sitzt jetzt auf der Lehne des Diwans und versucht, Uno-Karten zu mischen. Felix macht sich am Kühlschrank zu schaffen, holt Orangensaft hervor und Schokowaffeln, »Du hättest auch mal fragen können«, belehre ich ihn – Gastfreundschaft hin, Gastfreundschaft her.

Er überhört meinen Tadel, ich müsste ihn wiederholen, aber dann wäre ich wieder auf der »Eskalationsschiene«, wie Kai es nennt. Wenn Felix jetzt nicht sämtliche Schokowaffeln vor den Augen der anderen in sich hineinstopft, werde ich noch einmal ignorieren, dass er mich ignoriert hat. Aber diesmal schüttet er sie auf einen Teller und stellt sie auf den Tisch: »Nimm, Sonja!«

Sonja bestaunt meinen Computerbildschirm, veranstaltet Small Talk. »Bei uns in der Klasse ist ein Mädchen sitzen geblieben, aber wenn man die nicht zählt, bin ich die Älteste.« Trotz ihrer Jungspatzenstimme führt Sonja geistig-moralisch das Zepter unter den Kindern. Obwohl sie erst elf ist und winzig. Nastja ist fünf Jahre älter, aber im Vergleich zu ihrer blonden, graugrüngoldäugigen Schwester wirkt sie wie eine große, wenn auch langbeinige Maus. »Felix spricht schon viel besser Russisch«, erklärt Sonja. »Er sagt schon *stop*, das habe ich ihm beigebracht.« Ob er die Mädchen nicht ärgere? »Nein, Felix hat mir sogar schon in die Jacke geholfen.«

Sonja hat das blasse Gesicht eines werdenden Engels und ein nicht zu stoppendes Mundwerk. »Meine Mutter ist Melkerin, einunddreißig Kühe melkt sie auf der Kolchose, zu Hause haben wir eine Kuh, ein Kalb, einen Hund und einen Welpen.«

»Und dein Vater?«

»Mein Vater hütet Kühe auf der Kolchose. Aber das ist nicht mein richtiger Vater. Und wir haben auch eine Katze.«

Auch Nastja lächelt voll Zutrauen in uns und die Welt, erzählt, sie wolle Konditorin lernen, in Jenisejsk.

Felix steht am Ofen. »Was erzählen die da?«, will er wissen.

Aber Sonja zwitschert schon weiter: »Ich will Geschichte studieren, weil man da die meisten Dinge lernt. Ach«, freut sie sich, »bei euch ist es interessant. Kann ich etwas Wasser haben? Wie heißt Wasser auf Deutsch? … Lass mich mal durch, Ruslan«, sie steht auf, schiebt Ruslan weg.

»Du spinnst wohl total«, schimpft Ruslan, »bleib sitzen, du siehst doch, dass ich Karten spiele.« Aber seine Mitschülerin hat ihn schon mit beiden Händen zur Seite geschoben.

»Mann, was bist du frech«, ärgert er sich.

»Ach ja, dieser Ruslan«, seufzt das Goldkind, »ich schäme

mich für ihn, obwohl er gar nicht mein Bruder ist. Los, gib mir auch Karten.«

»Ja, lass uns Karten spielen«, Ruslan ist sofort zur Versöhnung bereit.

»Nee, keinen Bock«, Felix' Laune scheint darunter gelitten zu haben, dass er fünf Minuten sein Monopol auf die allgemeine Aufmerksamkeit an Sonja verloren hat.

»Aber die anderen haben Lust auf Kartenspielen«, sage ich.

»Mann, Stefan, nerv nicht rum!« Ich habe schon viel Schlimmeres von Felix zu hören bekommen. Seine Stimme klingt wie üblich aggressiv, beansprucht Herrschaft; das kennen wir doch, auch Ruslan. Aber die Mädchen lässt dieser Ton aufhorchen.

Zwei Sekunden Schweigen. Die Kinder hier sind es nicht gewohnt, dass 13-Jährige Erwachsene im Kommandoton ansprechen.

»Man muss auf Ältere doch hören!«, schimpft Sonja dann.

»Für den braucht ihr ein Halfter, und dann müsst ihr ihn vor die Deichsel spannen wie ein Pferd.« Unschuldige sibirische Erziehungsvorschläge, ein Glück für Sonja, dass sie das vor keinem sozialpädagogischen Seminar in Deutschland verkündet hat.

Aus dem Kartenspiel wird heute nichts, Felix hat keine Lust, er lässt seinen Damenbesuch im Stich: »*Dawaj, Ruslan.*« Felix und Ruslan eilen wieder hinaus, während ich den Mädchen zeige, wie man auf meinem Laptop lateinische und kyrillische Buchstaben schreiben kann. Felix und Sonja werden keine Freunde. Dazu hat jeder der beiden auf seine Art zu viel Selbstvertrauen.

Dann gehen auch die Mädchen. Es wird langsam Zeit, nach Partisansk zu fahren, ich will noch bei Stepan Iwanowitsch vorbei … Ich schalte den Computer aus, schiebe ihn in die Schublade unter Kais Bett, als ich draußen Felix schreien höre: »Heeja, hej, heja.« Hat er jetzt ein Kalb der Nachbarn in unseren Hof getrieben, um hier Rodeo zu veranstalten?

Ich laufe hinaus und beruhige mich: Die Jungs haben Kais blaues Bergsteigerseil um den Dachbalken des Vorbaus gebunden, in zwei großen Schlaufen. In denen sitzen sie jetzt, schaukeln heftig, sich mit aller Kraft vom Verandarand abstoßend.

Sie fliegen weit hinauf in den blauen Himmel, wieder zurück, »hej, heja«, wilde, übermütige Kinder, aber eigentlich kann Felix gar nicht wild genug schaukeln, schreien, spielen, toben, er muss eine ganze Kindheit aufholen.

Stepan Iwanowitsch wohnt gleich am Ortseingang von Partisansk, auch sein Hoftor ist hölzern. Dahinter kläffen im Duett die beiden Hofhunde: der alte, auf drei Beinen herumhumpelnde Drug und der löwenhafte Komar. Komars gewaltige Fänge glänzen weiß, seine Mähne goldschwarz, seine schwarzen Augen sprühen, die tobende Steigerungsform aller Deutschen Schäferhunde. Und sein Gebell überschlägt sich triumphierend: Hört her, hört mich, den Kaiser aller Kettenhunde! Er springt und zerrt an seiner Kette wie ein Schwertfisch an der Angelschnur. Aber in dem Augenblick, als ich den Bannkreis dieses gefangenen Kaisers betrete, als ich die Hand ausstrecke nach seinem aufgerissenen Rachen, verwandelt sich sein Zorn in Liebe, sein Bellen wird zum jubelnden Jaulen: Komm her, mein Freund, du bist mein Freund, wie alle Menschen, Groß und Klein, komm her und lass dich ablecken! Es gibt wohl keine zärtlicheren Kettenhunde als die sibirischen.

Komars Zärtlichkeit ist schon legendär. Einmal, bei 30 Grad minus, soll er eine Katze so herzlich abgeschleckt haben, dass sie danach zu Eis erstarrte. Tatsächlich, erzählte mir Stepan später, habe sich die weiße langhaarige Katze schon vorher im Stall von einer Kuh ablecken lassen. Auf dem Rückweg über den Hof lief sie Komar in die Pfoten, der sie begeistert durch den Schnee wälzte. Sie überlebte, weil man sie rechtzeitig entdeckte und ins Warme brachte.

Komar legt jetzt Felix die Vorderläufe auf die Schultern, um ihn abzuküssen. Da kommt Stepan Iwanowitsch heraus, er hat sich eine alte Wattejacke umgeworfen, die Jacke, in der er die Stallarbeiten macht; er strahlt: »Kommt rein!« Drinnen lachen die großen blauen Augen seiner Frau Ljubow: »*Priwjet Felix,* Junge, du hast doch bestimmt Hunger?«

Ljubow führt Felix in die Küche, ich gehe mit Stepan Iwanowitsch in den »Saal«, das Wohnzimmer, das eigentlich etwas zu schmal ist für die riesige Schrankwand. Der Fernseher läuft, eine Ausnahme, im Gegensatz zu den meisten anderen Sibiriern schaltet Stepan ihn nicht an, wenn Besuch kommt, sondern aus. »Aber das musst du dir ansehen. Eine Sendung der Amerikaner über ihre Hühner.« Auf dem Bildschirm ist eine Frau auf dem Rücksitz eines Taxis zu sehen, die einen Hahn im Arm hält, mit dem sie gerade zu einem Hühnerfriseur unterwegs ist. Stepan Iwanowitsch sitzt davor, mit vor Aufmerksamkeit gerunzelter Stirn. »Vorher hatten sie einen, der hat einen Hof voller Hähne. Er steht jeden Tag vor seinen Hähnen und dirigiert ihr Gekrähe mit einem Taktstock. Und die Nachbarn prozessieren. Ach, hätten wir nur deren Probleme!« Hühner legen Eier, man kann sie schlachten und verzehren, im Herbst baut man vielleicht hinter dem Küchenofen ein Gitter für die Küken. Aber kein Sibirier käme je auf die Idee, so ein gackerndes Nutztier an Kindes oder Liebhabers statt zu hätscheln. »Komm, gehen wir in die Küche, Tee trinken«, sagt Stepan nach ein paar Minuten. Er schüttelt noch immer den Kopf, ungläubig lachend.

Stepan Iwanowitsch ist ein überzeugter Vertreter des europäischen Humanismus. Und des Rationalismus. Er raucht nicht, er trinkt nicht. Stepan glaubt an den Fortschritt, auch für Taiga-Sibirien. »Das Projekt war ein Durchbruch für Partisansk. Der Durchbruch ins 21. Jahrhundert.« Stepan predigt den Markt und seine freien Kräfte, erzählt mit Begeisterung vom Besuch in einer deutschen Schule, von dem Kopierer, der dort für alle Schüler frei zugänglich stand. »Eine Reise in den Westen, das ist wie ein zweites Diplom.« Aber Stepan himmelt den Westen nicht blind an. Er erzählt, wie er einmal mit einem Lkw in Thüringen unterwegs war, sich verfahren hatte, in eine Sackgasse geriet, an deren Ende er nur wenden konnte, indem er in einer Privateinfahrt millimeterweise vor- und zurücksetzte. Plötzlich sei ein deutsches Mütterchen aus dem Haus gerast. Sie habe ihn mit Verwünschungen überschüttet und mit der Polizei gedroht, weil seine Hinterräder auf ihrem Privatgrund herumkurvten. »Wenn eine russische Babuschka in so einer Situation aus dem Haus kommt, dann nur mit Brot und Salz und allen Segenswünschen.«

Felix sitzt in der Küche, satt und zufrieden. In seinem Bauch schwimmen jetzt Pfannkuchen und Hackfleischbällchen in mit saurer Sahne angemachter Borschtschsuppe. Kein Projektkind, das Ljubows Küche hungrig verlassen würde. Felix radebrecht mit Ljubow und Anastasja. »Stefan, du kannst heute mit Kai in deiner Wohnung schlafen, ich übernachte bei Ljubow, die hat nichts dagegen.« Felix, der kleine Macher, hat schon wieder alles ohne mich entschieden. »Nee, nee«, grinse ich, »das kannst du knicken, wir sind hier, um Kai abzuholen, nicht damit du hier Urlaub machst.« Kein Fluch, kein Gemecker, aber ich erwarte eigentlich auch keinen Widerstand von Felix. Er weiß, solche Vorschläge sind zwecklos, aber er wäre nicht Felix, wenn er es nicht versuchen würde. Aber er ist wohl zu satt und zufrieden, um sich jetzt mit mir zu streiten. Und um seinen heute offenbar wieder blendenden Eindruck bei den Damen des Hauses zu riskieren.

Normalerweise würde ich jetzt noch lange mit Stepan Iwanowitsch in der Küche sitzen. Wir würden Tee trinken, wir würden reden. Genauer, er würde erzählen: von Betreuern und Kindern, mit denen er früher im Projekt zu tun hatte. Vielleicht auch von Bären als Positivfiguren im russischen Märchen, vom Unterschied zwischen amerikanischen, europäischen und japanischen Erziehungsansätzen. Oder einfach von seiner Großmutter. Einer echten deutschen Großmutter.

Vermutlich war seine Großmutter die allererste Deutsche im Landkreis. Sein Großvater war im Ersten Weltkrieg in deutsche Gefangenschaft geraten, geflohen, wieder eingefangen und dabei verletzt worden. Die Großmutter arbeitete als Krankenschwester in dem Kriegsgefangenenlazarett, in das er eingeliefert wurde. Sie verliebten sich, er überredete sie, gemeinsam zu fliehen. Der Krieg war noch nicht zu Ende, als sie sich davonmachten. Aber über alle Grenzen und Fronten schafften sie es bis nach Sibirien, bis nach Partisansk. Wie sie diese Flucht zustande gebracht haben, weiß Stepan auch nicht mehr, mit falschen Papieren, vielleicht über Schweden … Aber die Großmutter schleppte eine kleine Singer-Nähmaschine mit, die Ljubow noch heute benutzt. »Großmutter konnte mit ihren

Händen alles, sie hat sich mit ihren Näharbeiten Respekt im Dorf verschafft«, sagt Stepan.

Jetzt aber erzähle ich ihm von meinem Wochenende mit Felix, von Felix' neuesten Sünden, von der Strafe, die Kai ihm dafür vermutlich geben muss. Von einem Wochenende mit Aufs und Abs, von den Fortschritten, die Felix beim Arbeiten gemacht hat, aber auch, dass er noch gerissener geworden ist. Davon, dass ich Felix so schon vor vier, fünf Monaten erlebt habe. Dass es mir an diesem Wochenende so vorkam, als hätte die Zeit sich im Kreis gedreht.

»Ja, es ist schwer«, seufzt Stepan. »Warum sind die Kinder nur so? Vielleicht ist eure Gesellschaft ja schon so individualistisch, dass die Erwachsenen vor lauter eigenen Interessen verlernt haben, ihre Kinder zu lieben.« Ein Allgemeinplatz, wenn auch ein kluger, eigentlich redet Stepan selten in Allgemeinplätzen. Aber diese Kinder, ihr Unglück und seine Wurzeln sind wohl auch mit einem sibirischen Bewusstsein nicht zu fassen. Obwohl Stepan versucht, sich vorzustellen, wie es ist, wenn man als Kind nicht geliebt wird: »Ich erinnere mich noch, ich war neun oder zehn, es war im Sommer, das ganze Dorf, auch meine Eltern, war zur Heuernte und ich allein zu Hause. Ich habe am Fenster gesessen, auf die Straße geschaut, kein Hund war zu sehen, ich hatte nur noch meine Katze auf dem Schoß, niemand war da, keine Menschenseele; mein Gott, was hatte ich plötzlich für eine Angst, und wie glücklich war ich, als meine Eltern endlich, am Abend, die Straße entlang nach Hause kamen.« Glücklicher Stepan, dass solche Kindheitserinnerungen die schlimmsten für ihn sind.

Felix hat die Ohren gespitzt, obwohl oder vielleicht weil er kaum etwas versteht. »Was sagst du da, was hat Kai gemacht?«, fragt er dazwischen, »worüber redet ihr?« Neugierde ist kindlich, aber die Kinder im Projekt sind zu neugierig, wenn Projektneuigkeiten ausgetauscht werden, vor allem, wenn es um ihre Betreuer geht. »Nichts Wichtiges«, wiegele ich ab. Ich lüge. Aber zumindest war es ja nichts Kriegswichtiges. Wissen ist Macht. Auch wenn der Krieg, das Spiel in einer halben Stunde für mich schon wieder vorbei sein werden.

Dann stehen wir im Flur. Felix steckt schon wieder in seiner dunkelgrünen Winterjacke, ich steige in meine Stiefel und schildere grinsend, wie Felix die Kuh jagte, sie am Schwanz festhielt. Stepan, Ljubow und auch die schöne Anastasja hören zu, lächeln, »Felitschek, du kleiner Bandit«, ruft Ljubow, und alle blicken ihn an mit ihren hellen, großen, guten Augen. Felix fühlt sich wohl im Sonnenschein ihrer Aufmerksamkeit, auch wenn sie ironisch ist, das Kind spürt, diese Ironie ist voller Wohlwollen. »Komm uns doch mal wieder besuchen, Felix!«, ruft Ljubow uns auf Russisch hinterher. »*Da, da*«, Felix lächelt unsicher, aber froh.

Nina und Migo
Suworowskij, September 2002

28 Kilometer holperte mein Niwa durch zum Glück halbwegs getrocknete Schlammlöcher. Jeder deutsche Holzabfuhrweg war befahrbarer als diese 28 Kilometer, die Suworowskij von der nächsten geteerten Straße trennten. Suworowskij war das letzte Dorf, danach kamen nur noch Sumpf und Wald, Zeit- und Weglosigkeit. Suworowskij war das abgelegenste Projektdorf. Einst war es ein großes Dorf gewesen mit 24 Straßen. Jetzt konnte man selbst die Uliza Zentralnaja, die Zentralstraße, nur noch mit Schwimmpanzern passieren, riesige zu Teichen gewachsene Pfützen verwandelten Suworowskij in ein Venedig der Taiga, wo Gänse und Enten badeten. Muskulöse, schmutzverkrustete Schweine schlenderten über die begehbaren Straßen, 320 Leute lebten hier noch, viele Häuser standen leer. Während ein Hof in Oni 25 000 Rubel kostete, war er hier schon für 10 000 Rubel zu haben, keine 300 Euro. In kalten Wintern rissen die hungrigen Wölfe hier ihre verräterischen Vettern, die Hofhunde, von der Kette und schleppten sie weg.

Jetzt wohnte Migo mit Maxim hier und Nina mit Sweta, ihrer

neuen, russischen Betreuerin. Klaus hatte mir gesagt, es funktioniere. Und Migo sollte der erste Jugendliche sein, der mit seinem Betreuer nach Deutschland zurückkehren würde, um dort weiterzumachen. Aber ich war skeptisch, glaubte nicht daran, in Suworowskij doch noch das intensive einzelpädagogische Wunderdorf zu finden. Auch hier gab es zwei Gemischtwarenläden mit Zigaretten, Bier und Wodka, auch in Suworowskij wurde Samogon gebrannt. Oder wie Boris, der lange, schnauzbärtige Dorfpolizist, räsonierte: »Wieso haben wir keine Perspektive? Wir haben alle die Perspektive, uns totzusaufen.«

Migos Haus stand ganz am Rande des Dorfes, auf der Ebene dahinter schimmerte wuchtig das rostbraune Gerüst einer nicht zu Ende gebauten Backsteinfabrik, der Streifen Birkenwald am Horizont war fern, dünn und grau. Migo sah ich zuerst, er bückte sich über einem Scheiterhaufen, Brennholz für den Winter. Er trug ein fleckiges T-Shirt und schmale Jeans, ein bescheidenes Outfit. Er arbeitete, Ärmel und Hals seines T-Shirts waren schweißgerandet, Migo arbeitete eifrig, wie ganz am Anfang.

Als er mich sah, strahlte wieder sein Copacabana-Lächeln auf: »Mann, Stefan, das hier ist das Paradies, die letzten Wochen hatte ich nur noch Sex.«

Ach ja, dachte ich, die Sprüche kennen wir aus Partisansk. Und da hast du dich beklagt, die russischen Mädchen ließen dich nicht ran.

»Gestern«, fuhr Migo fort, »haben sich sogar zwei Mädchen um mich geprügelt.« Auch das war ja noch kein Sex. »Mann, und Nina hat eine Betreuerin, die sieht vielleicht super aus.«

Vermutlich würde jeder andere bolivianische Teenager in der Taiga ähnliche Sprüche klopfen. Aber was Migo sagte, war nicht so wichtig, wichtig war, wie fröhlich er dabei war, wie er sich die Hände abrieb, wie der Schweiß auf seiner glatten Stirn glänzte. »Alter, komm, gehen wir rein, willst du Tee?« Das war wieder Migo Sonnenschein.

Wir gingen in den Hof, jemand hatte das Gras hinter dem Haus auf gut deutsche Rasenkürze gestutzt. Das Haus war viel größer als die *isbas* von Partisansk: ein breiter Flur, rechts davon eine große Küche, ein Wohnzimmer mit Diwan und Fernseher, dem ersten Fernseher, den ich in einer Projektwohnung sah, links zwei große Zimmer, dazu noch eine Geräte- und eine Abstellkammer. In der Küche beim Tee erzählte mir Migo, wie er sich auf Deutschland freue. Obwohl er da wohl zuerst einmal nur arbeiten würde. Und Maxim habe ihm gesagt, es gehe erst nach Hause, wenn er den Garten umgegraben und das Brennholz klein gehackt habe. »Wenn ich arbeite, dann macht er auch was für mich, wenn nicht, dann lässt er mich merken: Dann kriegst du nichts von mir.« Jetzt war Maxim nach Jenisejsk gefahren, um Möbel einzukaufen.

Migo erzählte von Nina, die sich anfangs fürchterlich benommen habe, sich einmal so betrank, dass sie in ein Brunnenloch fiel, wo sie fast ertrunken wäre. Er erkundigte sich auch nach Heinz, nach Mila und Anastasja und den anderen Mädchen aus Partisansk, ohne Bitterkeit, eher höflich. »Los«, sagte er dann, »wir gehen jetzt zu Nina und Sweta. Die musst du unbedingt kennen lernen.«

»Und wie benimmt sich Nina jetzt?«

»Jetzt pariert sie halbwegs«, Migo grinste.

Sweta war 23 und gertenschlank. Wie Sabine hatte auch sie ein Madonnengesicht, aber mit himmelblauen Augen. Ihre eigentlich braunen Haare hatte sie blond gefärbt, Meryl Streep als Ostslawin. Sie lud uns zum Tee ein. »Nina muss gleich kommen, sie ist noch in der Schule.«

Tatsächlich, auch wenn ich meinen Ohren nicht traute, Nina ging jetzt jeden Tag zur Schule, sechs Stunden lang. Nina half im Haushalt, Nina trank nicht mehr, Nina hatte noch keinen Sex gehabt in Suworowskij. Nina, so klang es, war doch noch einem pädagogischen Wunder zum Opfer gefallen. »Am Anfang hat sie noch gesoffen«, erzählte Sweta, »hat mich angegriffen, schlug mit voller Wucht, dahin, wo es wehtut, einmal ist sie mit dem Messer auf mich losgegangen.« Sweta sagte, sie habe richtig Angst vor ihr gehabt. Schließlich verhaftete der Dorfmilizionär die rasende Nina und hielt sie einen halben Tag mit Handschellen gefesselt in seinem Büro fest. Gewalt, Demütigung,

Freiheitsentzug, ein übler Verstoß des russischen Ordnungshüters gegen das deutsche Regelwerk des ISE-Spiels. Und Sweta bekam einen Gummiknüppel, den sie sich übers Bett hängte, auch das sozialpädagogisch vollkommen unkorrekte Abschreckung. Aber Nina beruhigte sich. »Manchmal benimmt sie sich wie ein kleines Kind«, sagte Sweta, »ihre russsiche Lieblingswendung ist ›wenn ich ein braves Mädchen bin‹. Wenn ich ein braves Mädchen bin, darf ich dann heute Abend in den Klub? Wenn ich ein braves Mädchen bin, bleibst du dann meine Betreuerin?«

Sweta studierte in Krasnojarsk im Zweitstudium Psychologie. Ihr Vater war Busfahrer, ihre Mutter Kindergärtnerin. Ihr Bruder karrte Makkaroni aus einer Nudelfabrik. Die arme Studentin Sweta hatte beim Trampen in das Dorf, wo ihre Eltern wohnten, zufällig Stepan Iwanowitsch kennen gelernt. Sie muss einen sehr guten Eindruck auf Stepan gemacht haben; der ließ sich ihre Adresse geben, und ein paar Monate darauf stand Klaus in ihrem Wohnheimzimmer und bot ihr ein einjähriges Praktikum beim »Projekt Grünlicht« in Deutschland an. All ihre Freundinnen rieten ihr heftig ab, das sei nur ein Trick, um sie in ein deutsches Bordell zu stecken. Aber Sweta wagte es, ein Jahr verbrachte sie in Deutschland, eine von inzwischen über einem Dutzend sibirischer Jungpädagogen, die beim »Projekt Grünlicht« Deutschlanderfahrung gesammelt hatten. Sweta würde in wenigen Wochen wieder an die Universität nach Krasnojarsk gehen und dort ihr psychologisches Aufbaustudium beenden. Aber vorher zeigte sie, was »Ortskräfte« wert sein können, Ortskräfte, die wussten, was das für deutsche Kids waren, aus welchem Deutschland sie kamen.

Dann kam Nina. Sie trug ihre schwarze Steghose, eine grüne Wolljacke und war zur Abwechslung naturblond. »Hallo, Stefan«, das klang verhalten. Sie stand im Küchentürrahmen, auf der Schulter ein Rucksäckchen, ein 14-jähriges Mädchen, das aus der Schule kam. Schon bei Piet und Sabine hatte sie ja immer ein ganz normales Mädchen sein wollen.

»Nu, kak bylo w schkolje?« – »Wie war es in der Schule?«, fragte Sweta.

»Wir hatten *matematika*, da hab ich eine Vier gekriegt.« Sie palaverten in einer russisch-deutschen Mischsprache, Sweta mehr russisch, Nina mehr deutsch.

»*Kak bylo geografika?*«

»*Ne znaju* – weiß ich nicht, da hab ich geschlafen. Aber in Geschichte, da war so ein Alter, der hat vom Krieg geredet in Deutschland, obwohl er überhaupt nie da gewesen ist«, beschwerte sich Nina.

Natürlich war russischer Mathematikunterricht für Nina eine Farce. Sie verstand die Aufgaben nicht und schrieb heftig bei ihrer Banknachbarin, der dicken Katja, ab. Abgesehen von Deutsch, Sport und Werken war Nina mangels Russischkenntnissen eigentlich fehl am Platz in der Schule. Aber sie ging hin, hielt sich an das Rauchverbot, blieb ruhig; ein Wunder, eine Auferstehung. Wieder war die Nina lebendig geworden, die verbissen um ihre »ganz normale Kindheit« kämpfte. Jetzt lief sie weiter in ihr Zimmer, dort dröhnte Musik auf, eine deutsche Jungmännerstimme plärrte: »Es ist geil, ein Arschloch zu sein! Es ist geil, so richtig dreckig und gemein! Wenn du ein Schwein bist, gehört dir alles allein!« Sweta grinste, Migo auch, die Normalität sibirischer Schulkinder unterscheidet sich doch von der, die deutsche Poptexter dichten.

Das Geplärr verlor sich im Haus. Auch dieses Haus hatte drei geräumige Zimmer und eine große Küche. Suworowskij hatte die bessere pädagogische Architektur. Hier wohnten Betreuer und Kinder unter einem Dach, es war sinnlos, einander Fensterscheiben einzuschlagen oder sich voreinander zu verbarrikadieren. Andererseits gab es genügend Zimmer, um sich nicht ständig auf die Nerven zu gehen.

Abends wollten wir alle in den Klub. Sweta stand vor dem Spiegel, cremte sich das Gesicht, sie hatte sich ein paar hundert Locken in ihre kunstblonden Haare gelegt. Eigentlich stand ihr das nicht, Meryl Streep mit Dauerwelle, aber wenn die Streep in Russland aufgewachsen wäre, liefe vermutlich auch sie so herum. Sweta machte ein ernsthaftes Gesicht, genierte sich weder vor Migo noch vor mir. Neben ihr stand Nina, etwas kleiner, etwas runder, aber ihr Naturblond ähnelte sehr Swetas Haarfarbe, vielleicht waren ihre Haare ja deshalb nicht gefärbt. Auch Nina studierte konzentriert ihr Spiegelbild, ein Mädchen, das froh ist, weil die große Schwester sie mit in die Disco nimmt. Sweta sagte, das kleine schwarze Kleidchen, das Piet und Sabine in Krasnojarsk so entsetzt hatte, habe Nina nicht gekauft, sondern sie habe es ihr geschenkt. »Das war mein Kleid. Solche trägt man in Russland.«

Nina legte Lidschatten auf, lief in ihr Zimmer und kam mit Parfüm zurück, sprühte sich etwas hinter die Ohren.

»Und?«, fragte ich, »heute keinen Lippenstift?«

»Lippenstift?« Nina zögerte. »Ich habe zwar welchen ...«

Zwei Minuten später stand sie auf der Holztreppe vor dem Haus, warf mir einen Luftkuss zu, ihre Lippen leuchteten hellviolett. Als sie vorbeiging verdrehte Migo die Augen, ich auch, wir schauten uns dabei an. »He, Alte«, rief Migo. Sie drehte sich um. »Und wehe, ich erwisch dich heute mit Alkohol!«

»Nee, heute ist bestimmt mein Baby da, da habe ich was Besseres zu tun.«

»Ach, träum weiter, Wowa will doch gar nichts von dir.«

In postsowjetischen Städten gibt es »Kulturpaläste«, in großen Dörfern wie Partisansk oder Oni »Kulturhäuser«, in Suworowskij nur einen »Klub«. Holzgrau, mit himmelblauen Fensterläden, an der halb überschwemmten Uliza Zentralnaja gelegen.

Drinnen stocherten unter einer nackten Sechzig-Watt-Birne ein paar Jungs mit Billardqueues in einem Rudel weißgelber, von irgendwelchen Nagern mit Panzerstahlgebissen angefressener Kugeln herum, die auf einem Holztisch ohne Filzbezug herumkullerten. Zwei Mädchen, die daneben standen, fingen an zu kichern, als sie Migo sahen. Klick-klack, klick-klack, ein paar Meter weiter hoppelte ein weißer Pingpongball über eine grünweiß lackierte Tischtennisplatte.

»*Priwjet Sweta!*«, rief einer der Spieler, ein großer, breitgesichtiger Junge. Er strahlte Sweta an, legte den Schläger hin und schüttelte Migo grinsend die Hand. »*Priwjet Wowa*«, flötete auch Nina, aber Wowa antwortete nicht, verschwand sehr schnell mit Migo nach draußen. Nina küsste sich theatralisch mit ihrer Freundin Rita, einem rotwangigen Wildfang in knallgelber Adidas-Trainingsjacke, ab.

Sweta schaute kurz in dem noch leeren Tanzsaal vorbei und ging dann ins Administratorenzimmer, wo sie mit den jungen Frauen, die Aufsicht führten, *Bakbir* trank und die Nüsse aus Zirbelkiefernzapfen herausbohrte. Und alle hörten ihr zu, wenn sie von ihrem Psychologiestudium erzählte, von sibirischen Psychosen: »Eine 27-Jährige hatte das Gefühl, ihr wüchse ein Hundefell und ihr Gesicht würde sich zu einer Schnauze verlängern. Es stellte sich heraus, dass ihre Mutter Forstarbeiterin war und sie als Baby oft den ganzen Tag allein ließ. Einmal, als sie abends nach Hause kam, da stand die Hündin, die gerade Welpen hatte, über dem Kinderkorb, und das Baby trank aus ihren Zitzen. Wie oft das passiert ist, wie oft sie von der Hundemutter gestillt wurde, keiner weiß es. Die junge Frau hielt das Gefühl, zum Hund zu werden, nicht mehr aus und beging Selbstmord.«

Sweta erzählte auch davon, dass schon ungeborene Kinder im Mutterleib spüren, wenn sie nicht geliebt, nicht gewollt werden; von genetischer Psychologie, die annimmt, dass auch Verhalten vererbt wird, der Hang zur Gewalttätigkeit von Generation zu Generation weitergegeben wird. Sweta war so etwas wie der intellektuelle Star im Dorf, ihr hörten auch die Jungs andächtig zu.

Ich bin danach noch einige Male abends im Klub gewesen, und jedes Mal war es das Gleiche. Die Mädchen himmelten Migo an, die Jungs himmelten Sweta an. Und Nina himmelte Wowa an. Aber der unterhielt sich nur ab und zu mit ihr. Aus Höflichkeit oder genauer: weil Sweta ihn darum gebeten hatte. Die kluge Sweta stand hier permanent im Mittelpunkt, alle wollten mit ihr reden. Sweta kontrollierte die Lage, kontrollierte auch die Jungs, sie bestimmte, wer was mit Nina machte. »Die Jugendlichen hier erzählen Sweta doch mehr als Nina«, sagte Migo, »Sweta weiß über alles Bescheid.« Und Sweta hatte Wanja gebeten, ihr bei Ninas Erziehung zu helfen. Nina verkündete überall, Wowa sei ihr Baby, sie liebe ihn, werde ihn mit nach Deutschland nehmen, wenn sie 18 sei. Wowas Gefühle ihr gegenüber schienen weniger heftig zu sein, aber er gab auf sie Acht, drohte, nicht mehr mit ihr zu sprechen, wenn er sie mit Alkohol erwischte.

Nina reichte das als Zeugnis seiner Liebe. Einerseits verfügte sie über ausreichend Beobachtungsgabe, um zu bemerken, dass er nicht verrückt nach ihr war: »Als ich heute in den Klub kam, hat er nicht mal Guten Tag gesagt. Dann habe ich zu Rita gesagt, wenn Wowa nach mir fragt, solle sie ihm sagen, ich sitze in der Ecke und weine und denke nach. Er hat dann mal kurz nach mir geguckt, aber nichts gesagt. Als ich gegangen bin, hat er Gute Nacht gesagt. Ist schon ein guter Junge.« Das klang nach einem eigentlich unglücklich, aber noch hoffnungsvoll verliebten Blaustrumpf. Andererseits verkündete Nina spätabends, sie sei mit Wowa in der Banja gewesen. Um klar zu machen, was dort passiert war, hatte sie sich den Pullover verkehrt herum angezogen.

Aber ihre deutschsprachige Dichtung wirkte in Suworowskij nicht. Hier bestellte Sweta die Musik, auf Russisch. Nina gehorchte ihr, sie gehorchte auch Maxim, Migo und Wowa. Außerdem hatte Nina Riesenrespekt vor Boris, dem Dorfmilizionär. Und am nächsten Tag hörte ich, wie sie Sweta fragte: »Wenn ich heute ein braves Mädchen bin, darf ich wieder in die Diskothek?« Auch wenn der kindliche Ton des »braven Mädchens« künstlich klang – Nina wollte wieder, sie wollte wieder ein ganz normales Mädchen sein. Nach Frolowo hatte ich das nicht mehr für möglich gehalten.

Maxim kam erst am nächsten Morgen. Er war im Kreiszentrum gewesen und hatte dort ein neues Auto für das Projekt gekauft, einen wuchtigen Lastenjeep, einen Gas 66. Von 60 000 auf 50 000 Rubel habe er den Preis runtergehandelt, er war ziemlich stolz auf seinen Einkauf. »Obwohl Witja« – Witja war einer der Projektfahrer – »der den Wagen noch gar nicht gesehen hat, Klaus schon erklärt hat, der Motor knirsche.«

Maxim hatte etwas zugenommen, ein gedrungenes Kraftpa-

ket, Harvey Keitels kleiner Bruder, braun gebrannt mit ange-
grauten Stoppelhaaren; jetzt trug er eine ausgebeulte Trainingshose, chinesische Raub-Nike und ein ärmelloses, verwaschenes
T-Shirt. Der ehemalige Sowjetfeldwebel kam aus Kasachstan,
wohin seine russischen Eltern als jugendliche Enthusiasten zur
Urbarmachung der Steppe gezogen waren. Dort hatte er als
Sportlehrer gearbeitet, dann eine eigene Viehzucht aufgemacht.
Als seine Frau, eine Russlanddeutsche, vor sechs Jahren die Ein-
reiseerlaubnis nach Deutschland bekam, ging er mit. Sie lebten
in Rostock. Maxim fand dort einen neuen Job, als Streetworker
versuchte er russlanddeutsche Teenager vom Drogentrip he-
runterzubringen. Irgendwann sei das Projekt aus Geldmangel
beendet worden, und er bewarb sich bei Klaus.

Maxim redete und saß dabei keine Sekunde still. Er schleppte mit leuchtend weißem Lächeln einen Eimer Wasser nach
dem anderen zur Banja: »Fotografier mich nicht, sonst denken
alle, hier arbeitet nur der Betreuer.« Eine Stunde pendelte er
mit seinen Eimern zwischen dem Schlauchanschluss am Rande
der Kartoffelbeete und dem Schwitzbad, den Ofen dort hatte er
schon vorher angeheizt, danach schrubbte er den Linoleumbo-
den in der Küche, wuchtete mit meiner Hilfe die neue Schrankwand, die er in Pogodajewo gekauft hatte, ins Wohnzimmer
und fing an, Kohl klein zu schneiden.

Maxim hatte Suworowskij für das Projekt erschlossen, er hatte die Häuser hier gekauft. Und er hatte eine Stereoanlage für
den Klub besorgt und mit Migos Hilfe installiert. Maxim, in
Rostock aktiver Tischtennisspieler, hatte auch die Tischtennisplatte aus Sperrholz zurechtgeschnitten und lackiert, in Krasnojarsk ein Netz, einige Schläger und mehrere Sätze Tischten-
nisbälle gekauft. Ein zweiter Tisch, den er für die Schule
gebastelt hatte, musste nur noch angemalt werden. Maxim war
ein Macher, »Organisieren«, sagte er, »ist mein Ding.« In Suworowskij genoss er schnell allgemeine Achtung. »Die haben mich
sogar gefragt, ob ich nicht Dorfvorsteher werden will.«

Aber vor allem verstand Maxim sich mit Migo; obwohl sein
Deutsch gebrochen war, obwohl Migos Russisch inzwischen
zwar fast akzentfrei, aber noch arm an Vokabeln war. »Ich sage

zu Migo das erste Wort, und er antwortet schon. Er versteht alles, was ich sagen will.« Der »Älterer-Betreuer-Effekt«, er funktionierte. Maxim hatte dabei wenig Autorität raushängen lassen: »Ich bin Konflikten aus dem Weg gegangen. Wenn ich gemerkt habe, Migo hat gesoffen, habe ich ihn nicht angeschnauzt, sondern am nächsten Tag ruhig darüber gesprochen, wie schädlich Alkohol ist. Und ehrlich gesagt, wir haben doch alle in dem Alter getrunken.« Jetzt, erklärte Maxim, trinke er nicht mehr, er habe eine Allergie gegen Alkohol. Und Migos Depressionen, seine Eminem-Phasen, seine Aggressionen? »Manchmal ist er wie weggetreten, will mit keinem reden, geht weg, geht spazieren, allein. Ich lasse ihn einfach in Ruhe, nach ein, zwei Stunden kommt er von selbst, um zu reden ...«

Ein Russe und ein Bolivianer, ein Paar, dem der Wortschatz fehlte, um seine Beziehung zu diskutieren. Aber vielleicht funktionierte es gerade deshalb. Ich musste an Peter denken. Er hatte gesagt, bei Jugendlichen von der Straße verhalte es sich so wie bei Tieren, der erste Blickkontakt, der Instinkt entscheide. Und wie hatte Tolja, der Jäger, gesagt? »In dem Alter sind sie wie Wölfe, da suchen sie einen Leitwolf.« Maxim, der Macher, ein Malocher, auf den die Leute im Dorf hörten, der es mit jedem Sibirier aufnehmen konnte – Migo hatte seinen Leitwolf gefunden. Einen friedlichen Leitwolf.

Dann saßen wir in der Banja. »Wie es in Deutschland wird? Ich weiß es nicht. Ich spreche schlecht Deutsch, in Russland bin ich der Fisch im Wasser, aber Deutschland, das wird Migos Wasser sein.« Maxim kauerte nachdenklich auf der Holzbank und betrachtete, wie der eigene Schweiß zu Boden tropfte. »Weißt du«, sagte er, »du kannst mir einen Gefallen tun: Sag Migo, das in Deutschland mit mir sei seine letzte Chance. Damit er etwas Angst kriegt.« Auch Leitwölfe sind sich der Zukunft keineswegs immer sicher.

Aber noch herrschte russische Gegenwart. Noch leuchteten die spätsommerlichen Brennnesseln grün, und die Pfützen waren blau leuchtende Spiegel der Unendlichkeit. Sweta hatte in der Banja bei Maxim gewaschen, jetzt flatterten winzige Damenschlüpfer rot, grün weiß auf der Drahtleine über dem Rasen, die Siegeszeichen öffentlich-dörflicher Intimität. Es fehlte nur noch ein Gartenzwerg darunter, und man hätte ein Freilichtmuseum russisch-deutschen Schrebergartentums eröffnen können. Aber vielleicht war es gerade diese enge, überschaubare Gemütlichkeit, die die Kinder suchten. Auch Markus in Oni zelebrierte mit dem Schild »Casa Verde« über dem Holztor, den Modellflugzeugen und dem pedantisch gepflegten Gemüsegarten Biedermeier, ein kleiner, aber klarer Rahmen für die Kinder.

Und draußen auf dem Birkenscheiterhaufen, den er aufgetürmt hatte, saß Migo, über ihm steckte ein halbes Dutzend Kinderköpfe, ein paar sonnenverbrannte Kinderarme hingen an seinen Schultern. »Zeig, Migo, zeig, Migo!« Migo hatte ein Fotoalbum auf dem Schoß, lachte mir zu. Auch die winzigen Kindernasen und riesigen hellen Augen drehten sich in meine Richtung: »Guten Tag, guten Tag«, und ein Stimmchen jubelte hellsüß: »Migo ist unser Zuckerbaby!« Migo, der Schwarm der kleinen Mädchen und der Babuschkas, das naive, zärtliche Sibirien, Migo ließ es an sich heran.

Suworowskij war ein Wunder, ein russisches Wunder: Maxim und Sweta hatten Migos und Ninas Sturzflug aufgefangen. Ich hatte nicht mehr daran geglaubt. Wie viele deutsche Betreuer hatten die beiden in Sibirien verschlissen? Piet und Sabine, Peter und Heinz. Die hatten ehrlich ihr Bestes versucht, wurden ausgewechselt, kamen sich verraten und verkauft vor. Ich teilte ihre Perspektive. Aber jetzt sah ich staunend, dass Klaus' mehr oder weniger zufällige Entscheidungen funktionierten. Auch Betreuer von der russischen Ersatzbank können ein praktisch verlorenes ISE-Spiel noch herausreißen.

Sweta und Maxim nutzten ihren Heimvorteil, sie mobilisierten quasi das ganze Dorf als Hilfserzieher. Hier konnten die deutschen Kids keine naiven russischen Einwohner gegen ihre Betreuer ausspielen, ganz im Gegenteil. Sie spürten, dass ihr eigenes Ansehen im Dorf direkt von ihrem russischen Betreuer abhing. Die ISE-Schlacht an der Außenfront war schnell entschieden.

Aber zwischen Migo und Maxim gab es keine Front mehr, keinen Krieg, er und Maxim hatten gewonnen; weil Migo doch anders war als die anderen ISE-Kinder: Es gab Erwachsene, die er wirklich akzeptieren konnte.

Als Drehbuchvorlage war Migos Wandlung denkbar ungeeignet. Es fehlten die Feuerzungen, der Akt der Bekehrung, die Schlüsselszene, in der ihm Maxim den Jähzorn ausgetrieben hatte. Aber diese Szene gab es nicht. Oder es gab sie hundertfach. Maxim beim Zimmern der Tischtennisplatte, Maxim beim Unkrautjäten, Maxim beim Wasserschleppen und Migo neben ihm, Migo, der ihm zur Hand geht. Hunderte kleine, kleinbürgerliche Harmonien, viel zu undramatisch für Hollywood oder *Spiegel TV*. Aber ISE sieht wohl immer unspektakulär aus, wenn aus Krieg Frieden wird.

Nina dagegen führte weiter Krieg. Sie gehorchte Sweta, weil die sie jederzeit im Dorf kaltstellen konnte. Aber gleichzeitig bekriegte sie ihre Betreuerin. Sie beklagte sich lächelnd über Sweta bei mir: »Ich mache drei Kreuzzeichen, wenn ich diese Betreuerin losgeworden bin. Sie gönnt mir nichts, nicht mal, dass ich mit Rita befreundet bin, die ich so gern habe.« Das war natürlich Unsinn, Propaganda gegen Sweta. Nina konnte Sweta genauso wenig akzeptieren wie alle anderen Betreuer. Auch wenn sie so gern ein ganz normales Mädchen geworden wäre.

Und Maxim machte sich zu Recht Sorgen: Hier war er der Fisch im Wasser, Migos Walfisch im sibirischen Ozean, an dem der sich festhalten konnte. Aber Deutschland, das würde Migos Meer sein, das war das große Fragezeichen hinter dem russischen Wunder: Hier in Sibirien hatten die russischen Betreuer gewonnen, aber wie würde es in Deutschland aussehen? Würde Migo nicht schon am ersten Wochenende nach Lübeck verschwinden, »nach Hause« zu seiner Drogenszene? Wie wollte Maxim ihn halten, womit ihn interessieren? Dort würde es keine Dorfjugend geben, die auf eine Sperrholzplatte fürs Tischtennisspielen wartete und Migo als »Zuckerbaby« anhimmelte. Und erst recht gab es dort keine russischen Teenager, keine russischen Milizionäre, die mit Sweta zusammen Front machen würden gegen Ninas Abstürze.

Aber Sweta würde in ein paar Wochen sowieso wieder nach Krasnojarsk verschwinden, weiterstudieren. Klaus hatte eine russlanddeutsche Familienmutter als neue Betreuerin für Nina gewonnen.

Maxim und Migo feierten ihren Abschied mit Schaschlik, Samogon und Disco bis spät in die Nacht. Im Morgengrauen brachen wir gemeinsam Richtung Krasnojarsk auf. Maxim, Migo, Sweta und Nina, die auch nach Krasnojarsk wollten, und ich. Wir alle waren hundemüde, alle hatten Kopfschmerzen, außer dem Antialkoholiker Maxim. Ich überließ ihm gern das Steuer meines Autos. Maxim fuhr viel besser als ich, aber einmal griff ich doch ängstlich nach dem Haltegriff über der Seitentür: Eine schwarze Katze lief vor uns über die Straße, von rechts nach links. Maxim lenkte auch nach links, Richtung Straßengraben, erst im letzten Augenblick, die Katze hatte sich eben noch in Sicherheit gebracht, warf er den Lenker zurück nach rechts. »Wolltest du die Katze totfahren?«, fragte ich entgeistert. »Nein, natürlich nicht, aber ich wollte noch vor ihr vorbei. Denn wenn dir eine schwarze Katze über den Weg läuft, bringt das Unglück.« Maxim konnte noch siebzig Jahre in Deutschland leben, er würde nie Rationalist werden.

Hinten im Fond war es längst still geworden. Sweta saß in der Mitte mit geschlossenen, langwimprigen Augen. Nina hatte sich an ihre linke Schulter, Migo den Kopf an ihre rechte Schulter gelegt. Friedlichste Dreisamkeit, »Mutter Theresa und ihre Kinder«, lachte Maxim, der das Bild im Rückspiegel ebenfalls sah.

Nach 200 Kilometern wachte Migo auf, klagte über Halsschmerzen. »Streck die Zunge ganz weit raus, eine Minute lang«, riet ihm Maxim. »Und das musst du drei- oder viermal am Tag wiederholen.« Noch besser sei es, einen lebenden Frosch eine Minute lang in den Mund zu stecken. Warum das helfe, wisse keiner. »Aber so ist das nun mal.« Migo aber hatte weder Lust auf Frösche, noch half das Zungerausstrecken auf Anhieb. Also kletterte Maxim in Jenisejsk aus dem Auto und erkundigte sich nach der nächsten Apotheke. »Die ist direkt um die Ecke, ich bin gleich wieder da.« Er lief zu Fuß los. Zehn Minuten, eine Viertelstunde, Maxim kam nicht zurück. »Direkt um die Ecke« – in Sibirien kann das sehr weit sein.

»He, Migo«, grinste ich, »lass uns weiterfahren, wozu brauchst du noch einen Betreuer?« Aber Migo fand das gar nicht witzig. »Nein, ich brauche Maxim, ich brauche jemanden, an dem ich mich festhalten kann.« Was immer Sibirien Migo gebracht haben mochte, er kehrte mit jemandem zurück, den er in Deutschland nicht gehabt hatte: einem Menschen, dem er vertraute.

Felix
_____Partisansk, Oktober 2002, 17.00 Uhr

Zum Abend hin wird das Wetter ungemütlich, es ist kälter geworden. Vom Tag und von seiner Sonne sind nur noch ein paar lichte blaue Flecken im Grau hoch oben geblieben, darunter kreist eine lärmende Hundertschaft Krähen, eine waghalsige, wilde Gesellschaft schwarzer Windsurfer am Himmel, wenn Felix Flügel hätte, wäre er vielleicht auch da oben. Aber er sitzt schräg hinter mir auf dem Rücksitz, ich habe – außer Migo – allen Kids eingebläut, dass Kinder in einem sibirischen Lada-Niwa hinten zu sitzen haben.

»Was ist _triljat_?«, fragt Felix. Offenbar hat er bei Stepan wieder ein neues russisches Wort gehört, das ihm lernenswert erscheint.

»_Triljat_ gibt es nicht. Du meinst wohl _streljat. Streljat_ heißt ›schießen‹«. Weiß Gott, wo er das aufgeschnappt hat, ich verzichte jedenfalls darauf, ihm zu sagen, dass _streljat_ im Volksmund auch »anpumpen«, vor allem um Zigaretten anpumpen bedeuten kann.

»Was ist _prosto tak_?«

»Einfach so.« Felix hat einige neue Wörter gehört. Aber man

250

merkt, er hat heute keine Säufer getroffen, nach neuen Schimpfwörtern fragt er nicht. Überhaupt, er flucht nicht mehr, zumindest nicht, wenn ich dabei bin.

Wir sind zu spät, Kai steht allein an der Bushaltestelle, die
Hände in den Hosentaschen, den Kopf leicht eingezogen, ein
einsamer junger Mann im sibirischen Herbst. Er lächelt, als er
uns sieht, versichert, er stehe erst seit zehn Minuten hier, höflich wie immer. »Die Fahrt war wieder ganz besonders fröhlich,
der halbe Bus war besoffen, ich hab zugeguckt, wie sich einer
von Krasnojarsk bis hier vier Bier und eine Flasche Wodka rein-
gekippt hat.« Aber ich komme nicht dazu, Kai zu fragen, wie es
in Krasnojarsk gelaufen ist, wie sein Vortrag an der Uni war;
weil Kai mich fragt, wie es bei uns gelaufen ist.

»Eigentlich halbwegs friedlich, heute Mittag wollte Felix mal
wieder auswandern, hat es sich dann aber anders überlegt. Aber
es gibt ein Problem.« Ich erzähle Kai von den Zigarettenschach-
teln. Felix hinter mir ist still geworden. Kai hört zu, dann meint
er kurz: »Was? Ich glaube es ja wohl nicht«, eine eher banale
Zwischenbemerkung, aber seine Stimme ist getränkt von Ärger.
Er will wissen, was Felix sonst noch gemacht hat. Ich habe das
Gefühl, dass ich etwas bremsen, dämpfen, schönen muss, erzähle, Felix habe einen Teil der Zigaretten verschenkt, erzähle
vom Drachensteigen.

»Was? Ich habe dir ausdrücklich gesagt, dass du die Finger
von dem Drachen lässt!«

»Wie, den Drachen durfte er auch nicht steigen lassen?«, frage ich, jetzt bin ich etwas entgeistert.

»Nein, und Felix wusste das ganz genau.«

Mir tut Felix jetzt Leid, Drachen steigen lassen ist ja kein Ver-
brechen.

Ich erfahre erst hinterher, warum Kai so heftig reagiert. Bei
ihrer letzten Fahrt nach Krasnojarsk hatte ihm Felix in den Ohren gelegen, er wolle einen Drachen. Kai hatte ihm das Spiel-
zeug gekauft, verlangte aber als Gegenleistung gutes Benehmen.
Felix aber wütete, bockte, bombardierte den Bürgersteig aus der
Projektwohnung im fünften Stock mit vollen Wasserflaschen.
Kai zog den Drachen wieder ein, erklärte Felix, das Fluggerät sei

für ihn bis auf weiteres tabu. »Aber kaum war ich jetzt weg, hat er sich den Drachen wieder geschnappt.«

Kai scheint heute wirklich schlecht gelaunt zu sein. Als er auch noch erfährt, dass Felix mit seinem Kletterseil Kühe in Panik versetzt hat, schimpft er wieder los: »Das ist mein Kletterseil, das habe ich dir ausdrücklich gesagt, davon hast du die Finger zu lassen. Aber du gehst in mein Zimmer, in dem du sowieso nichts zu suchen hast, holst den Drachen raus, mein Seil und erzählst Stefan, das sei okay so. Ich glaube, es hackt. Du hast doch eh schon den halben Hof leer geräumt. Und dann auch noch die Kippen, du kannst dich morgen auf einiges gefasst machen.«

Felix schweigt, er sitzt still auf der Hinterbank. Ich betrachte im Rückspiegel sein Gesicht, es ist blass geworden, auf seiner linken Stirnhälfte sind schräge Runzeln aufgetaucht, wie man sie eigentlich nicht bei 13-jährigen Jungs sieht. Sie kreuzen sich mit horizontalen Falten, Falten der Sorge, des Zweifels oder der Angst, dazu noch die vertikalen Gräben des Ärgers, des Zorns, die sich jetzt von der Nasenwurzel stirnwärts graben, ein Spinnennetz schlechter Gefühle hängt unter seinem roten Haaransatz, Felix sieht plötzlich alt aus.

»Wie kommst du dazu, die Zigaretten zu klauen?,« fragt Kai.

»Zigaretten sind nun mal mein Ding«, murrt Felix, »ohne kann ich nicht.«

»Ach, und warum verschenkst du sie dann?« Kai erklärt mir später, Felix wisse ganz genau, dass ihn eine besondere Strafe erwarte, wenn er ihn, den Betreuer, bestehle, weil der sein Hab und Gut am schlechtesten vor Felix in Sicherheit bringen kann. Schlitten, Stühle, auch Kais Unterwäsche habe Felix schon weggeschleppt, verschenkt oder einfach im Graben liegen lassen. »Wenn du nicht aufpasst, ist bald das ganze Haus leer.«

Wir fahren weiter, Kai und ich unterhalten uns. Kai erzählt, dass es an der Uni ganz witzig gewesen sei, die russischen Pädagogikstudentinnen hätten die gleichen liebevoll-naiven Augen wie die deutschen. Und seine Zähne seien gründlicher poliert worden als bei jedem deutschen Zahnarzt.

Felix hinter uns schweigt, sein Gesicht ist weiter böse. Vor einer halben Stunde war er noch das Hähnchen im Korb mütterlicher Gastfreundschaft. Jetzt aber ist Kai wieder da, sein Betreuer, sein Feind, sein Krieg.

Wenigstens Tschulpan freut sich, als wir zurückkehren. Aber während Kai das Schloss zur Haustür öffnet, fällt mein Blick auf ein angerissenes Stück Papier, das auf dem Holz unter der Verandabank liegt: »Fuck you, Presse und Padagoge«, steht in falschem Deutsch-Englisch darauf. Ich weiß nicht, habe ich es übersehen heute, gestern, vorgestern? Galt es schon meinem Auftauchen am Freitag, oder gilt es heute Kais Rückkehr? Aber eigentlich ist es egal. Es gilt uns beiden. Herzlich willkommen in ISE-Land!

Kai will kochen, Reis mit angebratenen Champignons, dazu Zwiebeln, Knoblauch, er sucht gerade den Pfeffer. Kai kocht eindeutig besser als im vergangenen November. »Du kannst bitte mal die Pilzdosen aufmachen«, sagt er zu Felix.

»Hier gibt es keine Pilzdosen.«

»Doch, auf dem Regal, über dem Kühlschrank, bist du blind? Und den Knoblauch hätte ich gern.«

»Was willst du?«

»Den Knoblauch. Hörst du schlecht?«

Sie sind beide schlechter Laune, reiben sich aneinander, wie ein altes Ehepaar. Eins hat Kai auf jeden Fall geschafft: Er hat eine Beziehung zu Felix.

Die Pilze schmoren noch in der Pfanne, ich schäle mit tränenden Augen Zwiebeln, Kai aber bläst zu einer intensiven argumentativen Attacke: »Warum beklaust du mich? Warum beklaust du die Tschetschenen? Warum beklaust du alle, die du eigentlich magst?«

»Woher soll ich denn sonst mein Geld kriegen?«

»Wozu brauchst du denn hier Geld?«

»Für Kippen.«

»Deine Scheißlogik ist« – auch ich versuche mich einzumischen – »dass du dein Glücksgefühl von der Anzahl der Kippen abhängig machst, die du am Tag qualmst.«

Aber Felix ignoriert mich, was haben Ersatzfeinde noch im

Ring zu suchen, wenn Kai zurück ist: »Du bist mir schon seit Monaten am Erklären, nicht zu klauen«, kontert er jetzt. »Und hast du nicht gemerkt? Es ist mir wurscht.«

»Aber merkst du nicht, dass du dabei am Ende immer der Arsch bist? Ich sag in zwei Jahren, okay, Felix hat nicht gewollt, also hau ich ab nach Neuseeland, zum Bergsteigen. Mir kann es scheißegal sein, ob Felix weiter klaut oder nicht. Es geht hier nicht um mein Leben. An meinem Leben ändert sich nichts, ich hab meine Freunde, ich hab meinen Job. Es geht hier um dein Leben.«

Felix lässt sich nicht beeindrucken. »Und ich werde bald vierzehn. Dann kann ich in Deutschland in den Knast kommen«, er kichert. »Pech gehabt, hallo, Herr Richter.«

»Der Knast ist kein Hausarrest, der nach zwei Tagen vorbei ist, da bist du eingeschlossen.«

»Dann ruf ich Klaus an oder meinen Vormund: Hallo, bringt mir meine Playstation und meinen Fernseher.«

»Die Playstation kannst du knicken, Knast ist nicht Spielen, das hältst du keine fünf Minuten aus.«

»Ich würde da nicht mal arbeiten. Ich würde dem Justizminister erklären: ›Fick dich ins Knie!‹«

Der einzige Sinn des Unsinns, den Felix da redet, lautet: Du und deine Warnungen sind mir scheißegal!

»Es wird der Tag kommen, da wirst du verstehen, was ich gemeint habe, aber dann ist es zu spät, dann sitzt du im Knast.«

»Solange ich meine Playsi und meinen Compu dabeihabe …«

»Ich kenne 'ne Menge Leute, aber wenn ich jemand kenne, der im Knast kaputtgeht, dann bist du das! Schau dich doch an, du musst den ganzen Tag spielen und toben. Wenn du da in 'ner Minizelle sitzt, drehst du durch.«

»Ich hau ein Fenster ein.«

»Da gibt es Gitter, da gibt es keine Oberlichter. Da läuft auch kein Felix mehr weg.«

»Können wir jetzt essen?«

Kai appelliert weniger an Felix' Moral als an sein Freiheitsgefühl. Aber seine Argumente prallen ab wie die Worte eines Wandermissionars am Schädel eines Wasserbüffels.

Beim Essen reden Kai und ich über Felix, auf Englisch. Ein ziemlich steifes, untrainiertes Schützengrabenenglisch, aber der Feind, der eifrig mithört, versteht nichts.

»No«, sagt Kai, »*there is a development in the last two months, he did not try to run away, the last two months have been okay.*« – »Nein«, sagt Kai, »es gibt eine Entwicklung in den letzten zwei Monaten, er hat nicht versucht wegzulaufen, die letzten zwei Monate waren okay.«

»*But how do you know what shit he made in these two months?*« – »Aber woher weißt du, welchen Mist er in den zwei Monaten gemacht hat?«

Kai antwortet, 90 Prozent von Felix' Missetaten seien herausgekommen. »Wir haben mit den Nachbarn, mit den Verkäuferinnen geredet«, sagt er, weiter auf Englisch. »Die wirklich großen Dinger hat er nie abgezogen, ohne dass wir sie mitgekriegt haben. Wie Enten morden oder nach Partisansk abhauen.«

»*Shit happens*«, ruft Felix dazwischen, »gell, Kai?«

Diesmal ignorieren wir ihn. »Aber dann fährst du nach Krasnojarsk, und schon sind deine Zigaretten weg«, sage ich zu Kai.

»Du veränderst Felix ja nicht in ein oder zwei Wochen. Diese Ereignisse sind die Punkte, wo alle anderen Leute das Projekt beenden.« Kai hofft: »In Deutschland hat Felix Kioske geknackt, Fahrräder geklaut, war tagelang auf der Flucht. Dass er mal zwei Monate Ruhe gegeben hat, das hat es früher nie gegeben.«

»Kinder- und Jugendhilfegesetz, Paragraph fünfunddreißig«, Felix mischt sich wieder ein. Er hat in einem Pädagogiklehrbuch herumgeblättert, in dem ich am Nachmittag gelesen habe. Jetzt liest er stockend die Passage vor, die ich mit Bleistift markiert habe: »Intensive sozialpädagogische Einzelbetreuung soll Jugendlichen gewährt werden, die einer intensiven Unterstützung zur sozialen Integration und zu einer eigenverantwortlichen Lebensführung bedürfen. Die Hilfe ist in der Regel auf längere Zeit angelegt und soll den individuellen Bedürfnissen des Jugendlichen Rechnung tragen …«

Kai grinst, ich auch, aber dann reden wir weiter: »Aber er läuft nicht mehr weg vor mir. Das hat viel mit Beziehung zu tun, und zwar mit funktionierender; auch wenn er Scheiße baut, tut er das aus einer sehr hohen Beziehungssicherheit heraus ...«

Kai ist Optimist, vielleicht müssen Pädagogen ja von Berufs wegen Optimisten sein, im Gegensatz zu mir, dem Journalisten. Er wird Felix zwei Tage Hausarrest geben und nur dann Zigaretten, wenn er arbeitet. Er glaubt nicht, nach dieser Strafe werde Felix aufhören zu stehlen, zu lügen, zu betrügen. Und er sagt, wenn er jetzt mit Felix nach Deutschland zurückkehrte, würde dieser die Möglichkeiten, dort Unsinn anzustellen, sofort nutzen. Aber Kai wird weiter mit Felix arbeiten. Noch ein halbes Jahr in Sibirien. Danach vielleicht in Südfrankreich, in den Pyrenäen, einen Schritt näher an der Zivilisation, und wenn es dort klappt, den Sprung wagen zurück nach Deutschland. Kai gehört zu den wenigen Wanderpredigern, deren Geduld ausreichen könnte, um einen Wasserbüffel zu bekehren.

Ich fahre wieder nach Partisansk, allein. Hinter meinem Steuer warte ich darauf, am nächsten Schild »Achtung, Kurve« das Lenkrad um ein paar Zentimeter nach links oder rechts zu drehen. Felix hat sich teilnahmslos verabschiedet, als hätten wir kein Wochenende, sondern nur fünf Minuten miteinander verbracht. Ich denke nichts, ich fühle nichts, mein Kopf ist hohl, keine Euphorie, keine Verzweiflung. Mischa hat gesagt, ich hätte abgenommen in den drei Tagen, mag sein, ISE schlägt bei jedem anders an, der eine futtert sich Stressfett an, dem anderen graben sich Kummerfalten in die Mundwinkel. Den Rest des Abends werde ich zu Hause am Computer verbringen, die zurückliegenden Tage, ihre Ereignisse und Dialoge aufschreiben. Hoffentlich fängt mein Gehirn dann wieder normal an zu arbeiten. Ein Wochenende Felix, ein Jahr Sibirien liegt hinter mir, ich kenne jetzt meine Helden, ich kenne meine Geschichte, ich kann eigentlich nach Hause fahren. Nur ein Happy End fehlt mir noch. Und ich fühle mich hundemüde.

Vor dem *Univermag*, dem Dorfkaufhaus von Partisansk, stehen Leute, Autos, die Dorfjugend feiert wohl wieder mal Abschied vom Wochenende, diesmal vielleicht auch Abschied vom Herbst. Ich parke, steige aus, will mir noch zwei Bier kaufen. Da erblicke ich Aljona, die Buchhalterin. Sie sieht mich nicht, lächelt den jungen, bebrillten Mann in schwarzer Lederjacke an, der vor ihr steht und auf sie einredet. Aljona, deren Mund normalerweise nicht stillstehen kann, hört zu. Den Jungen kenne ich auch, eines der Kinder von Partisansk, die es zu etwas gebracht haben, er hat Jura studiert und arbeitet in der Staatsanwaltschaft von Tjumen. Jetzt zieht er sie zu einem schwarzen Toyota, Baujahr vermutlich 1995, solche Toyotas sind quasi die BMWs Sibiriens. Sie steigt in den Fond, er hinterher, schließt die Tür, das Glas ist dunkel beschichtet, getönte Autofenster gelten hier als schick. Das war also meine Aljona, Aljona mit den honiggoldbraunen Augen, Aljona, die auf den Händen laufen kann, die stolze Aljona, die sich nie darum geschert hat, dass ich einen Hartwährungsakzent hatte. *Do swidanija* Aljona, ich schlurfe ins *Univermag*, als ich wieder herauskomme, ist der Toyota verschwunden. Aber was soll's? Meine Energie ist verbrannt, heute schmerzt mich nichts mehr, tröstet mich nichts mehr.

HAPPY END

Womit endet diese Geschichte? Hat sie überhaupt ein Ende? Ein glückliches Ende? Mehrere?

Von Anfang an habe ich auf etwas wie ein Happy End gehofft. Schon nach den ersten zwei Stunden mit Kai und Jan, damals, in der Minus-40-Grad-Nacht in Oni, hoffte ich. »Das wäre die Story«, sagte ich zu Kai, »wenn du Jan hinbekämst.« Sein extrempädagogischer Gipfelsturm – meine Story, mein Happy End, eine durchaus egoistische Reporterhoffnung.

Aber ich habe sehr schnell aufgehört, nur Reporter, Berichterstatter, neutral zu sein. Ich habe mich auf Kais Seite geschlagen, angefangen, aus der Perspektive der Betreuer zu hoffen: nicht auf Action, nicht auf Drama, sondern auf Frieden, darauf, dass Erzieher und Kinder sich aufeinander einlassen, dass sie als Freunde nach Hause fahren mit dem Ziel, den zweiten Neuanfang in Deutschland gemeinsam durchzustehen. Dieses Happy End wäre still und nicht mal ein Ende.

Nicht, dass es in Sibirien kein spektakuläres Glück gäbe. Etwa das Glück, das Tolja hatte, der Zobeljäger. Tolja streifte im Oktober wieder mit seinem Hund »Bandit« durch die Taiga und beschloss, in einer unbewohnten Bärenhöhle zu übernachten. Nur merkten weder Jäger noch Hund, dass die Höhle gar nicht unbewohnt war. Als Tolja hineinklettern wollte, stürzte sich der erboste Hausherr auf den Jäger, der nur zwei Kugeln im Lauf hatte. Die erste prallte am Gebiss des Bären ab, die zweite blieb im Lauf stecken. Kein Jägerlatein – Ladehemmung. Tolja riss sein Messer heraus und rammte es dem Bären ins Maul. Aber er wäre wohl ebenso zerfetzt worden wie zwei Jahre zuvor sein Freund Mischa, hätte nicht Bandit den Bären tollkühn von hinten zwischen den Beinen gepackt, abgelenkt und in die Flucht geschlagen. Tolja kam mit schweren Verletzungen an Bauch und Schulter davon, die seine Frau übrigens erst Wochen später bemerkte, zu Hause, in der Banja. Aber Happy End? Bestimmt nicht für den Bären, auch Tolja und sein Hund haben jetzt einen Todfeind mehr in der Taiga.

Ansonsten fließt das sibirische Leben ruhig weiter. Stepan Iwanowitsch, der Schuldirektor, lehrt und repariert seine Schule, tröstet ISE-Kids, hat sich für Wirtschaft als Fernstudium an der Moskauer Universität eingeschrieben. Grischa Grigorjenko hat einen neuen Lastwagen, Mischa arbeitet weiter für das »Projekt Grünlicht«. Und Kostja, Mischas Sohn, der kein Geld hatte, um weiter am Automobilinstitut in Krasnojarsk zu studieren, wurde im November tatsächlich zu den Truppen des Innenministeriums eingezogen, die so oft in Tschetschenien landen. Aber er kam nach Chabarowsk zu einer Kraftfahrzeugeinheit. Happy End? Auf jeden Fall hätte es viel schlimmer kommen können.

Achmed, der Tschetschene, hat seine Garage zu Ende gebaut, hat wirklich einen Kleinlaster gekauft. Aber seine Heimat ist noch immer Kriegsgebiet. Da ist kein Happy End in Sicht. Happy End, glückliches Ende oder endgültiges Glück, davon wird Sibirien, aber auch ISE-Land, nur selten heimgesucht.

Jan ist nach sechs Wochen in der Psychiatrie schlichtweg auf der Straße gelandet in Berlin. Vielleicht ist er dort glücklich. Auf jeden Fall lehnte er der Vorschlag des Jugendamtes ab, mit zwei neuen Betreuern in die kasachische Steppe zu reisen, Klaus hatte diesen Versuch organisiert. Jetzt bezahlt das Jugendamt Jan ein Zimmer in einer Pension und eine U-Bahn-Monatskarte. Wie er seine Tage verbringt, mit wem, ob er säuft, ob er klaut, ich weiß es nicht. Ab und zu besucht er den offenen Schulunterricht, der ihm angeboten wird. Und Kai erzählte mir, er sei nicht mehr gewalttätig geworden. Das hätte ich nie erwartet: Jan, der Schläger, der Krieger, gibt Frieden. Vielleicht weil niemand mehr versucht, ihn zu befrieden, um sein Vertrauen kämpft, ihn intensiv betreut. Eine Pointe, die jegliche pädagogische Logik über den Haufen wirft. Laisser faire – machen lassen als finale Nulllösung.

Aber ob dieser Frieden auf der Platte, zwischen Obdachlosen, Kleinkriminellen und Junkies von Dauer ist? Ob Jan dort wirklich glücklich wird? Kein tragisches, aber ein völlig offenes Ende.

Nina ist noch immer in Sibirien. Im Oktober ging Sweta wieder an die Uni. Ninas neue russlanddeutsche Betreuerin aber ergriff nach zwei Wochen in Suworowskij die Flucht. Sie kam mit dem sibirischen Alltag, dem Wasserschleppen, dem Außenklo, den Betrunkenen draußen nicht klar. Vielleicht weil Russinnen, die diesen hölzernen, frostigen Alltag einmal hinter sich gelassen haben, ihn nie mehr erleben wollen. Und wie mir Sweta und andere Betreuer erzählten, drehte Nina auch wieder voll auf. Im Fenster ihres Zimmers soll sie für die Männer auf der Straße Striptease getanzt haben.

Jetzt wird Nina von Ute betreut, Klaus' erfahrenster Mitarbeiterin, die nach Sibirien gegangen ist, um bei Krisenfällen vor Ort sofort eingreifen zu können. Ute, die schon einige Jahre Russlanderfahrung besitzt, hat Nina wieder unter Kontrolle gebracht. Und Klaus glaubt mit hartnäckigem Optimismus an Nina. »Pädagogik ist ja keine Drehbank, wo man daneben stehen und zusehen kann, wie das Eisen zurechtgefeilt wird.«

Migo ist kein Problemkind mehr. Er kehrte mit Maxim nach Deutschland zurück und lebte mehrere Monate bei dessen Familie in Rostock. Zu Hause sprachen sie meist russisch, Migo machte sich an seinen Hauptschulabschluss. Er ging in ein Jugendheim, in das viele Russlanddeutsche kamen, lernte dort neue Freunde kennen. Ein Deutschbolivianer mit Hang zum Russischen, Migo betrank sich mal, »aber haben wir das in dem Alter nicht alle gemacht?«, wie Maxim sagt. Es gab erstaunlich wenig Probleme mit Migos deutschem »Heimvorteil«. Er lief nicht mehr weg, Platte und Drogenszene reizten ihn nicht, gewalttätig ist er nie mehr geworden. Ein sonderbarer Sieg – bei den Deutschen Peter und Heinz haute Migo drauf, den Russen Maxim hat er von Anfang an akzeptiert. Einerseits vielleicht, weil er älter war, mit 42 Jahren Migos Vater hätte sein können, andererseits, weil er ihn schon rein verbal weniger bedrängte. »Ich bin eigentlich ein friedlicher Typ«, hatte Migo mir einmal gesagt. »Aber wenn mich jemand reizt, dann werde ich zum Tier.«

Als Klaus nach Peter und Heinz einen dritten Betreuer für Migo brachte, hat er richtig entschieden. Aber auch Maxim ist für Migo nur ein Intermezzo gewesen. Das Jugendamt hat Migo inzwischen aus dem Projekt genommen. Klaus sagt, so etwas passiere öfter. Sobald sich das Verhalten der Jugendlichen normalisiert hat, sobald sie über den Berg zu sein scheinen, brächen die Jugendämter gern die Nachbetreuung ab, um Kosten zu sparen. Migo lebt jetzt allein in einer Wohnung, geht weiter zur Schule, hat einen neuen Sozialpädagogen als Ansprechpartner. Er möchte den Kontakt zu Maxim aber auf jeden Fall halten. »Aber jetzt muss ich mich allein durchschlagen«, hat er mir am Telefon gesagt. Auch Migos Zukunft bleibt offen. Aber die Zwischenbilanz ist positiv, lässt hoffen.

Felix' sibirische Rückkehr in die Kindheit endete mit Abbruch. Er fing wieder an wegzulaufen, zu stehlen. Kai fuhr mit ihm für eine Woche in die Taiga, vergeblich. Ein paar Tage nach ihrer Rückkehr betrank sich Felix ähnlich heftig wie vorher Jan. Ich war nicht dabei, als Felix völlig alkoholisiert nach Hause kam und sich auf Kai stürzte. Aber ein Kollege aus Moskau hat es miterlebt. Er schrieb mir danach: »Ich weiß nur wenig von dem, was Felix in seinem kurzen Leben widerfahren ist, welche Leiden er ertragen musste, was ihn auf jene Seite zog, die die Hölle zu seinem Zuhause machte. Nur dort schien er vergessen zu können, worum ihn das augenscheinlich Gute im Leben betrogen hat.

Schlimm anzusehen – ein Junge, 13 Jahre alt, von seinen neuen Freunden abgefüllt mit selbst gebranntem Samogon. Felix schrie und fluchte stundenlang. Er zerstörte Teile der Einrichtung, schlug ein Fenster ein, immer wieder erbrach er sich, als ob er sein ganzes Leben aus sich herauskotzen wollte. Dann fiel er in den CD-Player, Nick Caves ›Weeping Song‹ sprang an und lief wie ein Soundtrack zu diesem Schauspiel. Der Junge war rot angelaufen, seine Augen quollen hervor. Immer wieder wurde er handgreiflich, fiel schließlich von der Couch auf den Boden, wo Kai versuchte, ihn festzuhalten. ›Lass mich raus! Ich hasse dich! – Ich hasse dich, du Sohn einer Hure, fick dich, *suka bljad*‹, schrie der Kleine heiser.

Kai nahm Felix in den Arm, ließ ihm die Möglichkeit, ihn immer wieder auf Rücken und Oberarme zu schlagen. Immer wieder redete er auf ihn ein: ›Ich lass dich nicht gehen. Du kannst machen, was du willst. Ich gebe dich nicht auf! Warum hasst du mich?‹

›Du bist schuld, dass meine Eltern mich nicht haben wollten. Du bist schuld, dass ich keine Familie habe.‹

›Warum bin ich denn daran schuld?‹

›Weil du ein Hurenbock bist. Fick dich!‹

›Warum hasst du mich? Weil du mich nicht lieb haben kannst! Deshalb hasst du mich! Du kannst gar nicht anders. Aber ich gebe dich nicht auf.‹

Felix wünschte sich wohl nichts mehr auf der Welt, als dass alles wahr war, was Kai sagte. Aber er konnte genau das nicht zulassen. Er drohte mit der Faust, fluchte und schrie immer wieder: ›Du Hurensohn, du Stück Scheiße, komm schon! Schlag zu! Ich hau dir deine Fresse ein. Schlag zu!‹

Aber Kai ließ Felix los und sah ihm mit eindringlicher Milde in die Augen. Es war Kais Kampf gegen Felix' einzigen Verbündeten – das Dunkle. Es war der Versuch, die Seele dieses Kindes zu retten.«

Auch der Exorzismus dieser Nacht, wie der Moskauer Reporter ihn schilderte, fruchtete nicht. Danach lief Felix weiter zu den Säufern. Kai telefonierte mit Deutschland, holte sich Rat, wo er nur konnte, aber auch die Ratgeber waren ratlos. Kein Zureden, kein Hausarrest, keine neuen Taiga-Ausflüge halfen. Einerseits hatte Felix Kopfrechnen, Holzhacken, Spielen gelernt. Andererseits nutzte er alle negativen Möglichkeiten immer ausgiebiger. Kai fühlte sich ausgebrannt. Und Felix drohte noch weiter auszurasten, Kai befürchtete, er würde demnächst Achmed oder jemand anders den Stall anzünden.

Kai lieferte ihn wieder bei seinem Jugendamt ab. Hinterher erzählte er, Felix sei in den letzten Tagen friedlich gewesen und sichtlich zufrieden, Sibirien, aber auch Kai Lebewohl sagen zu können. Klaus wollte auch mit Felix weitermachen, schlug auch für ihn ein Reiseprojekt nach Kasachstan vor. Felix selbst hätte wohl nichts dagegen gehabt. »Ich bleibe im Projekt, bis ich achtzehn bin«, hatte er einmal verkündet. »Von meinem Taschengeld kaufe ich mir dann 'nen Porsche und mach 'n Puff auf.« Aber das Jugendamt spielte nicht mit. Dort war man der Ansicht, was Kai nicht geschafft hatte, das schaffe auch kein anderer.

Felix kam zunächst zu seinem Vater in ein hessisches Dorf. Aber wie Kai vom Jugendamt erfuhr, häuften sich in der Nachbarschaft schnell die Klagen über zerkratzte Autokarosserien. Felix wurde in ein geschlossenes Heim gebracht, dorthin, wo Hofausgang viertelstundenweise für gutes Benehmen verteilt wird. Felix, der Pumuckl, der Karlsson vom Dach, der Lausbube der Superlative, jetzt war er gefangen. Sicher, auch seine Geschichte ist noch nicht zu Ende. Aber es wird wohl schwer werden, einen guten Neuanfang für ihn zu finden.

Markus wohnt mit Freddy in einer Etagenwohnung in Saarburg. Friedemann geht in die Schule, seine Leistungen sind nicht herausragend. Das ISE-Spiel in Deutschland ist noch anstrengender als in Russland. Er schrieb mir: »Freddy geht recht gern zur Schule. Er hat hier einen großen Bekanntenkreis. Leider sind viele von den Typen, mit denen er sich umgibt, sehr komische Gestalten. Seit ein paar Tagen hat er eine Freundin. Sie ist zwölf Jahre alt und recht angenehm. Die ersten Wochen liefen super. Doch seit ungefähr fünf Wochen kämpfen wir hier unseren Grabenkampf. Freddy kommt zu spät, macht seine Schulaufgaben nicht, drückt sich vor der Hausarbeit, raucht ständig auf der Straße (vor allem auf der Straße, hat zweimal Alkohol getrunken etc.). Jeder liegt in seinem Graben, und in regelmäßigen Abständen schießen wir. Vor eineinhalb Wochen ist es dann völlig eskaliert. Freddy drehte durch, prügelte sich auf dem Flur mit mir. Jetzt hat er den Flur neu gestrichen, und alles läuft seinen Weg.«

Markus überlegt, mit Freddy aufs Land, in ein möglichst kleines Dorf umzusiedeln. »Aber Sibirien war einfach ausgelutscht für Freddy«, meint Markus, »dort hätte er nichts Neues mehr lernen können.« Im deutschen Alltag zurechtzukommen, das lernt Freddy nur in Deutschland. Markus wird mit ihm noch viel Mühe haben. Aber auch hier überwiegt die Hoffnung.

Peter hat ein Jobangebot aus Australien, sucht aber Geldgeber für sein Makarenko-Projekt.

Heinz hat noch mehrere Monate in Lettland und Sibirien für Klaus gearbeitet, auch er ist jetzt wieder in Deutschland.

Kai macht ein Praktikum beim Familienministerium in Berlin und will danach eine Doktorarbeit schreiben – über sozialpädagogische Auslandsprojekte.

Piet und Sabine sind zu Hause auf Jobsuche, würden gern wieder nach Russland gehen, Klaus hat ihnen jedoch kein neues Kind mehr zur Betreuung angeboten. Antipathien gibt es auch unter Sozialpädagogen.

Maxim dagegen fährt demnächst wieder für Klaus nach Sibirien, wieder, um einen Zögling aus einem gescheiterten Betreuungsverhältnis zu übernehmen.

Sie alle sind gesund. Auch das ist ein Glück. Wie böse das ISE-Spiel enden kann, zeigte der Fall eines deutschen Betreuers, der Anfang Februar 2004 von seinem Zögling in Griechenland mit einem Bolzenschussgerät getötet wurde, wodurch die seit Jahren schwelende Diskussion um den Sinn der ISE-Auslandsprojekte neu entflammte.

Klaus sagt, die Hälfte seiner Kids schaffe es. Die von mir erlebte Statistik lautet: Jan und Felix vorzeitig abgebrochen, Freddy auf dem mühsamen Weg nach oben, Migo ebenfalls. Und Nina? Zwei zu zwei und ein großes Fragezeichen. Aber wenn man will, kann man hinter die Zukunft jedes Kindes ein Fragezeichen setzen, nicht nur im Archipel ISE. Und die Ergebnisse des Spiels, das ich dort miterlebt habe, wird man erst mit einer Verzögerung von fünf bis zehn Jahren auszählen können.

Es gibt bisher kaum aussagefähige ISE-Statistiken. Bezeichnend ist das Ergebnis einer Befragung der Jugendämter in der Fachstudie: »Erlebnispädagogik zwischen Alltag und Alaska« von 1998. Auf die Frage, wie die Maßnahmen sich auf die Lebensperspektiven ihrer Jugendlichen ausgewirkt hatten, antworteten bei abgebrochenen ISE-Projekten 21,6 Prozent mit »verschlechtert«, 23,1 Prozent mit »unverändert«. Bei regulär beendeten Projekten waren es 5,9 Prozent »verschlechtert« und

15,3 Prozent »unverändert«. Die große Mehrheit aber sprach von »geringfügig«, »etwas« oder »stark« verbessert. Aber was heißt »verbessert«? Alle Jugendlichen, die ich in Sibirien erlebte, haben sich zumindest in Teilbereichen »verbessert«.

Doch wie viel Hass, wie viel Zorn, wie viel Lüge habe ich in Sibirien erlebt. Oder in ISE-Land, in dieser Republik des Chaos, in der die sieben Todsünden den Zehn Geboten heftig Konkurrenz machten. Es gibt Fälle, die scheinen eigentlich keine Borderliner, keine Grenzgänger mehr zu sein, sondern es sind Kinder jenseits jener Grenze, hinter der es unmöglich scheint, noch jemanden in die Gesellschaft zurückzuholen. »Manche der Kinder verhalten sich doch schon jetzt wie antisoziale Persönlichkeiten.« Das sagte Ralf, ein junger Psychologe, der mehrere Monate in Partisansk lebte. »Sie scheinen kein Schuldbewusstsein zu kennen, haben offensichtlich auch kein Moralverständnis. Du kannst mit ihnen reden, aber sie sehen es nie ein, sie scheinen nicht mehr therapierbar zu sein. Es ist zu befürchten, dass ihr Weg vorgeschrieben ist: Sie enden im Gefängnis als Psychopathen.«

Auch das Verhalten, das ich erlebte, offenbarte immer wieder sehr ähnliche, noch junge, aber schon verhärtete Charaktere. Sie alle schienen einem Typ zu entsprechen, ihre seelischen Karosserien wirkten kantig wie die eines Kampfroboters, darauf programmiert, gegen alles und jeden zu sein, vor allem gegen jeden, der versuchte, sich ihnen zu nähern. Liebe schienen sie nicht zu kennen, verwechselten sie mit Aufmerksamkeit, versuchten möglichst viel davon zu bekommen.

Wer, fragt man sich, will solche Kinder noch retten? Aber wer will sie richten? Welcher der kleinen ISE-Spieler hatte auch nur den Hauch einer Chance, etwas anderes zu werden? Nach einer frühen Kindheit, die offenbar voll Qual, Missbrauch, zumindest aber schneidender Lieblosigkeit gewesen sein muss, wurden sie auf den Marsch durch Kinderheime, Pflegefamilien, Psychiatrien geschickt, konfrontiert mit immer neuen Bezugspersonen, immer neuen Beziehungen, die immer wieder scheiterten. Kinder ohne Kindheit.

Oft kamen sie mir gar nicht mehr wie Kinder vor, sondern

wie Erwachsene mit zu früh geprägten Charakteren. Charaktere, die man vielleicht gar nicht mehr umbiegen kann, ohne zu riskieren, dass sie zerbrechen. Aber versuchen sollte man es, bevor sie volljährig mit der Erwachsenenwelt karambolieren.

Wer hat Schuld? Die Eltern, die Eltern der Eltern, die Gesellschaft, in der diese Eltern leben, die Lieblosigkeit dieser Gesellschaft? Auch auf diese Fragen gibt es viele Antworten, aber keine eindeutige. Ich habe mich mit Kai gestritten, ob die ISE-Kinder, die Schlimmsten, die Härtesten, Ausnahmen sind oder Symptome. Kai, als Pädagoge von Beruf optimistischer als ich, verweist auf die Zahlen, Zahlen, die allerdings oft nur geschätzt sind. Die Branche ist ein solcher Dschungel, dass niemand weiß, wie viele Kinder im vergangenen Jahr in Auslandsprojekten betreut wurden.

Tatsächlich sind ISE-Maßnahmen die »finale Hilfe«, auch statistisch gesehen die Spitze der Jugendhilfe-Pyramide: Im Jahr 2000, als das Statistische Bundesamt die jüngste der alle fünf Jahre stattfindenden Bestandserhebungen zur Jugendhilfe durchführte, befanden sich in Deutschland insgesamt 137 000 junge Menschen in Erziehungshilfemaßnahmen außerhalb ihrer Familie. Knapp 16 000 wurden in Tagesgruppen erzogen, fast 49 000 lebten in Vollzeitpflege in anderen Familien, knapp 70 000 in Heimen oder anderen betreuten Wohnformen. Nur 2692 Jugendliche, 1447 Jungen und 1245 Mädchen, wurden intensiv sozialpädagogisch betreut. Ein Großteil von ihnen im Ausland. Wie viele dort genau sind, weiß niemand, so wie auch niemand weiß, wie viele Auslandsprojekte es gibt. Fachleute schätzen die Zahl der Träger, die im Ausland arbeiten, auf 150 bis 200. Und niemand weiß, ob diese Auslandsträger jährlich 500 oder 1500 ISE-Kinder betreuen.

Die Zahlen geben Kai also eigentlich Recht: Die meisten Kinder, an denen die eigenen Familien gescheitert sind, werden von Tagesgruppen, Pflegefamilien und Heimen, also den üblichen Jugendhilfeinstanzen, aufgefangen. Gerade zwei Prozent der deutschen Problemkinder landen im Archipel ISE. Andererseits wächst ihre Zahl schnell. Innerhalb von fünf Jahren gegenüber der Bestandserhebung von 1995 hat sich ihre Zahl fast verdoppelt.

Die Kinder sind wirklich Typen, sind typisch, verkörpern in krasser Weise Verhaltens- und Lebensmuster, die in der westlichen Großstadtgesellschaft längst selbstverständlich dazugehören. In krasser Weise nutzen sie andere Leute aus, suchen den eigenen Vorteil, gebrauchen Zunge und Ellbogen, drängen sich permanent ins Rampenlicht, suchen Konflikte, die sie ohne Zaudern aggressiv zu entscheiden suchen. Man kann ihr Missverhalten auch in Begriffe fassen, die längst allgemeingesellschaftliche Sekundärtugenden sind: »Konkurrenzdenken«, »gesunder Egoismus«, »Selbstbehauptungswillen«, »Durchsetzungsvermögen«, »Geltungsdrang« und so weiter ... Und ob ich nun Kulturpessimist bin oder nicht, ich befürchte, dass wir in Zukunft noch mehr Kids hervorbringen werden, die reif sind für die ISE-Liga.

Aber ist es sinnvoll, sie wegzuschicken ins Ausland? Wo sie hunderte von Euro täglich kosten, wenn nicht die Gesundheit, so doch die Nerven ihrer Betreuer schädigen, und wenn es ganz besonders schlecht läuft, auch noch das Ansehen der Bundesrepublik Deutschland? Während ich diese Zeilen schreibe, berät ein Ausschuss des Bundestages über einen bayerischen Gesetzentwurf, der alle Auslandsprojekte abschaffen möchte.

170 Euro am Tag kostet ein Kind in Partisansk den deutschen Steuerzahler pro Tag, wie gesagt, das ist für viele sibirische Kolchosbauern ein Jahresgehalt. Aber die Alternative zu Hause heißt geschlossenes Heim, heißt Jugendknast, heißt Psychiatrie, in der Regel noch teurer. Hätten Nina oder Felix ihre sibirische Zeit hinter deutschen Gittern verbracht, aus ihnen wären auch keine besseren Menschen geworden, Migo oder Freddy aber wären doch erst recht ins Rutschen geraten.

Wie oft habe ich den Betreuer-Stoßseufzer gehört: »Er ist arrogant, er ist verwöhnt. Er will einfach nicht. Und dabei gäbe es in Deutschland so viele Kids, die nur auf so eine Chance warten, um ihr Leben zu ändern.« Den Frust, der dahinter steckt, fühle ich nach. Aber trotz dieser Stoßseufzer haben die Betreuer weitergemacht bis zu jener Kante, die ihnen oft eisern um die

Ohren flog; weil es sinnvoll ist, es wenigstens zu versuchen, die Kids doch noch zur Vernunft zu bringen. Ich bewundere Betreuer wie Kai, wie Piet oder Sabine für die Geduld, mit der sie darauf gewartet haben, dass bei ihren Kids doch noch der Groschen fällt, die Mauer einstürzt, dass sie zur Besinnung kommen. Und ich verstehe Klaus, der Jan oder Felix oder Migo dann doch noch einmal mit anderen Betreuern losschicken wollte. Ob nach Sibirien oder in die kasachische Steppe.

Maxim hat mir aus seiner Erfahrung als Streetworker erzählt, ein Durchschnittsdrogensüchtiger stehle monatlich 4000 bis 6000 Euro. Das sollten sich die Stammtischpädagogen, die Auslandsprojekte abschaffen wollen, auch auf ihre Bierdeckel schreiben. Ob nun die Hälfte oder nur ein Viertel von den 2400 kleinen Kämpfern, die gerade ISE-Krieg spielen, ihr Spiel verlieren und doch gewinnen – das sind 1200 oder mindestens 600 potenzielle Drogenjunkies, Strichnutten und Gewaltverbrecher weniger in Deutschland.

Es gibt auch deutsche Politiker, die ISE deshalb abschaffen wollen, weil die Kids und ihr Benehmen eine Zumutung für das Gastland seien. Und eine Blamage für Deutschland. In der Tat haben viele Sibirier durch die Zähne gepfiffen, wenn sie hörten, dass ein Tag ISE-Pädagogik dem deutschen Fiskus 170 Euro wert war. Aber meistens kam dann die neidlose Feststellung: »Da siehst du mal, was die Deutschen für ihre Kinder tun.« Es hat die russischen Mütterchen nicht davon abgehalten, die kleinen deutschen Geldsäcke mit Pfannkuchen und Fleischpiroggen voll zu stopfen.

Es gibt viele Träger, die die Behörden vor Ort ignorieren und ISE-Land mit Vorliebe an Mittelmeerstränden organisieren, um damit Billigkräfte als Betreuer zu ködern. Sie sind weder für ihre Branche noch für Deutschland ein Ruhmesblatt. Aber es gibt auch andere Träger. Das »Projekt Grünlicht« zum Beispiel arbeitet eng mit der russischen Verwaltung zusammen. Erziehungsamt und Polizei im Kreis Partisansk sind über jedes Kind informiert. Auch der Gouverneur in Krasnojarsk, der Inlandsgeheimdienst FSB, selbst Wladimir Putins Präsidialverwaltung kennt das Projekt.

Das »Projekt Grünlicht« finanzierte den Wiederaufbau einer abgebrannten Dorfschule, stiftete Computer und Volleybälle, organisierte Deutschlandreisen für sibirische Jugendgruppen und Sommerlager in Russland, an denen auch »Normaljugendliche« aus Deutschland teilnahmen. Auch andere Träger bemühen sich mit Jugendaustausch und Sachspenden um ein langfristig gutes Verhältnis zu ihren Gastgebern. Es gibt durchaus ISE-Projekte, denen daran gelegen ist, die eigene Qualität zu verbessern. Zum Beispiel der »Pfad ins Leben«, der ebenfalls in Sibirien aktiv ist. Er bildet selbst aus, bietet Pädagogikstudenten parallel zu ihrer Ausbildung an der Uni mehrere monatelange Praxisphasen auch in Sibirien an. Nachwuchserzieher, die es einmal viel leichter mit den Fallstricken der intensiven Einzelbetreuung bei 40 Grad minus haben werden als die Betreuergeneration, deren Schicksal ich teilte.

Aber selbst wenn deutsche Träger einmal jenseits des Urals eine perfekte pädagogische Infrastruktur aufgebaut haben sollten, selbst wenn alle Säufer Sibiriens den Anonymen Alkoholikern beigetreten sind – garantierten Erfolg wird es nie geben. ISE, das Ausland, auch Sibirien sind keine Patentlösungen. Aber eine Chance, oft die letzte. Und jeder hoffnungslose Fall, aus dem in ISE-Land doch noch ein gesellschaftsfähiger Mensch wird, der andere Menschen lieben, ihnen vertrauen kann, ist ein Erfolg. Aber gleichzeitig nicht mehr als die Beseitigung eines hässlichen schmerzhaften Symptoms.

Die kaputten deutschen Elternhäuser, den Egoismus und Materialismus unserer postindustriellen Hollywoodgesellschaft heilt man damit nicht. Die Sonntagsredner werden weiter über die Stärkung der Familie reden, die Parlamente weiterhin nur Mini-Beträge als Kindergeld bewilligen und die erwachsenen Kinder ihre gebrechlichen Eltern ins Altersheim abschieben. Die Bundesrepublik ist ein krankes Land. Vielleicht sollte man ganz Deutschland für fünfzig Jahre nach Sibirien verschicken. Aber wer möchte das der Taiga zumuten?

Das Leben unter der Schwindel erregenden blauen Unendlichkeit des sibirischen Himmels, vielleicht hat es die Kids ja verändert, uns, die Erwachsenen, auf jeden Fall. Ich etwa bin geduldiger geworden, das habe ich von den Sibiriern gelernt. Eine halbe Stunde Warten in der Schlange vor der einzigen Benzintanksäule im Kreis oder drei Wochen Warten auf Wind in der Taiga erduldeten sie mit der gleichen leutseligen, gesprächigen Gelassenheit. Ich habe ein Jahr zwischen Menschen gelebt, die über weniger finanzielle Mittel verfügen als jeder deutsche Bahnhofspenner und eine schlechtere Altersabsicherung; die dabei aber mit Würde, Freude und erstaunlichem Talent musizierten, Theaterstücke und Volkstänze einstudierten, Hochzeiten und Begräbnisse feierten und mit konservativem Optimismus ihre Kinder erzogen. In diesem Jahr bin ich einige typische Ängste und Versicherungsmanien des bundesdeutschen Kleinbürgertums losgeworden. Die Krisendiskussionen im satten, reichen Deutschland finde ich nicht nur feige, sondern auch langweilig. Typisch deutsche Sorgen kommen auch anderen albern vor. »Die haben sie wohl nicht mehr alle«, sagte Markus im Frühjahr entgeistert, als jemand ihm den *Spiegel* mitbrachte, der titelte: »Der Ärger mit dem Dosenpfand!«

Es ist wieder Herbst, der Schnee ist noch einmal geschmolzen. An der Landstraße von Jenisejsk nach Krasnojarsk steht eine junge Tatarin in einem Morgenmantel, über den grauen Wollsocken trägt sie nur Pantoffeln. Ich halte an, sie klettert vorsichtig ins Auto. »Wissen Sie, ich bin schwanger, im neunten Monat, ich will nach Hause, in die Banja, mich waschen.« Die Ärzte hätten sie nicht weggelassen, da sei sie einfach aus der Entbindungsstation davongelaufen. Die Tatarin hat ein breites Gesicht, aber sie ist hoch gewachsen und schlank, man sieht ihr den neunten Monat nicht an. »Ach, war das früher schwer«, seufzt sie, sie scheint die Mühsal von Generationen in ihren Seufzer legen zu wollen, »da haben die Frauen im Feld geboren oder zu Hause, ohne Ärzte, und die Kinder sind dann gestorben.« Ihren älteren Sohn habe sie auch zu Hause geboren, aber Allah sei Dank, der Junge sei gesund, Eduard heiße er. »Ich hoffe, dass ich noch einen Jungen bekomme, denn die Jungen sind doch der Stolz der Familie!«

»Und weißt du schon« – ich duze sie inzwischen mit der

Selbstverständlichkeit, mit der man in Sibirien Jüngere duzt – »wie der Junge heißen soll?«

»Nein, ich will einen schönen, einen besonderen Namen für ihn. Haben Sie nicht eine Idee? Etwas Besonderes.«

Im Gegensatz zu den Russen lieben Tataren extravagante Namen: Eduard, Emil, Ramil, Murat oder Mars. Ich überlege: »Was hältst du denn von Felix?«

»Felix, uj, ja, Felix klingt schön.« Sie lächelt ein frohes, breites Lächeln, voller Liebe zu ihrem künftigen Kind und zum Leben überhaupt. »Und den Namen habe ich noch nie gehört.«

Als sie 20 Kilometer später aus dem Auto klettert, sehe ich ihr nach, eine hochschwangere Schönheit, die mit leichten Schritten davongeht, nach Hause, in die Banja, zu ihrem Mann, zu ihrem Sohn. Vielleicht wird sie ihnen ja wirklich einen zweiten Jungen gebären, vielleicht werden sie ihn wirklich Felix taufen. Ein Felix, den eine glückliche sibirische Kindheit erwartet.